《江西工人运动简史》编委会名单

主　　任：邹绍辉
副主任：任春山
成　　员：王根泉　冯志峰
　　　　　陈丽娟　谈慧娟

江西工人运动简史

———《江西工人运动简史》编委会 ◎ 编

图书在版编目(CIP)数据

江西工人运动简史/《江西工人运动简史》编委会编.
-- 南昌：江西人民出版社，2023.8
ISBN 978-7-210-14814-2

Ⅰ.①江… Ⅱ.①江… Ⅲ.①工人运动-历史-江西
Ⅳ.①K261.3

中国国家版本馆 CIP 数据核字(2023)第 152554 号

江西工人运动简史
JIANGXI GONGREN YUNDONG JIANSHI

《江西工人运动简史》编委会　编

责 任 编 辑：吴艺文
装 帧 设 计：同异文化传媒

 出版发行

地　　　　址：	江西省南昌市三经路 47 号附 1 号（邮编：330006）
网　　　　址：	www.jxpph.com
电 子 信 箱：	wuyiwen008@126.com
编辑部电话：	0791-86898470
发行部电话：	0791-86898893
承　印　　厂：	江西省和平印务有限公司
经　　　销：	各地新华书店
开　　　本：	787 毫米×1092 毫米　1/16
印　　　张：	15.75
字　　　数：	240 千字
版　　　次：	2023 年 8 月第 1 版
印　　　次：	2023 年 8 月第 1 次印刷
书　　　号：	ISBN 978-7-210-14814-2
定　　　价：	46.00 元

赣版权登字-01-2023-364

版权所有　侵权必究

赣人版图书凡属印刷、装订错误，请随时与江西人民出版社联系调换。
服务电话：0791-86898820

▲1927年,九江总工会组织九江工人参与收回被英国租用60余年的租界。图为1890年,九江江边英国炮艇,岸上为九江英租界

▲1922年9月18日下午,安源路矿万余工人在半边街广场召开大会,庆祝罢工胜利,并在会后举行了声势浩大的示威活动。图为庆祝大会盛况的照片

▲1922年3月16日，安源路矿工人俱乐部筹备委员会成立。图为筹备委员在安源火车头上的合影（中排左起第五名是李立三，瞭望窗口的是朱少连）

▲1922年7月，安源路矿工人消费合作社创办，附设在工人补习学校内。1923年2月7日，合作社在老后街独设门面营业，此后由1所发展至3所。这是中国共产党领导下的中国工人阶级最早的经济组织。图为安源路矿工人消费合作社门前工人合影

▲1924年6月安源路矿工会工人学校教职员合影。其中：①刘少奇②陈潭秋③黄钢④何葆贞⑤徐全直⑥王纯素⑦庄有义⑧袁达时⑨黄五一⑩蔡增准⑪李树彝⑫向五九⑬梅大栋⑭吴景中⑮方与渠⑯袁德生⑰周辅仁⑱李延瑞⑲朱锦棠

▼1931年10月，湘鄂赣省第一次工人代表大会召开，成立湘鄂赣省赤色总工会。图为湘鄂赣省总工会旧址城隍湾

◀1932年4月在永新召开的湘赣全省工人第一次代表大会代表证

▲江西瑞金叶坪中华全国总工会苏区中央执行局旧址

▲井冈山红军造币厂旧址

▼中华全国总工会苏区中央执行局旧址

▲君埠人民为了支援前线,利用缴获的物资和现钞,在君田创办了被服厂,为红军赶做冬装,将白布染成灰色,分三班缝制棉衣、棉被、夹裤、军帽、袖章、绑腿等。图为君田被服厂遗址(现为后建民房)

▲江西萍乡安源路矿工人运动纪念馆

序言

江西,是一片充满红色记忆的土地,是中国革命的摇篮、人民军队的摇篮、人民共和国的摇篮和中国工人运动的策源地。而江西工运百年奋斗史,在这片物华天宝、人杰地灵的红色大地上,显得尤为耀眼。

在近代中国,江西工业并不十分发达,但江西各地的工人斗争,却走在了全国工人运动的前列,在中国工人运动史上留下了浓墨重彩的一笔。中国共产党创立初期,就领导了江西安源路矿工人运动,以"未伤一人,未败一事"的骄人业绩,成为全国第一次工人运动高潮中的成功范例,也使得江西成为中国近代工人运动的策源地。大革命时期,江西工人运动迅猛发展,展现出了工人阶级英勇无畏的革命精神。尤其是1927年年初,九江工人展开了轰轰烈烈的反英斗争,成功收回了九江英租界,成为近百年来中国工人阶级反帝斗争史上的空前壮举。大革命失败后,全国工人运动转入低潮,但井冈山革命根据地工人运动却蓬勃发展,为中国工人运动指明了方向。此后,以江西瑞金为中心的中央苏区逐渐成为中国工人运动的主战场。中央苏区的工人运动是新中国工运的伟大预演,为新中国工人运动提供了宝贵的经验和借鉴。在全面抗战时期和解放战争时期,江西工人阶级在中国共产党的领导下,成为了江西抗日救亡运动和解放江西伟大斗争的重要力量。

中华人民共和国成立后,工人阶级的历史地位发生了翻天覆地的变化。面对新中国建设的艰巨任务、改革开放时期出现的前所未有的机遇和挑战以及新时代的全新历史使命,江西工人阶级始终坚定不移地听党话、跟党走,以主人翁的姿态,以对党、对人民、对事业高度负责的精神,忠诚履职、奋发有为,汇聚成全面建设社会主义现代化江西的磅礴伟力,创造了无愧于历史、无愧于时代的成绩,谱写了新时代江西工人运动崭新的篇章。

《江西工人运动简史》一书,以时间为主线,以重要历史事件为节点,全面系统地梳理了近代以来尤其是在中国共产党的领导下百年来江西工人阶级进行革命、建设和改革的光辉历程,重点总结了江西工人运动百年峥嵘岁月的成就和经验,热情讴歌了江西工人阶级的革命历史、革命传统和革命精神。从中,我们可以深刻地了解到江西工人运动的百年历史轨迹,深刻地认识到中国共产党是马克思主义与中国工人运动相结合的产物,深刻地体会到中国共产党的正确领导是中国工运事业得以发展壮大的关键和保障。2021年是中国共产党成立一百周年,全党上下掀起了学习党史的热潮。对于全省从事工会工作的同志尤其是工会党员干部来说,要学好党史,首先必须学好中国共产党领导下的江西工人运动史。《江西工人运动简史》一书正是怀着这样的初衷而萌芽的。此书经过长时期的酝酿并最终有幸于2021年党的百年华诞之时编撰完成。时光荏苒,两年的时间如白驹过隙。时至今日,《江西工人运动简史》终得以正式出版。回顾其间过程之艰辛,仍深感欣慰,心怀感恩。《江西工人运动简史》一书时间跨度大,从民主主义革命时期到党的十九大及工会十七大,前后近180年。对江西工人运动史进行如此长时间和大跨度的回顾和梳理,实为一种有益的探索和尝试,也是近年来我省工人运动研究的一项重要创新成果,为新时代中共党史研究提供了重要研究资料。

2022年10月,党的二十大在北京胜利召开。党的二十大报告指出,"坚持理论武装同常态化长效化开展党史学习教育相结合,引导党员、干部不断学史明理、学史增信、学史崇德、学史力行,传承红色基因,赓续红色血脉。"同时,党的二十大还对新时代工人阶级和工会工作提出了新的更高要求,体现了以习近平同志为核心的党中央对工人阶级和工会工作的高度重视和关心。正所谓,欲知大道,必先为史。希望全省工会系统干部始终坚持以习近平新时代中国特色社会主义思想为指引,认真学习了解江西工运史,铭记江西工运浴血荣光、波澜壮阔的百年历程,自觉传承江西工运艰苦奋斗、昂扬向上的红色基因,以锐意创新的勇气、敢为人先的锐气、蓬勃向上的朝气,带领全省广大职工群众更加紧密地团结在以习近平同志为核心的党中央周围,努力在全面建成社会主义现代化强国、实现第二个百年奋斗目标,以中国式现代化全面推进中华民族伟大复兴的新征程上创造江西新的时代辉煌、铸就江西工运事业新的历史伟业。

《江西工人运动简史》编委会
2023年6月28日

目 录

第一章 江西工人阶级的形成及早期斗争 ………………………………… 1

 第一节 江西近代工业的出现及工人阶级的形成 ……………………… 1

  一、江西近代工业的出现 ……………………………………………… 1

  二、江西近代工业的特点 ……………………………………………… 4

  三、江西工人阶级的形成 ……………………………………………… 5

  四、江西近代工人阶级的特点 ………………………………………… 7

 第二节 江西工人阶级的早期斗争及组织 ……………………………… 9

  一、江西工人阶级早期的劳动和生活状况 …………………………… 9

  二、江西工人阶级的早期斗争 ………………………………………… 11

  三、江西工人阶级的早期组织 ………………………………………… 14

 第三节 五四运动时期江西工人阶级的觉醒 …………………………… 16

  一、五四运动时期的江西工人阶级 …………………………………… 16

  二、江西工人阶级的觉醒 ……………………………………………… 18

第二章 中国共产党创立初期的江西工人运动(1921—1923) …………… 22

 第一节 安源路矿工人运动 ………………………………………………… 23

  一、安源路矿的基本概况 ……………………………………………… 23

  二、安源路矿工人大罢工前期准备 …………………………………… 24

  三、安源路矿工人俱乐部成立 ………………………………………… 26

四、安源路矿工人大罢工的开展 …………………………………… 26
第二节　安源路矿工人运动胜利的原因、贡献及其意义 …………… 28
　　一、安源路矿大罢工胜利的原因 …………………………………… 28
　　二、安源路矿工人运动的重要贡献 ………………………………… 30
　　三、安源路矿工人运动的历史意义 ………………………………… 33
第三节　江西其他地方的工人运动 …………………………………… 35
　　一、南昌地区的工人运动 …………………………………………… 36
　　二、九江地区的工人运动 …………………………………………… 37
　　三、赣南地区的工人运动 …………………………………………… 38

第三章　大革命时期的江西工人运动（1924—1927）……………… 40

第一节　第一次国共合作形成后江西工人运动的新发展 …………… 40
　　一、第一次国共合作为江西工人运动提供了有利条件 …………… 40
　　二、第一次国共合作后江西工人运动的发展 ……………………… 43
第二节　北伐战争中江西工人运动的高涨 …………………………… 47
　　一、江西工人阶级积极支援北伐战争 ……………………………… 48
　　二、北伐战争推动了江西工人运动的发展 ………………………… 50
第三节　国民党右派叛变革命和江西工人运动受挫 ………………… 56
　　一、江西政治形势的逆转 …………………………………………… 56
　　二、赣州"三六"惨案 ……………………………………………… 57
　　三、省内外对赣州"三六"惨案的声援活动 ……………………… 59
　　四、九江"三一七"惨案 …………………………………………… 60
　　五、江西工人运动相继受挫 ………………………………………… 62

第四章　土地革命战争时期的江西工人运动（1927—1937）………… 65

第一节　八一南昌起义和秋收起义中的江西工人运动 ……………… 65
　　一、南昌起义中的江西工人运动 …………………………………… 65
　　二、秋收起义中的江西工人运动 …………………………………… 68
第二节　井冈山斗争时期的江西工人运动 …………………………… 71

一、大力恢复工会组织 …………………………………… 71
　　二、积极开展罢工斗争 …………………………………… 72
　　三、创建工厂支援战争 …………………………………… 72
　第三节　中央苏区的工人运动 ………………………………… 73
　　一、参加苏维埃政权建设 ………………………………… 74
　　二、召开五大产业工人代表大会 ………………………… 76
　　三、参加查田运动 ………………………………………… 77
　　四、冲破经济封锁 ………………………………………… 77
　　五、组织工人学习文化技术 ……………………………… 78
　　六、维护工人的合法权益 ………………………………… 79
　　七、组建红军工人师 ……………………………………… 79
　　八、开展拥军优属 ………………………………………… 80
　　九、支援红军长征 ………………………………………… 81
　第四节　"左"倾错误的危害和苏区工会的纠"左"努力 …… 81
　　一、王明"左"倾冒险主义错误的危害 ………………… 81
　　二、中央苏区工会纠正"左"倾偏差的努力 …………… 83
　第五节　三年游击战争中的江西工人运动 …………………… 91
　　一、赣南工人参加油山游击队 …………………………… 91
　　二、赣西南工人支援游击队 ……………………………… 92
　　三、赣西北工人与红军游击队并肩作战 ………………… 93

第五章　抗日战争时期的江西工人运动（1937—1945）……… 94
　第一节　党对江西工人运动的领导 …………………………… 94
　　一、扩大组织覆盖 ………………………………………… 95
　　二、加强教育宣传 ………………………………………… 97
　第二节　参加抗日救亡运动 …………………………………… 100
　　一、组建抗日团体 ………………………………………… 100
　　二、聚焦资源斗争 ………………………………………… 102
　　三、支援前线抗战 ………………………………………… 104

第三节　反抗国民党当局的斗争 …… 106
  一、改善工作条件 …… 107
  二、维护合作大局 …… 109

第四节　"东南工合办事处"的活动 …… 110
  一、振兴地方经济 …… 110
  二、抓好人才培训 …… 112
  三、配合中共活动 …… 113

第六章　解放战争时期的江西工人运动（1945—1949） …… 115

第一节　中国共产党加强对江西工人运动的领导 …… 115
  一、加强组织覆盖 …… 115
  二、强化舆论宣传 …… 117

第二节　与国民党当局开展斗争 …… 118
  一、反对低薪欠薪 …… 119
  二、反对暴力关押 …… 122

第三节　迎接解放的斗争 …… 124
  一、保护设施资源 …… 125
  二、抓好生产支援 …… 129

第七章　社会主义革命和建设时期的江西工人运动（1949—1978） …… 132

第一节　生产资料所有制的社会主义改造中的江西工人 …… 132
  一、积极参加对手工业的改造 …… 132
  二、积极参加对资本主义工商业的改造 …… 135

第二节　"大跃进"时期的江西工人运动 …… 139
  一、积极参加社会主义劳动竞赛 …… 139
  二、广泛参与企业管理 …… 140
  三、踊跃参加技术革新技术革命 …… 142

第三节　"文化大革命"和两年徘徊时期的江西工人运动 …… 145
  一、为第三个五年计划作出的贡献 …… 145

二、为第四个五年计划作出的贡献 …………………………… 148
　　三、两年徘徊时期的江西工人运动 …………………………… 150

第八章　改革开放和社会主义现代化建设新时期的江西工人运动
　　　　　（1978—2012）……………………………………………… 152
　第一节　伟大历史转折和中国特色社会主义开创时期的江西工人运动
　　　　 ………………………………………………………………… 152
　　一、拨乱反正中的江西工人运动 ……………………………… 153
　　二、改革开放全面展开后的江西工人运动 …………………… 154
　　三、持续推进改革中的江西工人运动 ………………………… 158
　第二节　改革开放新阶段的江西工人运动 ……………………… 162
　　一、向社会主义市场经济转变中的江西工人运动 …………… 162
　　二、跨入新世纪的江西工人运动 ……………………………… 167
　第三节　坚持和发展中国特色社会主义新时期的江西工人运动 … 172
　　一、加快推进社会主义现代化建设新阶段的江西工人运动 … 172
　　二、夺取全面建设小康社会新胜利中的江西工人运动 ……… 176

第九章　中国特色社会主义新时代的江西工人运动（2012—2020）……… 182
　第一节　中华民族伟大复兴新征程开启中的江西工人运动 …… 182
　　一、坚定正确政治方向，践行新思想 ………………………… 183
　　二、服务党政工作大局，彰显新作为 ………………………… 185
　　三、构建和谐劳动关系，展现新担当 ………………………… 187
　　四、着力推进改革创新，激发新活力 ………………………… 189
　　五、坚持从严管党治党，树立新形象 ………………………… 191
　第二节　全面建成小康社会决胜期的江西工人运动 …………… 193
　　一、坚持服务大局，打赢防控复工战役 ……………………… 195
　　二、坚持综合施策，助力决胜脱贫攻坚 ……………………… 196
　　三、坚持人民情怀，竭诚服务职工群众 ……………………… 197
　　四、坚持示范引领，练就职工过硬本领 ……………………… 198

五、坚持深化改革,永葆工会组织活力 ………………………… 200
六、坚持从严从实,加强工会系统党的建设 …………………… 202

结　语 ……………………………………………………………… 205
江西工人运动简史大事记 ………………………………………… 215
后　记 ……………………………………………………………… 231

第一章　江西工人阶级的形成及早期斗争

1840年第一次鸦片战争后,中国逐步沦为半殖民地半封建社会。在此进程中,中国近代工业产生、发展,工人阶级也随之作为新兴的阶级力量诞生了。这是中国工人运动产生和发展的基础。中国工人阶级的早期斗争,正是随着工人阶级队伍的发展壮大和阶级觉悟的不断提高而发展的。江西工人阶级的产生与发展,与全国工人运动有着共同的历史背景。江西工人阶级的早期斗争,亦是当时全国工人阶级斗争的重要组成部分,沉重打击了帝国主义、封建主义和官僚资本主义,江西工人阶级也在这些斗争中逐步成长起来。

第一节　江西近代工业的出现及工人阶级的形成

江西近代产业和产业工人,是在19世纪60年代西方资本主义侵略势力深入到长江中下游之后开始产生的。在半殖民地半封建的旧中国,江西工业落后,工人队伍发展较为缓慢。五四运动之后,江西工人阶级开始登上政治舞台。

一、江西近代工业的出现

鸦片战争以前,中国封建社会内部已经孕育了资本主义的萌芽。大约在明朝中后期,苏杭丝织业发达的地区和江西景德镇制瓷业发达的地区,已经开始出现了规模较大的手工业工场和自由劳动力市场。但是,由于中国封建统治阶级对于工商业发展的严格限制和繁重徭役,中国资本主义发展的进程极其缓慢。

与此同时,世界资本主义日益发展,资本主义国家为了摆脱经济危机,开始到国外寻找市场,并用枪炮打开了中国的大门。从1840年鸦片战争开始,西方列强的入侵,彻底打破了中国传统社会原有的文明进程,也对中国近代工业的发展产生了一定的刺激作用。首先,西方列强让清政府认识到了"船坚炮利"的意义和价值,而这背后最直接的支持就是西方国家的近代工业体系,由此促使清政府开始推动中国近代工业的发展;其次,西方列强为了能够在中国谋求殖民利益,其中就包括设立工业厂矿,这在一定程度上也刺激了中国近代工业的发展;最后,中国民族资产阶级逐渐崛起,在资本丰厚利润的刺激下和实业救国理念的支持下,民族资本家开始投资设厂推动民族工业的发展。以上三种因素的交互作用,推动了中国近代工业的产生和发展。从近代工业的发展进程来看,一般认为最先出现的是外国资本工业,然后是清政府官僚资本工业,最后是民族资本工业。

江西近代工业正是伴随着帝国主义的侵略而产生的。江西位于长江中下游交界处的南岸。东临浙江、福建,南连广东,西接湖南,北与湖北、安徽毗连。1840年的鸦片战争,改变了中国历史的格局。随着中国开始一步步地沦为半殖民地半封建社会,江西封建的经济体制也在逐步解体。1856年英法列强再一次发动侵华战争,1858年胁迫清政府签订了丧权辱国的《天津条约》,攫取了更多的特权,不仅沿海,而且汉口、南京、九江等内河的口岸也被迫向外国开放。英法两国正是通过《天津条约》取得了在九江通商的权利。江西的门户从此被帝国主义列强打开。1861年3月25日,江西布政使张集馨与英国参赞巴夏礼订立约章《九江租地约》,划定张官港(现港务局大楼)以西、龙开河以东的滨江地带为英租界。1861年九江正式开港通商。美、德、俄、日等国也相继在九江设立租界,在庐山强占租地。1862年3月,九江英租界正式成立。同年,美国旗昌洋行在九江开办航运业,建立码头、货栈、泵船,这是江西近代史上最早的外国资本企业。1873年,洋务派首脑李鸿章改轮船招商公局为轮船招商局,并先后在汉口、九江、镇江设立栈房、码头,同时在九江设立分局,开辟沿江沿海及国外航线。九江分局的设立,是封建官僚资本涉足九江的开始。

九江是江西的北大门,素有江西门户之称,历来是商品集散地。1863年,九江设立海关,被辟为贸易港口,商业贸易发展迅速。仅这一年,经九江出口的货物就达 376459 担,出口商品主要是夏布、瓷器、纸张、茶叶、苎麻、烟草等。外国资本也通过九江港迅速向江西政治、经济中心南昌伸展,渗透江西内地。①

外国资本主义的侵入,一方面使江西人民政治上饱受压迫、经济上备受压榨,给人民带来了无穷的灾难;另一方面也加速了江西自给自足的自然经济解体。而自然经济的解体,给资本主义的发展带来了商品市场。农民和手工业者的破产,又给资本主义的发展带来了劳动力市场。这对近代江西的社会各阶层产生了强烈的刺激,客观上促进了江西近代工业的产生和发展。

从 19 世纪 70 年代开始,中国一部分商人、地主、官僚和爱国有识之士在挽回国权的口号下掀起了一股投资开办新式工业企业的浪潮。江西近代第一家民族工业企业,即 1882 年在南昌设立的罗兴昌机器厂由此诞生了。这家工厂资本只有 5000 银元,20 多个工人,主要是制造和修理引擎、抽水机、碾米机。19 世纪末,江西近代工业发展尚处于起步时期。据统计,1900 年以前,江西有 9 家近代工业企业,其中外国资本家开办了 5 家,官办 2 家,商办 2 家②。

从 1894 年中日甲午战争到 1914 年第一次世界大战之前,江西民族资本工业企业开始兴起。中日甲午战争结束后,资本输出逐渐成为帝国主义列强掠夺中国人民的主要形式,使得已经逐渐解体的江西自然经济进一步面临着崩溃瓦解的境地。这也为资本主义的发展创造了商品市场,提供了劳动力,扩大了原料来源,从而促进了江西民族资本工业的发展。

1914 年,第一次世界大战爆发,帝国主义列强先后卷入战争,无暇东顾,暂时减少了对中国的商品输出和资本输出。此外,辛亥革命推翻了清朝统治,结束了中国两千多年的封建君主专制制度,为民族工业的发展初步扫除了障碍,民国政府推行的政令也激发了近代企业家投资的热情。因此,中国民族工业的发展出现了一个短暂的"黄金时代"。江西民族工业在这个时期也得到快速发展,尤其是轻工业发展较快。如乐平县在第一次世界大战后就有大小纺织工厂近 50 家,规模最大的是大振星纱厂,有 300 多名工人。在九江,茶厂、纱厂、火柴厂、瓷厂也相继创立。1916 年 5 月,南浔铁路建成通车,全长 128 公里,开始是由商办江西铁路公司集资兴建,后归官办,成为江西境内的第一条客运铁路。1919 年,景德镇出现了民间集资办的电气股份有限公司,有 216 名工人。江西

---

① 江西省总工会:《江西工人运动史:1862—1949》,江西人民出版社,1995 年,第 2 页。
② 江西省总工会:《江西工人运动史:1862—1949》,江西人民出版社,1995 年,第 4 页。

民族工业的规模在这个时期有了较大的提升。此外,江西的矿产、陶瓷、造纸工业也在此时加速发展,位于全国同行业水平之前列,产品畅销国内外市场。

二、江西近代工业的特点

江西近代工业,与全国同时期的工业发展规模相比,差距较大,呈现出如下五个特点。

(一)分布不广

江西近代工业企业基本上集中在南昌、萍乡、九江、景德镇等城镇,其中南昌以各类专业公司、产品加工、公共服务行业为主;萍乡以煤矿为主;九江以航运、制茶为主;景德镇以陶瓷行业为主。总体而言,江西工业企业种类不多,分布不广。

(二)垄断突出

江西近代工业绝大部分受外国资本和官僚买办资本控制,由此导致很多行业处于垄断地位,地方民族资本企业发展艰难。如九江的航运业,从19世纪60年代初外国洋行经营后,直到19世纪90年代初,江西地方没有任何人敢到九江开办航运企业。萍乡煤矿也是同样情况。1898年,盛宣怀创办萍乡煤矿时就"奉旨"禁止商人"别立公司","饬赣省随时申禁"[1]。盛宣怀还聘请当地的封建地主为矿上的顾问,强行封闭或廉价购买了300多个小煤井,垄断了萍乡煤矿开采权。

(三)规模不大

江西在1918年前的近200家企业中,资本在10万元以上的只有10家,占5%;1万元以上不足10万元的约20家,占10%;不足1万元的约170家,占85%[2]。江西工业规模总体较小,尤其是民族资本十分弱小。在以上这些企业中,资本在10万元以上的企业大都被官僚资本和外国资本所控制。资本在1万元以上不足10万元的企业中,民族资本占有较大比重,但主要还是投资额1万元以下的企业居多。

---

[1] 汪敬虞:《中国近代工业史资料》第2辑,科学出版社,1957年,第473页。
[2] 江西省总工会:《江西工人运动史(1862—1949)》,江西人民出版社,1995年,第10页。

(四)机械化水平低

江西近代工业结构不甚合理,轻工业占的比重较大,其次是矿产、陶瓷、航运、服务业,而代表近代工业先进水平的机械、化工企业却寥寥无几。这是因为,在旧中国,通常是由外国资本及国家资本所投资的企业规模才较大,可以购进成套技术设备,从事机械设备的制造修理。江西这两种性质的企业并不多,投资规模大的企业更是凤毛麟角。如由洋务派官僚创办的江西子弹厂,所拥有的资本也不过银五万两。而民族资本所投资的企业,由于资本有限,主要集中于投资少、成本低的轻工业和加工工业。江西近代工业机械化水平总体较低,具有一定的落后性,在一定程度上制约了江西工业的发展。

(五)剥削性强

江西近代工业虽然登场时间并不算晚,但是与东南沿海、长江沿岸省、市相比,发展较为落后,其创办者又多数是官僚、地主和乡绅,其中部分被美、英、德、俄、日等外国资本操纵或渗透。他们手头无雄厚的资本,害怕在企业竞争中被挤垮,因此对工人控制得特别严,并采用一种超经济压榨工人的手段去提高企业的经济利润,江西工人阶级所遭受的剥削是十分残酷的。

三、江西工人阶级的形成

近代工人阶级是资本主义社会化大生产的产物。从1840年鸦片战争开始,中国近代工人阶级开始在外国资本、官办资本和民族资本企业中出现。这些新兴的产业工人绝大多数来源于破产的农民,另一部分则是破产的手工业者和城市居民。由于外国资本的侵略方式是以商品倾销为主,尚未进行大规模的工业投资。官办资本主要集中在军事工业,民族工业还处于萌芽状态。因此,近代工人阶级的队伍发展缓慢。

江西最早的一批产业工人,是19世纪60年代初九江开埠后的码头工人。第二次鸦片战争后,英法通过《天津条约》取得了九江通商权。1861年,九江正式开港通商。1862年,上海美商旗昌轮船公司在九江设立分公司,建立码头、货栈。那时候,大批破产农民和手工业者作为廉价劳动力被招进码头充当运输苦力,出现了航运码头工人。1873年,李鸿章创办轮船招商局,在九江设立栈房码头。1875年,英国又设立太古洋行、怡和洋行九江码头,码头工人逐渐增多。

九江开港通商后,英、日等国在九江开办"客邮""书信馆",在领事馆设立邮局、邮政代办局，招收员佐差役，在九江出现了最早的江西近代邮电工人。1875—1877 年，俄国人在九江开办两个砖茶厂，江西出现了第一批制茶工人。"顺丰砖茶厂经常雇用工人 800～900 人，在福州、九江设有分厂，年产 15 万吨。阜昌砖茶厂经常雇用中国工人 1300～2000 人，在福州、九江设有分厂……"①

到了 19 世纪 80 年代以后，随着官办企业、民族工业的兴起和发展，江西工人数量日趋增加，工人阶级队伍初具规模。民族企业最早的工人是从商办民用工业中产生的。19 世纪 90 年代，世界资本主义过渡到帝国主义，帝国主义对外侵略的方式由商品输出转变为资本输出。随着外国资本在华投资的扩大，一大批铁路工人、海员工人、矿山工人及各种工业企业的工人成为产业工人的大军。

1898 年，清政府在南昌建立江西子弹厂。此后，江西机器工人开始逐渐增多。1902 年，清政府在南昌建立江西铜圆厂，拥有工人 600～700 名。19 世纪末 20 世纪初，在收回利权、抵制洋货的运动中，江西相继涌现了一批民族企业，如江西全省铁路总公司、江西机器造纸有限公司、徐坊煤矿、江西内河商轮公司、江西省城电灯厂、吉祥机器砖瓦厂、江西樟脑公司、乐平大振星纱厂等。上述企业规模不等，大的如铁路公司有千余人，还有如吉祥机器砖瓦厂、乐平大振星纱厂等有二三百名工人。

更早出现又相对比较集中的产业工人是安源煤矿工人。1898 年，张之洞、盛宣怀在江西萍乡开办"官督商办"萍乡煤矿，资本 69.9 万元②，并向德国人借钱，进行洋法开采，约有 5000 工人。在当时，江西的矿业工人在产业工人中人数居首位，增长也比较快。

江西铁路工人的出现，是在 1899 年。中国三大产业之一的汉冶萍公司，从汉阳铁厂、大冶铁矿雇用 20 余名铁路司乘人员到安源从事铁路运输。1902 年又从汉冶萍公司调遣 200 多人和招收 300 名破产农民在萍醴铁路当工人。1905 年，萍潭铁路竣工通车，招收破产农民、游民 600 余人充当铁路运输工，加上苦力运输工人，共有 1300 余名工人。1916 年，南浔铁路建成通车，全路工人 2000 人。至此，全省境内铁路工人已近 5000 人。

江西电业工人产生较晚，数量也少。1907 年，萍乡煤矿局发电所从德国借款购置两台发电机，开始试用以电力为动力采煤，江西第一代电力工人由此产

---

① 祝慈寿：《中国近代工业史》，重庆出版社，1989 年，第 224 页。
② 唐玉良、王瑞峰：《中国工运大事记》（民主革命时期），辽宁人民出版社，1990 年，第 26 页。

生,但工人数量寥寥无几。随着电业逐渐扩展,电业工人也不断增加。1908 年,南昌成立开明电灯公司,招募工人 40 余人,不久,发展到 120 余人,但电业工人仍然为数甚少。

在 1914 年到 1919 年第一次世界大战期间,江西近代工业迎来了短暂的发展春天。随着江西近代工业企业的不断增多,江西工人阶级队伍也得到了一定程度的发展。南昌针织业,在 1916 年只有茂生一家工厂,此后十年间扩展到 60 家,雇佣工人达到 3000 多人。1919 年前后南昌印刷行业有近千工人。除此之外,砖瓦业、碾米业、小型机械业、电业都有所发展。据九江海关年报资料统计,1911 年江西内河的本省轮船共有 33 艘,船员 200 余人。1919 年五四运动前,九江码头工人 3000 余人。至 20 世纪 20 年代初,仅南昌拥有新式工人已达 2 万多人,如果包括码头工人、水上船工、人力车夫等,总数达 3 万人以上。

随着江西近代工业的发展,到 20 世纪 20 年代,江西约有近代产业工人六七万人。其中矿业工人近 2 万人、陶瓷工人 2 万人、航运码头工人 2000 人、造纸工人 2000 人,纺织、加工、化学工业工人近 5000 人,公共服务人员 2000 人,铁路工人近 2000 人,制茶工人千余人。此外还有一批伐木、放排、挑脚、搬运等苦力工人和相当数量的店员工人。

江西近代产业工人同江西近代工业的分布情况一样,主要集中在南昌、九江、萍乡和景德镇。据统计,1912 年全国共有采矿工人 152459 人,而江西矿工就有 15895 人,占全国的百分之十强。① 其中,仅萍乡煤矿工人就达 1 万余人。这一时期,江西矿工人数最高的一年是 1915 年,全省采矿工人达 19692 人。这个数字表明,江西工人阶级队伍随着江西近代工业的迅速发展而不断壮大,成为中国工人阶级的一个重要组成部分,成为中国政治舞台上的一支重要阶级力量。

四、江西近代工人阶级的特点

江西近代产业工人主要来源于破产的贫苦农民和手工业失业者,他们一般集中在以下四种企业类型:一是外国资本经营的企业;二是官办的交通、矿产、军工企业;三是商办或官商合办的民用企业;四是从属于近代工业生产,聚居于

---

① 刘治乾:《江西年鉴》,江西省政府统计室,1936 年,第 59 页。

江口河岸码头的运输工人。江西近代产业工人具有以下这些特点：

（一）队伍分散

江西近代工业基础较为薄弱，造成了企业少、规模小、工人阶级队伍分散。据不完全统计，1913年南昌棉纺织业企业数为178家，拥有工人3088人，平均每家不到18人。第一次世界大战后，乐平县纺织工厂大小近50个，最多的有300多名工人，少的却只有几个人。20世纪初，南昌的洗染业，有作坊64家，但总的从业人数只有400人左右，平均每家不到7人。电业工人更分散，多的几十人，少的十几人。江西机器工业不发达，近代工业的典型代表机器工厂在当时的南昌数量不多，规模也较小。自1882年南昌第一家机器工厂开办以来，至五四运动前后，南昌机器工厂的雇佣工人多的也只有二三十人左右，最少的仅有6人。然而，由于江西工业具有分布不广的特点，大多数产业主要集中在南昌、萍乡、九江、景德镇等中心城镇，这种地域上的集中却有利于工人的团结和斗争的开展，对后来江西工人运动的发展有极大的影响。

（二）斗争坚决

江西工人阶级是在半殖民地半封建的社会环境中产生、成长的，特别是与外国资本有直接联系的工人深刻地感受到外国资本对自身的剥削和压榨。江西近代工业落后，工人所遭受的剥削和压迫也更加深重。江西工人阶级正是在这样悲惨的境遇中得到了锻炼，造就了一批斗争坚决的工人，并且队伍迅速发展壮大。这个特点在安源煤矿工人和九江码头工人中尤其突出。在与帝国主义、封建主义和资本主义的斗争中，江西工人阶级表现出了英勇无畏的革命精神。与江西社会其他阶级相比，他们的斗争性更为坚决彻底，是一支勃起的社会力量，是江西政治舞台上最革命的阶级。

（三）工农联系紧密

江西近代产业工人绝大多数由破产的农民转化而来，直接来自乡村，与广大农民有着天然的联系。他们深知农民的疾苦，在反对共同敌人的斗争中便于与农民结成巩固的同盟，有广泛的社会力量和坚实的社会基础，有强大的依靠力量，这是有利的一面。另一方面，也由于他们来自乡村，受小农思想的影响很深，加之受教育少，文化水平低，不容易接受新文化、新思想，从而影响工人阶级的自身领导素质和团结战斗力量。

第二节　江西工人阶级的早期斗争及组织

中国工人阶级从诞生那天起,就同时受着本国封建主义、外国殖民势力以及资本主义制度的压迫和剥削。哪里有压迫,哪里就会有反抗。压迫越重,反抗越强。江西工人阶级的早期境遇同全国各地工人一样,地位低下、生活困苦、生存和劳动环境恶劣、生命财产毫无保障。在工业相对落后的江西,工人们的劳动条件和生活待遇相较而言更为恶劣。为了争取自身的一些基本权益,改善恶劣的生存状况,早期的江西工人阶级开展了一些自发斗争。其中既有经济斗争,也有一些反帝爱国斗争。但由于没有科学思想的指引,没有先进的工人阶级政党的领导,加之斗争的组织者主要是会党及帮派组织,因此,这一时期的斗争大多以失败而告终。

一、江西工人阶级早期的劳动和生活状况

(一)劳动时间长,收入低微

据《南昌工商史料》记载:"一般企业每天工作12小时以上,有少数工厂竟达15小时之多。""有的企业工人一年365天,没有礼拜休息,一般吃住都在工厂里。"正如马克思所说,"资本由于无限度地盲目追逐剩余劳动,像狼一般地贪求剩余劳动,不仅突破了工作日的道德极限,而且突破了工作日纯粹身体的极限。它侵占了人体成长、发育和维持健康所需要的时间,它克扣吃饭时间,尽量把吃饭时间并入生产过程,因此,对待工人就像对待单纯的生产资料那样……"①工人们劳动时间超长,但是工资收入却十分微薄。以20世纪初九江码头工人收入为例,"大抵每月五元至十元,仅足维持个人生活,间有少数收入稍多亦仅够一家二三口之用,绝无剩余。"②工人们收入本就偏低,但有些资本家仍然巧立名目对工人们进行盘剥和压榨。其中,克扣和罚款是资本家盘剥工人的常用手段。不少工人除吃雇主饭以外,几乎没有固定工资。

---

① 《马克思恩格斯全集》第23卷,人民出版社,1995年。
② 《九江经济调查》,《经济旬刊》,1933年第2卷。

(二)劳动环境恶劣,生命健康权益毫无保障

早期工厂里工人的劳动条件是十分恶劣的,但统治当局对此从不过问,没有制定劳动保护法规或条例。工厂里设备简陋、技术落后、厂房狭窄、空气污浊、光线暗淡。工人们在全无安全保障的极端危险条件下,从事长时间的高强度劳动,严重地损害了身体健康。以当时的萍乡煤矿为例,矿工们下井干活,没有任何劳动保护用品,矿里也没有安全和卫生设备,井下通风、排水条件极差,工人们随时都有遭受透水、瓦斯爆炸、火灾、冒顶的危险,生产安全事故不断发生,生命安全毫无保障。据有关资料统计,1905 年至 1917 年,安源煤矿仅死于瓦斯爆炸的工人就达 400 多人。而矿工中罹患尘肺病、肠胃病的大约达到百分之九十。

(三)人身虐待和政治压迫普遍存在

工人们除了在经济上遭受剥削和压榨外,还要受到人身虐待和政治压迫,甚至失去人身自由。无论在外国资本还是民族资本经营的工厂里,普遍设有监工、把头,甚至雇用警察,他们拿着木棒或鞭子,在厂子里监视工人,随意打骂工人。以萍乡煤矿为例,"萍乡矿当局对于各职员工头对工人无礼打骂及无情剥削与压迫,初不加以制止,时且助长职员工头之威风以对待工人。以故萍矿职员工头得任意而行,毫无忌惮。其中重重之黑幕,实有非吾人所忍言者!矿局职员,自矿长以下至各下级职员及工头管理等,无不可以殴打工人,工人对于彼等之无礼命令,亦莫敢稍有违抗。工人有稍不如意者,即滥用私刑,如跪火炉、背铁球、带蔑枷、抽马鞭、跪壁块等,或送警拘留蛮加拷打。人生而受此,诚奴隶牛马之不如矣!"①由此可见,当时的工人没有最起码的人身自由,当然也更无政治权利可言。统治当局为了维护资本家追求超额利润,从法律上肯定封建主义和资本主义对工人的奴役和压榨,取消了工人的各项权利。1907 年和 1908 年,清政府颁布的《刑律》和《结社集会律》,都对工人的罢工、集会、结社作了严厉的禁止,并规定如有工人聚众威胁,就要受到罚款、答刑或坐牢的惩罚。后来的北洋军阀政府,对工人政治压迫的残酷程度,比清政府有过之而无不及。

---

① 刘明逵:《中国工人阶级历史状况》第一卷第一册,中共中央党校出版社,1985 年,第 239 页。

二、江西工人阶级的早期斗争

处在帝国主义、封建势力和资产阶级重重压迫之下的江西工人阶级，自诞生之日起，就为了维护自身最起码的生存权利而运用各种方式同反动势力进行激烈的斗争。随着江西社会矛盾的不断激化，江西工人阶级的反抗斗争也在逐步发展。

（一）参与反对外国教会势力的斗争

江西工人阶级最早涉及的反帝爱国斗争，是从参与反对外国教会势力开始的。1862年3月17日，由于法国天主教传教士罗安当在南昌作恶多端激起民愤，包括工人在内的群众将城内各处教堂焚毁，发生"南昌教案"。

与传教士的斗争在江西随后更加剧烈，波及全省各地。1873年5月21日，瑞昌爆发了拆毁美国教堂的斗争。1900年，南城爆发了工人、农民、市民反对外国传教士和教会的斗争，毁教堂及其他建筑物10余栋。

规模更大的是1906年2月，法国天主教堂主教王安之来到南昌，公然干预当地政务，蛮横要求南昌县知县江召棠改判1904年发生的棠浦教案，释放因为非作歹而被捕归案的不法教民邓贵和。江召棠对王安之的无理要求和威胁恫吓置之不理。王安之见事不成，就将江召棠诱入教堂刺死。县令死讯传出，南昌全城鼎沸。学生罢课示威，工人罢工抗议，其中皮匠工人、泥木工人、踩布工人和码头工人最为激愤，要求拘捕王安之，以平民愤。2月25日，以各业工人为主体，有学生、市民、商贩等各阶层人民参加，在南昌百花洲沈公祠举行集会。会后，集会群众冲破封建绅士的阻拦，奔赴南昌各教堂捉拿王安之。王安之闻讯后企图逃跑，却在羊子巷被愤怒的武装群众就地处死，当时还有另外5名法国传教士和3名英国传教士被打死，有4处外国教堂被烧毁。这次事件，史称第二次"南昌教案"。教案发生后，震惊全国，英法两国军舰齐集鄱阳湖示威，一时国内气氛紧张。清政府慑于英法势力，对内镇压，将民众领袖龚栋等6人处死以抵命，对外签订了《南昌教案善后合同》赔款白银四十五万两，以此息事宁人。

1907年，江西南康爆发了以黄太盛领导的群众起义，反对外国教会的侵略，上下200余里的工农群众纷纷响应，声势浩大。起义群众不仅英勇抗击了地主武装的镇压，而且攻克了赣州等地，迫使清政府急忙调兵围剿，最终起义被残酷镇压。

(二) 声援义和团的反帝斗争

1900年义和团反帝爱国运动兴起,景德镇、萍乡等地纷纷响应。景德镇工人举行集会,控诉帝国主义者在景德镇的种种罪行,并与市民一起,捣毁天主教堂和外国资本家办的中西药庄各一所。当局下令保护外国传教士和教堂,激起工人们的愤怒。随即景德镇工人举行罢工,持续20天之久。这次斗争因受到当局的镇压而失败,一名工人领袖被害。1901年春,在萍乡哥老会的带动下,安源路矿工人与萍乡市民在县城遍贴告示、标语,高呼口号,号召工人、市民反对洋人,焚毁外国侵略势力修筑的铁路和外国人的机器,在城乡内外掀起了一场反帝斗争的浪潮。德国矿师及监工见势不妙,仓皇外逃。1905年5月,安源路矿的德国监工借口工人"做工贻误",扣罚工人工资,激起工人罢工。矿工们包围公事房,砸毁德国监工的住宅,痛打德国矿师和华洋监工。路矿当局被迫给工人补发所欠工资和"罚扣"的工薪。但是事后,地方政府从袁州调遣军队到矿局报复工人,段桂才等罢工领导人被捕杀害。这是安源工人最早的一次大规模罢工斗争,而且其斗争矛头直指帝国主义列强。邓中夏将这次罢工列为中国工人最早的两次罢工之一。

(三) 安源工人参加萍浏醴起义

1906年12月,以孙中山为首的同盟会,在湘赣边界领导了萍浏醴起义,安源煤矿工人张秋生等人组织矿工及其他行业工人积极响应。这次起义的力量主要是当时的旧式会党,同盟会在里面起领导作用。

1906年同盟会依靠哥老会原有班底,又吸收许多贫苦农民参加,组织六龙山洪江会,推举龚春台(爆竹工人)为"大哥"。安源煤矿工人中有半数以上加入六龙山洪江会。洪江会领导人决定在1907年2月发动武装起义。正当起义准备工作紧张进行之时,起义领导人张折卿等先后被清政府所害,起义机关遭到搜抄。一部分激进分子见形势紧迫,不等通告各地会党,便于1906年12月4日在同盟会会员刘道一和会党首领龚春台的领导下在萍乡、浏阳、醴陵三县交界处的麻石提前起义。参加起义的有煤矿工人、农民、手工业工人等工农群众3万多人。起义军手持从地方团防局抢得的两三千条枪和土炮、长矛、大刀、鸟枪或木杆、竹尖、菜刀等,头缚白巾,高举着"官逼民反""灭满兴汉"的大旗进行造反,官军望风而逃。6日起义军攻占了萍乡的上栗,7日占领了宜春的慈化,并组成"中华国民军南军革命先锋队"。此后两天,文家市、牛石岭、永和市、红绫铺等地群众起义后,萍乡部分矿工又与之相呼应。

1906年12月18日,湖广总督张之洞派出武装进驻安源,对会党头目进行了逮捕和杀害,对工人也采取了严厉的压迫举措。当年一家外国报纸惊呼:"此次事变的严重性,远超过一次地方性的骚乱。"①面对这一声势浩大的起义,清政府先后调遣湖南、湖北、江西、江苏四省军队以及地方驻军、团勇四五万人,聚集萍乡、浏阳、醴陵地区进行围剿。直隶总督袁世凯也派步兵四营、骑兵一营前来助战。美、英、德、法、俄、日各国也出动20多艘军舰游弋长江和湘江,与清军相策应,威胁起义军。由于受到中外反动势力的联合扼杀,1907年1月中旬,起义最终失败。

安源矿工参加以孙中山为首的同盟会第一次起义,标志着江西工人阶级开始作为资产阶级和小资产阶级的追随者登上历史舞台。这次起义虽然失败了,但安源工人得到了锻炼,对江西工人运动的开展产生了深远的影响。尤其是安源工人,在日后的工人斗争中总是起着骨干和领头的作用。

(四)支援辛亥革命

1911年10月10日武昌起义后,九江新军于10月23日起义,成立军政分府。10月31日,南昌新军发动起义,冲击抚署,大批工人特别是码头工人参加起义行动,为新军提供消息,指引路线。南昌攻克之初,社会秩序混乱,一些工人如印刷工人、棉纺织工人参与维护秩序,一些店员免费为起义新军战士提供食物。南昌工人的活动,对攻克南昌,推进资产阶级民主革命发挥了积极作用。

在起义的影响下,工人同时开展了反抗剥削的经济罢工。1912年,景德镇陶瓷工人为增加工资举行大罢工,资本家被迫答应每人每月加茶钱300文。在五四运动前夕,南城西坑做纸工人反对重税盘剥,开展了一场抗税斗争,上百名工人、农民,手持扁担、锄头捣毁官府税卡,官员惊恐万分,急速派兵镇压。这些接二连三的经济斗争,与资产阶级民主革命是相呼应的。

在资产阶级民主革命运动中,工人们加强了反抗外来的政治压迫。1909年4月,九江英巡捕无故杀害了中国公民余万程,两千多九江水木工人怒不可遏,于4月30日开展了大罢工,抗议侵略者的暴行。在他们的罢工影响下,九江全

---

① 《捷报》,1907年5月3日。

城掀起了罢工、罢课、罢市的热潮,迫使英帝国主义答应惩办凶手。1911年,南城河东人民开展了一次反对洋教运动,有3000余名工人、农民参加。1913年10月,安源煤矿工人举行罢工,反对德国总管殴打工人,德国总管被迫当众道歉。

江西工人阶级早期开展的一系列反抗斗争,给帝国主义、封建主义和官僚买办以沉重打击,表现了江西工人阶级不甘屈辱、不畏强暴的彻底革命精神,显示出江西工人阶级中蕴藏着极大的革命力量,是最有前途的阶级。但是在这一阶段,江西工人阶级还没有充分的自觉,思想觉悟和阶级意识还都不高,处于自在阶段的自发斗争。这些斗争没有明确的政治目标,仅仅局限于区域性,大都是小规模,力量分散,斗争手段也比较简单、落后。因此,这个时期的斗争大多归于失败。但这却是江西工人运动的起步阶段,锻炼了队伍,积累了斗争经验,是江西工人阶级成长并走向成熟过程中不可或缺的一环,为江西工人阶级登上政治舞台奠定了基础。正如恩格斯指出的那样:"罢工是工人的军事学校,他们就在这里受到训练。"①正是经历了早期工人运动的起步阶段,使江西工人阶级在人数、规模、阶级意识以及斗争经验、工人组织方面都得到了不同程度的发展,这才有了1919年五四运动中江西工人阶级的新觉醒。

三、江西工人阶级的早期组织

中国工人阶级从产生至五四运动前,还没有出现现代意义上的工会。因此,中国古代社会产生的封建行会、帮口以及秘密结社,就成为雇主或雇工唯一可以参加的组织,并且直到辛亥革命后,仍然是重要的雇主或雇工团体。江西工人阶级身受三重压迫,境况非常恶劣。为谋求生计,江西工人最早曾以立会结社等形式,结盟拜把,参加一些封建式的会党、行会、帮口等旧式组织。其中以由城镇手工业者(包括手工业工人)和商人组成的同业行会居多。早期的江西工人阶级已经开始逐渐意识到"团结就是力量",工人们只有团结在一起,通过一定组织的力量才能为自己争取些许的利益。

1906年同盟会发动的萍浏醴起义中,安源煤矿工人就组织参加了旧式的会党"哥老会",后又有约半数工人加入了"六龙山洪江会",萍浏醴武装起义就是由"六龙山洪江会"出面组织的。当时的萍乡、浏阳、醴陵等一带是会党集中的

---

① 《马克思恩格斯全集》第2卷,人民出版社,1995年,第512页。

地方,哥老会、洪帮等组织在安源拥有数千会员,大部分是工人。

江西早期工人组织中,多数是城镇手工业者和商人的同业行会组织,其命名体现了行业宗师的特性。清朝至民国年间,泥木业的"鲁班会"、制药业的"药王会"、缝纫业的"轩辕会"、制革业的"孙膑会"、造纸业的"蔡伦会"等等,以及按同乡、同宗组成的帮口和同乡会组织,遍及江西许多城镇。例如,在当时的九江码头和景德镇瓷业工人中,就有"九江帮""都昌帮""黄梅帮"等。在南昌,广益昌商场属广东帮,协盛全药号属河南帮,时鲜楼属河北帮。1909年,景德镇成立商务总会时,大大小小的会馆、行帮分成"徽帮""都帮""杂帮"进行推选。这些行帮组织的领导权多为豪绅把持,成员绝大多数为工人和店员。工人加入行帮后除了便于寻求工作、防范外行帮欺负外,更无其他受益。

这些早期出现的工人组织,缺乏明确的阶级意识,没有政治、经济斗争的目标及行动纲领。因此,它们并不是阶级组织,而只是一种互助、同乡性质的团体。这些江西工人的早期组织在涉及本地区、本行业共同利益的某些问题上,在反对奴役的自卫斗争中,也曾起到一定的团结及反抗压迫和剥削的积极作用。但它们多数以"神权""堂规""帮届"相结合的方式从事派系活动,具有浓厚的封建迷信色彩以及排他性。由于上面所述的特性,早期的这些工人组织容易受资本家、业主的欺骗、挑拨和拉拢,造成工人内部的分裂。尤其是一些行帮组织为有钱有势的厂主、资商所把持,他们勾结少数工贼,称霸一方,订立各种行规来压迫剥削工人。当年的九江码头工人对这种现状,称之为"一座山头一只虎,一个码头一个霸"。各行帮头目为了自身的利益,经常制造地域或行业之间的矛盾冲突,破坏工人的团结,而在对各类反动派的斗争面前,他们又屈膝妥协、为虎作伥,反过来压制和打击工人的斗争。所以,早期的江西工人组织,具有落后性、局限性,有的甚至具有反动性。

辛亥革命前后,随着工人阶级的不断成长和世界工会思潮的相继传入,中国社会开始掀起了"工会热",资产阶级、小资产阶级以及工人自己纷纷建立工会组织。这些组织或不能完全代表工人阶级,或只存在极短的时间,但却标志着近代工会的兴起。他们在团结、教育工人,提高工人对本阶级的认识及觉悟方面起到了一定的积极作用,为现代意义上真正工会的建立奠定了基础。

第三节　五四运动时期江西工人阶级的觉醒

五四运动是中国新民主主义革命的开端,也是工人阶级以独立姿态登上政治舞台的标志。在五四运动时期,江西工人阶级迅速行动起来,有力地声援了以北京为中心的全国爱国学生运动,展现了工人阶级的革命斗志和伟大力量。五四运动后,随着马克思主义的传播,江西工人运动开始逐渐进入有意识、有组织的经济斗争和政治斗争的新阶段,并融入了全国反帝反封建的新民主主义革命洪流之中。

一、五四运动时期的江西工人阶级

1919年1月18日,第一次世界大战获胜的协约国在法国巴黎凡尔赛宫召开和平会议。北洋政府和广州军政府联合组成中国代表团,以战胜国身份参加和会,提出取消列强在华的各项特权,取消日本帝国主义与袁世凯订立的"二十一条"等不平等条约,归还大战期间日本从德国手中夺去的山东各项权利等要求。

但巴黎和会在帝国主义列强操纵下,不顾中国也是战胜国之一,不但拒绝中国代表提出的要求,而且还决定将德国在山东的特权全部转让给日本。1919年5月初,巴黎和会上中国外交失败的消息传到国内,激起各界人士的强烈义愤。5月4日,北京学生3000余人,高呼"还我青岛""取消二十一条""外争主权,内除国贼"等口号,在天安门集会,举行示威游行,并火烧签订"二十一条"时的外交次长、卖国贼曹汝霖的家——赵家楼。一场震惊中外的反帝爱国运动在北京爆发了。反动军警当场逮捕了32名爱国学生。反动政府的倒行逆施激起了社会各界的义愤,纷纷支持学生的爱国行动。5月5日,北京的爱国学生实行总罢课,表示强烈抗议。接着,全国各大中城市的学生纷纷起来响应。社会名流和各界人士也纷纷谴责反动当局。

1919年6月3日,北京各校学生2000余人走上街头,展开反帝爱国演讲,当天有170多名学生被捕。6月4日,4000多名学生上街演讲,又有700余人被捕。

消息传到上海后,具有光荣革命传统的工人阶级挺身而出,投入到反帝爱国斗争的行列,发起了影响深远的"六三"政治大罢工。五四运动进入了第二阶段。1919年6月5日上午,上海日商第三、四、五纱厂5000多名工人在"不替仇人做工"的口号声中首先宣布罢工。下午,陆家嘴、杨树浦一带多家工厂的2万余名工人投入到反帝爱国大罢工中。随后几天,上海各行业的工人积极响应,10日形成全市总罢工,并发出誓言:"不达惩办曹、章、陆目的,誓不开工"。至此,五四爱国运动的中心从北京转移到上海,斗争的主力由学生转变为工人,斗争的主要形式也由单纯的罢课发展到"三罢"斗争,即工人罢工、学生罢课、商人罢市。

上海工人的政治大罢工浪潮很快波及全国,各地工人纷纷响应,积极投入到这场伟大的反帝爱国斗争之中。在江西,工人阶级在进步知识分子的带动下迅速行动起来,南昌、九江等地的工人先后举行了罢工、游行示威或其他形式的爱国斗争,以实际行动支持和声援五四爱国学生运动。

南昌江北牛行码头工人和南浔铁路全体员工共计1000余人,于1919年6月5日举行全线总罢工。当日码头无工人装卸货物,南浔铁路中断24小时,这是南昌码头和铁路工人在南昌最早的一次罢工。

在景德镇,五四运动的消息传来,1919年6月9日数千名工人和学生举行示威游行,高呼"外争国权、内惩国贼"等口号,随后掀起"提倡国货,抵制日货"的高潮。九江趸船工人和码头运输工人也于6月12日开展罢工斗争,拒绝给"江华""吉和"号轮船装卸货物,致使长江重要口岸九江港运输中断,在国内外产生了重要影响。九江轿工也发动罢工,拒绝抬送日本人上下庐山。九江各界群众集会演说、游行示威,手执"工界万岁"的旗帜,募捐救济罢工工人,并宣称不供应米面、蔬菜给在浔的日本人。日本领事只好向中国外交部求救解决。

江西工人声援学生的浪潮逐渐蔓延。在萍乡,五四运动的浪潮使久积在安源煤矿工人心中仇恨德国监工的怒火爆发。长期以来,把持安源煤矿工程技术大权的德籍监工经常虐待矿工,工人们早就要求将他们惩办,但矿局置之不理。1919年6月23日,又发生总平巷德国总监工奥森布鲁克踢伤工人汪大全的事件,数百名愤怒的工人分聚在总平巷公事房和德国总监工寓所门前,声言要打死德国监工,并酝酿罢工,驱逐德籍监工。矿警队派人前来阻止,仍无法平息工潮。汉冶萍公司被迫解雇德国籍监工。在安源煤矿任职长达21年的德国籍监工终于全部被赶出矿山。萍乡煤矿小学高年级学生在五四运动和工人罢工的感召下,成立了检查日货小组,在火车站将运到安源的日本道林纸全部烧毁。

五四运动期间,赣州、抚州、宜春等地工人也同样开展了一些零星的声援活动。在工人罢工、学生罢课的影响下,九江、南昌等地许多商号先后主动停业罢市。江西人民支援五四运动的爱国行动可以说逐渐突破了青年学生和知识分子的范围,发展成为以工人阶级为先锋的工、学、商联合的群众性爱国运动,虽然不够广泛、深入,规模也较小,但他们用实际行动有力地支援了北京、上海等地的斗争,是当时全国反帝反封建斗争的重要组成部分。

在全国工人的罢工浪潮冲击下,1919年6月10日北洋军阀政府被迫释放了全部被捕学生,并宣布罢免曹汝霖、章宗祥、陆宗舆三人的职务。6月28日,迫于强大的舆论压力,中国代表最终没有出席巴黎和约的签字仪式,五四运动取得了最终的胜利。以五四运动为标志,中国工人运动已从经济斗争转向政治斗争,中国工人阶级以独立的姿态登上了政治舞台,为中国共产党的建立奠定了阶级基础。

二、江西工人阶级的觉醒

自19世纪60年代江西最早的一批产业工人诞生以来,新兴的江西工人阶级逐步成长发展,到五四运动前夕已经初具规模。五四运动以后,江西一些具有初步共产主义思想的先进知识分子开始主动与工人阶级相结合,并在工人群众中宣传马克思主义。由此,马克思主义在江西逐渐传播,有力地促进了江西工人阶级意识的增强和阶级觉悟的提高,江西工人逐渐开始认识到自己的阶级地位和历史使命。

(一)江西工人纪念"五一"国际劳动节

1920年,上海、北京、广州、香港等数十个城市第一次举行大规模的纪念"五一"国际劳动节的活动。在江西九江,4月30日,由九江学生联合会评议部长蒋宗文与当地工人研究商定,5月1日举行集会,并停工三天,以纪念"五一"国际劳动节。5月1日黎明,约4000名工人"齐立江干",手执白旗,上写"为国宣力""亟起救国"各种字样。下午2时,由市学联主持在滨兴洲开会,到会工人约2000余人。蒋宗文宣布开会宗旨,学联会长俞镐、副会长潘衡及上海各界联合会派来的代表在会上演说,宣传工人阶级的伟大,强调工人阶级的重要地位,并号召江西工人阶级结成团体为自身的利益而奋斗。这些讲话使工人们非常受鼓舞,会后,工人与学生结成一体,列队游行。工人以劳动会名义,张贴纪念"五一"的标语。这是江西工人第一次集会纪念"五一"国际劳动节。

1921年5月1日,南昌工人和学生联合举行集会庆祝"五一"国际劳动节。据记载,当时参加集会的共约2000人,其中工人占四分之一。当日,江西传播马克思主义的先驱、改造社负责人袁玉冰在南昌的报刊上发表了《劳工神圣纪念日》的报告,向省内外劳工群众宣传了"五一"国际劳动节的来历和劳动人民的伟大历史作用。

(二)江西工人开展反帝反封建的罢工斗争

工人阶级的觉醒,使江西工人运动开始超出单纯经济斗争的范围,向反帝反封建的政治斗争发展。1920年3月14日,九江码头工人举行了反帝罢工斗争。当日,码头工人黄万和搬运大米路过英商太古洋行货栈门口,误入租界线内,英租界巡捕胡晋恩竟将黄万和推倒在地,并向其腹部猛踢一脚,黄万和不省人事。工人见此情形,愤愤不平,纷纷围上去与胡晋恩理论,遭到警察和租界巡捕的驱赶。工人们拒不后退,并据理力争,围观助威的市民越聚越多。这时,租界内的外国人竟挂出危险旗,向停泊在江心的美国军舰示警。美舰水兵立即登陆,用刺刀驱散人群,又刺伤工人陈洪美、廖家炳、陶长生等人。码头工人当日宣布罢工,以示抗议。全市各界人民举行会议,声援码头工人,并提出条件与租界当局交涉。最终,这一事件仅以开除凶手胡晋恩、受伤工人医疗费由巡捕房负担、巡捕毕特尔自行辞职草草收场。九江码头工人这次反帝斗争,虽然未能取得最后胜利,但再一次暴露了帝国主义的凶恶嘴脸和军阀政府的腐败无能,江西工人阶级经历了斗争的锻炼而不断走向成熟。

(三)江西工人斗争由分散走向联合

随着江西工人运动的发展,江西工人阶级的组织程度不断提高,工人斗争开始由零星、分散向全行业及行业之间的联合斗争发展。1920年下半年至1921年上半年,南昌市刨烟业、食品业和码头等19个行业的工人相呼应,举行了多次罢工。南昌工人工资一向微薄,每月最多不过钞票5000元。由于北洋军阀的疯狂掠夺,通货膨胀连年不止,钞票不断贬值。民国初年,钞票1000元值铜圆95枚,五四运动以后,跌至56枚。工人一月劳作,仅值现洋2元。因钞票暴跌,商店售货大多不收,工人手中钞票越发无用,生活更加困苦不堪,迫切要求增加工资。

1920年8月,南昌烟业工人联合进行罢工。当时,刨烟工人每天做工10个小时以上,工资低微,加上钞票连年贬值,工人更加无法生活。刨烟工人向各烟业主提出加薪要求,但各烟业主置工人死活于不顾,拒绝给他们加工资,从而导致了全市烟业工人联合起来进行大罢工。罢工持续了数日,使得全市烟业生产陷于瘫痪,各烟业主被迫答应给工人加工资。随后,南昌糖、酒业工人也相继罢工,与之呼应,迫使各糖、酒业主也做出了加薪的让步。其他各行业主担心本业受其影响,纷纷对工人"善言劝慰,酌加薪资"。

1920年8月下旬,在烟、糖、酒等行业工人罢工斗争胜利的鼓舞下,南昌沿江码头工人联合行动,要求各资本家将码头工人待遇从当月30日起按钞票面额8折发给铜圆,并派代表与各资本家谈判。盐、米、煤炭、水果等业主均拒绝了码头工人的要求。于是,码头工人于8月28日宣布罢工,拒绝搬运货物,表示不达目的誓不开工。8月30日,南昌总商会开会商讨对策。各业资本家以"按钞票面额六折发给铜圆为限"拒绝码头工人的要求,议定各业自组"劳动工人团"搬运货物,并请地方反动军阀派军保护。8月31日,码头工人代表召开会议研究斗争策略,决定一面争取社会同情,一面继续罢工,直到胜利为止,如各业资本家自组"劳动工人团",由军队保护搬运,破坏罢工,则誓死以争。9月1日,各码头工人纷纷组成"敢死队",他们的罢工导致外地运到南昌的盐、米、煤炭等货物均滞留在各个码头,堆积如山,南昌城内生活物资紧缺,引起了市民恐慌。9月3日,各业资本家被迫接受码头工人的要求,答应按钞票面额八折发给铜元,罢工斗争取得胜利。

随后,南昌理发工人在1921年2月同样为钞票改为铜圆举行联合罢工。1921年4月,万载县龙山36个纸槽150多名工人联合罢工,抗议槽主拒绝增加工人工资,全省各地上万名纸业工人纷纷声援。宜丰黄岗、双峰、逍遥等地100多个纸槽500多名纸业工人联合罢工支援万载龙山工人的罢工斗争。最后,罢工取得了胜利,不仅万载县纸业工人增加了工资,宜丰黄岗等地的纸业工人也同时增加了工资。这些工人阶级的斗争都深深地震撼了当时的反动军阀统治者,也让江西工人阶级逐渐意识到团结的力量。

可以说,经历了五四运动的洗礼,江西工人的阶级意识已经明显增强,在一次次的反帝反封建罢工斗争中,彰显了工人阶级的先进性、革命性。这段斗争实践也再次向我们证明,工人阶级唯有从"自在"走向"自觉",作为一个独立的力量登上政治舞台,拥有科学的思想作为武器,并在先进的工人阶级政党的领导下,中国的革命才能"焕然一新"。

第二章　中国共产党创立初期的江西工人运动（1921—1923）

中国共产党刚成立就把"组织工会和教育工人,领导工人运动"①确定为党成立后的中心任务,自此中国的工人运动得到了空前的发展。从1921年到1923年,中国共产党领导了多次工人运动,并掀起了全国第一次工人运动高潮。这个时期,工人运动无疑是中国革命的主旋律,工人阶级在党的领导下,对中国革命道路进行了有益的探索,作出了重大贡献。

江西作为较早开展革命的省份,工人运动在此期也有广泛的发展,并形成了自身的特色。特别是1922年9月,江西安源工人运动在毛泽东的领导和李立三、刘少奇的直接指挥下,取得了巨大成功,成为全国第一次工人运动高潮中的成功范例。江西成为中国近代工人运动的发祥地之一,在这片土地上,留下了一个个永不磨灭的工运故事,涌现了一批批杰出的工人运动领袖,中共江西地方组织创始人赵醒侬、江西工人运动先驱陈赞贤、沪东工人运动领导者欧阳洛、九江工人运动领导者冯任、沪西工人运动领导者罗石冰、安源工人运动参与者林瑞笙、江西工人运动先驱张朝燮等先后牺牲,他们的光辉业绩和英勇顽强的斗争精神,将永远为后人铭记。

---

① 中共中央文献研究室、中央档案馆:《建党以来重要文献选编(1921—1949)》第一册,中央文献出版社,2011年。

第一节 安源路矿工人运动

安源,这座历经百年沧桑的老矿,见证了江西最早的工会组织——安源路矿工人俱乐部的诞生和早期中国工人运动的发展。1922年9月14日,安源路矿工人为要求当局承认俱乐部有代表工人的权利和增加工资而举行罢工,路矿当局勾结军阀企图派兵镇压。在毛泽东的领导下,刘少奇、李立三等指挥17000多名工人英勇斗争,迫使路矿当局承认工人提出的大部分条件,同年9月18日罢工取得了胜利。安源路矿罢工的胜利,是中国共产党第一次独立领导并取得完全胜利的工人运动,显示了中国工人阶级的伟大力量。

一、安源路矿的基本概况

安源路矿是江西萍乡的安源煤矿和由湖南株洲到萍乡安源的株萍铁路的合称,萍乡煤矿是当时中国最大的工业企业——汉冶萍公司的主要厂矿之一,株萍铁路是专为运输萍乡煤矿的煤炭而建的。汉冶萍公司是当时最大的官僚买办企业,该企业是德国、日本资本控制的汉冶萍公司的一部分,共有工人约2万人①。安源煤矿是清末洋务运动时期借贷部分外资、引进西方技术和装备,开采和加工利用煤炭,机械化程度较高、技术较先进、配套设施较齐全、生产规模较大的一座官督商办矿井。1907年建成投产时,有工人近万名,当年产煤40万吨,焦炭11.9万吨。1909年产煤突破百万吨,占当年全国煤产量的十分之一。矿井以发电机、蒸汽机、空气压缩机为动力源,掘进、通风、排水、提升、运输机械化作业,还有机械化的洗煤台、西式炼焦炉、耐火砖厂、煤砖厂等。同时,还有为生产、销售和生活服务配套的萍株铁路(萍乡安源—湖南株洲,全长90余公里,设九站)、铁路机车车辆、水上航运船队、机械制造修理厂、化学房(化验室)、测绘处、建筑处、矿井消防救护队、电话电报房、西式医院、邮政局、印刷厂、矿务学堂、员工小学等一应俱全。

安源路矿工人大多数是来自湖南、湖北和江西等省的破产农民,工人生活

---

① 江西省总工会、江西省档案馆:《江西工人运动史料选编》,江西人民出版社,1986年,第1页。

艰苦,一个班要 12 小时,一天只赚得 10 多个铜板,没有任何劳保福利。监工对工人管理很严,一不小心,不是骂,便是打,工人顶了嘴就要开除,且经常出事故。1919 年一次井下事故即死亡 100 多人,资本家为救井不管工人的死活,死亡这么多人也不同意救出来,第二年在该处就挖出 90 具尸体。矿局在安源驻扎军队,设立地主武装,豢养矿警镇压工人。"少年进炭棚,老来背竹筒,病了赶你走,死了不如狗"①,这些民谣就是当时安源工人悲惨生活的真实写照。

二、安源路矿工人大罢工前期准备

1921 年 7 月,中国共产党第一次全国代表大会在上海召开,标志着完全新式的、以马克思主义为行动指南的、统一和唯一的中国工人阶级政党——中国共产党正式成立,大会确定以主要力量来领导工人运动。中国共产党刚一成立,安源便被党列为开展革命工作的重要地区之一②。

安源这个小集镇,路矿工人加上挑运煤炭的工人共有 2 万余人。五四运动时期,产业工人人数并不多,这种集中程度在全国少有。而且,铁路工人和煤矿工人集居在一处,休戚与共,各有所长。铁路工人接触面广,文化知识水平较高,而煤矿工人则在艰险繁重的生产劳动条件下养成了非凡的吃苦耐劳、不畏生死的奋斗精神。铁路便于工人联络,矿山给工人提供了比城市更有利的活动空间,矿山的机器和原料(如炸药和钢铁)则给工人制造武器提供了便利。两部分工人团结一处,无疑更有利于工人的组织和斗争,这在全国都具有典型意义。正如刘少奇和朱少连著文所写:"安源万余工友,团集一处,声息相通,故团结力亦十分充足。"③

1921 年秋,毛泽东来到安源做实地考察。他以湖南学校教师的合法身份参观矿山,在湖南老乡的陪同下,到路局的机务处和矿局的机械修造厂、锅炉房、洗煤台、炼焦处,以及窿工餐宿处参观访问,并下到矿井工作面广泛接触工人。毛泽东同工人促膝谈心,了解工人的苦难生活,听取工人的呼声,启发工人的觉悟,向工人传播马克思主义。毛泽东的谈话使工人认识到受苦不是命里注定,

---

① 彭生林:《安源工人运动的辉煌历史及其启示》,《求实》2004 年第 4 期,第 28—32 页。
② 萍乡市中共党史学会:《安源路矿工人运动研究》,江西人民出版社,2013 年,第 2—3 页。
③ 中国社会科学院近代史研究所,安源工人运动纪念馆编:《刘少奇与安源工人运动》,中国社会科学出版社,1981 年。

而是帝国主义、军阀、封建势力和资本家压迫剥削的结果。工人阶级要改善自己的地位,就要靠自己团结起来,进行斗争,打倒剥削者、压迫者。

毛泽东通过实地考察后,认定安源是一个建立党的基层组织,发动工人运动的好地方。毛泽东回到湖南后,经常托人给安源工人寄送《劳工周刊》和《劳动周刊》,这些进步刊物"乃时出张于工厂附近之墙壁,宣传因而大广,于是要求解放之念,在此少数工友之心中,乃如雨后春笋,勃然怒放"。同年11月,毛泽东偕同李立三、宋友生,在张理全的陪同下再次来到安源,白天深入各个厂矿考察,晚上分批召集工人在简陋的小饭店的煤油灯下座谈,在思想教育的基础上,商量着手开办夜校,建立革命团体,并提议以解除工人所受压迫与痛苦为宗旨,将路矿工人组成一个团体,叫作"安源路矿工人俱乐部"。

随后,李立三奉命来到安源,着手进行安源工人运动的具体工作。为了取得公开活动的合法地位和条件,便于广泛接触工人群众,李立三按照毛泽东的布置,从筹办平民教育入手开展工作,率先办起了平民小学,免费招收工人子弟入学。在办学过程中,李立三以访问学生家长的名义,广泛接触工人,了解各方面的情形,宣传工人阶级团结奋斗、自己解放自己的道理,指出社会主义就是工人的主义。经过思想教育和办学工作实践考察,从中发展了第一批社会主义青年团员,于1921年12月底成立了由8名团员组成的社会主义青年团安源支部。

1922年1月创办了第一所安源路矿工人补习学校——工人夜校,李立三兼任教师。他在教学中把阶级启蒙教育同传授科学文化知识结合起来,联系工人实际,自编教材,向工人通俗地讲解马克思主义基本知识,使工人懂得团结起来同资本家做斗争的重要性。工人夜校名义上是教工人学文化,实际上是向工人宣传马列主义。在教学中,每个夜校学员都备有两套课本,一本是通用的国语教本,一本是自编的油印教材,讲课按自编教材内容讲,向工人灌输马列主义和革命道理。上课时,如监工、把头来了,岗哨就发信号,学员们就拿出国语教本做样子,他们一走,就又开始学习自编的教材。工人夜校的开办,不仅提高了工人的文化水平和阶级觉悟,更重要的是使工人严密地组织了起来,为培养工人运动干部,建立和发展党、团、工会组织创造了条件。①

---

① 孙正风、刘云华:《论安源精神及其内涵》,《党史文苑》2013年第18期,第10—13页。

三、安源路矿工人俱乐部成立

1922年2月,中共安源路矿支部成立,有党员6人,李立三任书记。这是中国产业工人中的第一个党支部,也是江西境内最早的党组织。

1922年3月,成立了安源路矿工人俱乐部筹备委员会。4月,李立三去长沙向湖南党组织报告了筹备等工作。毛泽东召集会议讨论,认为安源正式成立工人俱乐部的条件已经成熟,决定由李立三主持并尽快成立。

1922年5月1日,安源路矿工人在中共安源路矿支部的领导下举行第一次盛大集会和游行,纪念五一国际劳动节,宣告工人俱乐部成立。下午1时许,部员400余人纷纷到会;首先由筹备主任介绍筹备经过,公布选出的职员名单;然后由俱乐部主任李立三宣读俱乐部总章和部员公约,当即获得全体部员通过;接着部员代表发表演说。3点多钟游行队伍冒雨进行,并高呼"纪念五一劳动节""全世界无产阶级联合起来""工人俱乐部万岁"等口号,沿途散发传单千余份。中共中央以至共产国际对此事很关注。1922年6月,陈独秀给共产国际的报告中写道:"萍乡正组织路矿工人俱乐部"。安源路矿工人俱乐部,成为江西境内工人中第一次出现的具有鲜明的阶级性和群众性、真正代表工人阶级自身利益的工会组织。

至此,安源工人初步形成了一支以党支部为领导核心、以党团员为骨干、以工人俱乐部为公开组织形式的无产阶级队伍。安源路矿工人阶级在中国共产党的领导下,开始登上革命舞台。

四、安源路矿工人大罢工的开展

1922年9月初,安源的党员发展到10余人,团员约30人,俱乐部部员700多人。由于受全国罢工浪潮的积极影响和工人俱乐部的宣传鼓动,又由于矿局拖欠工资,工人生活痛苦不堪,所以,工人斗争情绪不断高涨。9月初,毛泽东到安源巡视,了解情况后,认为举行罢工斗争的时机已经成熟,在牛角坡召开了安源党组织会议。毛泽东听取了汇报,分析了当时的形势,作出了举行罢工的决定,指示安源党组织,在罢工斗争中要依靠工人坚固的团结和顽强的斗志,要有勇有谋,号召共产党员站在斗争的前列,领导工人进行义无反顾的斗争。毛泽东还指出,为夺取罢工的胜利,必须运用"哀兵必胜"的策略,提出哀而动人的口号,争取社会舆论的广泛支持。为了加强对罢工斗争的领导,中共湘区委派刘少奇来安源,协助李立三领导罢工斗争。

按照"哀而动人"的策略,安源路矿党支部提出了"从前是牛马,现在要做人"等罢工口号,拟就了罢工宣言,提出了17项复工条件,成立了罢工指挥部,李立三任总指挥,刘少奇任俱乐部全权代表。同时,扩大了工人监察队,成立了工人侦探队。1922年9月14日零时,罢工指挥部向安源路矿全体工人发出罢工命令,安源路矿工人大罢工由此爆发。按照部署,火车司机于14日凌晨2时率先罢工,停开当日的第一次列车。凌晨3时,萍乡煤矿工人截断矿井电缆,使电车停顿。井下工人得知罢工已经开始,像潮水一般涌出矿井,高呼"罢工!罢工!"。随后,该矿的洗煤台、炼焦处、修理厂以及紫家冲分矿,均相继罢工。当时,安源路矿有13000多名工人参加了大罢工。

14日上午,工人俱乐部一面致函萍乡县知事公署和赣西镇守使署,呈明罢工原委。一面致函路矿两局,陈述罢工理由和17项要求,并告知:"如欲协商,请即派遣正式代表由商会介绍与俱乐部代表刘少奇接洽"。同时,为争取全国各界声援以壮大罢工斗争声势,工人俱乐部对外发表《萍乡安源路矿工人罢工宣言》,并在当日将相关公函、电报和宣言寄往各地报馆,陆续向报界传递罢工斗争的消息。路矿当局被局势所困,但又不肯善罢甘休,于是设法使用软硬两手对付罢工。他们一方面火速向萍乡县知事公署和赣西镇守使署告急,要求派兵进驻安源并设立戒严司令部,以武力镇压罢工;一方面要求地方商会出面,在路矿当局和罢工组织者之间进行斡旋。

路矿当局惊恐万状,他们勾结军阀,将安源划为戒严区域,设立戒严司令部,花钱请来军队,占领俱乐部及各重要工作处。矿局还指使工头职员用金钱收买亲友,拉拢少数工人下井开工。安源工人在党组织的领导下,保持高度的纪律性和团结奋斗的精神,服从俱乐部的命令,一呼百应,秩序井然。俱乐部还争取安源商绅、洪帮等社会力量对工人罢工的同情和支持,保证罢工期间社会秩序良好,从而使得敌人的威逼利诱均未奏效。矿局招招失利,于是恼羞成怒,遂密遣暗探,悬赏600银元刺杀李立三。刘少奇、李立三外出必有数百名工人跟随,严密警卫,使刺客无从下手。

9月16日,戒严司令部和路矿首领在矿局办公楼约见刘少奇,以武力胁迫复工。刘少奇临危不惧,严词驳斥,坚决要求矿局先磋商复工条件。数千工人把办公大楼围得水泄不通,一时群情激奋,喧声如雷,矿局再次受挫。17日,锅炉房燃煤将尽,抽风机、抽水机停转,矿井面临毁灭的危险。矿局深恐局势不可收拾,不得不与俱乐部谈判条件。当晚,俱乐部主任李立三与路矿局全权代表开始谈判,签订草约13条。李立三当即声明:"此13条无可再行让步,可则立即开工;不可则听众工友所为,我亦无法制止,限18日9时答复。"18日上午,三方代表在路局机务处签订了承认俱乐部有代表工人之权、增加工资、改良待遇等为主要内容的正式条约13条,罢工斗争取得了完全胜利。

9月18日上午,13000余工人齐集大操场举行大会并游行,隆重庆祝罢工胜利,万人欢欣鼓舞,盛况空前。李立三登台演说,宣布罢工胜利及13条协议。李立三演说完,全场齐呼"劳工万岁""俱乐部万岁"等口号。接着,万余工人开始大游行。当晚,铁路工人复工,次日凌晨,煤矿工人复工,至此,罢工胜利结束。

第二节　安源路矿工人运动胜利的原因、贡献及其意义

安源路矿工人运动不仅包括大罢工,还孕育着党团组织,以及政权建设、经济建设、工人教育、武装斗争等各个方面内容。安源路矿工人运动的发展体现了中国工人运动的正确方向和制胜道路,是中国共产党最初领导工人革命运动的完备典型和缩影,为中国工人运动事业作出了一系列开创性贡献,为党在整个新民主主义革命时期的工会工作积累了丰富的经验,在实践中做出的许多有益探索和开创性工作,在全国工人运动中独树一帜。

一、安源路矿大罢工胜利的原因

(一)组织严密

1921年中国共产党成立不久,即同年冬天,安源就建立了8人为骨干的社会主义青年团组织。毛泽东一开始就十分注重在工人中发展党员,建立党的组织。毛泽东派李立三来安源之前,就告诫他,首先应当利用一切合法的可能,争取公开活动,以便和工人群众接触,发现他们中间的积极分子,逐渐把他们训练和组织起来,建立党的支部,作为团结广大群众的核心。李立三到安源后,遵照

毛泽东的指示,通过开办工人夜校,广泛接触工人,宣传社会主义思想,发现工人中的优秀分子,并从中吸收一批先进分子入党。1922年2月,成立了由6人组成的中共安源支部。党支部既是安源工人运动坚强的领导核心,也是马列主义传播核心,标志着安源路矿工人阶级力量的形成,更标志着科学社会主义同安源路矿工人运动相结合的实现。

在党组织的领导下,安源路矿工人表现出了高度的纪律性与自觉性。在安源路矿大罢工中,路矿工人全权代表刘少奇曾说道:"这次大罢工秩序极好,组织极严,工友很能服从命令"。

(二)策略灵活

罢工胜利的条件首先要靠工人群众有坚固的团结和坚强的斗志,同时必须取得社会舆论的同情和支持。因此,毛泽东运用"哀兵必胜"的道理,提出了"哀而动人"的罢工口号。义无反顾的罢工宣言,严明的组织和纪律,先礼后兵、据理力争的战斗部署,万众一心的决死反抗等,获得了社会各界的同情和支持。同时,党在罢工中还十分注重开展统一战线活动,因而获得了洪帮和商绅的支持,为罢工斗争的胜利提供了有利条件。一方面,争取洪帮对罢工的同情和理解。工人中间加入洪帮的很多,洪帮头子是矿上的顾问,包工头大多数是他的徒弟,矿上资本家利用他们压迫工人,他们又以"义气""保护穷人""为穷人谋幸福"等笼络工人。在党团组织的争取下,有一两个洪帮小头目入了党,李立三通过与洪帮头目面谈,罢工取得了他们的支持。另一方面,争取安源商绅首领充当罢工中的调停人。此时,商会和地方绅士了解到罢工工人将严守纪律,维护社会秩序,不会危及他们的利益。此外,他们也看到工人俱乐部势力日增,不可小视,并且通过罢工,路矿当局给工人增加了工资,发清了欠饷,对商家的生意大有好处。所以,经过切实交涉之后,他们对罢工表示同情,并愿意充当俱乐部与路矿两局之间的调停人。其次,党组织及时争取了社会舆论的支持。例如,罢工准备阶段提出的3条最低限度要求,宣布罢工的电报,罢工宣言等,都及时寄往长沙,由湘区委员会和工人团体帮助,在长沙、汉口等地的报纸上公开发表。同时,陆续向报界发表罢工消息,刘少奇曾撰写了《萍安罢工五日记》的通讯,在北京《晨报》上连载。党的湘区委员会以中国劳动组合书记部湖南分部的名义给安源工人拍来电报声援,中国劳动组合书记部以及全国各地许多工团也先后函电声援。这些声援函电也都在报上发表,从而扩大了罢工的影响,壮大了罢工的声势,对迫使路矿当局不敢轻举妄动产生了一定的作用。最后,面对军队的镇压,党采取了区别对待的政策。军队同路矿当局本来是相互勾结又不完全一致的。军队的责任是维持地方秩序,工人要求增加工资对军队无损,故有可能使它中立。由于《罢工宣言》明确宣布罢工仅仅是为了增加工资,与政治军事问题不发生关系;并且正是罢工爆发以后由于工人俱乐部的努力才使社会秩序井然,这就从舆论上剥夺了敌人武力镇压可能利用的借口。罢工爆发之后,工人对军队的镇压展开了坚决的斗争,但又严格限于防御和自卫,同时对军队进行分化瓦解工作。由于工人的团结战斗和全国各地工团声援的威慑,也由于党采取区别对待的政策,原来被请来镇压罢工的萍乡驻军最终采取了调停的态度。

(三)准备充分

罢工前夕,俱乐部从政治上、思想上和组织上做了充分的准备工作,成立了罢工的领导机构罢工总指挥部,俱乐部主任李立三任总指挥,刚来安源工作的共产党员刘少奇任俱乐部全权代表。根据毛泽东提出的罢工策略,俱乐部制定了斗争纲领和行动方案,决定以"从前是牛马,现在要做人"为基本口号,并据此提出了3大罢工目标和17项复工条件,拟就了罢工宣言。在罢工过程中,组织者有勇有谋,参加者团结齐心,先后挫败了路矿当局拉拢分化俱乐部,刺杀工人领袖,收买工贼,武力胁迫复工,以及先开工后磋商条件进行软拖等各种破坏和阴谋活动。最后迫使安源路矿当局签订了13条协议,实现了事前制定的"组织团体、增加工资、改良待遇"的3大罢工目标。

安源路矿工人大罢工的胜利可以说是中国共产党有力领导的结果,是中国工运史上彪炳史册的壮举,推动了全国工人运动的蓬勃发展。

二、安源路矿工人运动的重要贡献

(一)阶级觉悟得到了普遍提高

在接受马克思主义教育之前,安源路矿工人同其他地方的工人一样,普遍具有浓厚的宿命观念。但是,通过一年多工人运动的洗礼,工人阶级的思想觉悟得到了普遍提高。为了了解工人疾苦、启发工人觉悟,毛泽东和他的战友们经常深入工人群众之中,同他们促膝谈心。在发动和领导安源路矿工人大罢工的过程中,毛泽东先后七到安源。在安源期间,他多次深入工人群众,用平易近人的态度和通俗易懂的语言,启发工人们的阶级觉悟。据安源煤矿一群老工人的回忆:"1921年秋,毛泽东同志来到安源矿井下和我们交谈,他问我们为什么生活如此之苦?我们说是命里注定的。毛泽东纠正我们说:不是,我们工人受到苦并不是命里带来的,而是帝国主义和资本家对我们进行了剥削压迫的结果;资本家他们从不做工,生活却过得那么好,而我们工人成年拼命地干活,生活却十分苦;这是因我们创造的财富,都被洋财东和资本家剥削走了。我们工人是从来没有听到这样深刻的道理,在心里领会不断想,去领会着被压迫、被剥削、革命的意思,逐步对封建迷信文化产生怀疑"。就这样,在一次次生动的交谈和启发中,工人们开始慢慢了解和接受马克思主义。

党组织通过工人俱乐部把工人紧紧团结在一起,工人能够齐心奋斗。工会始终坚持为工人谋利益,成为工人权益的真正代表,成为工人的"职工之家"。党的领导和工会干部与工人真正结成了"命运共同体",因此,每当工会危机之际,工人们无不拼命保护工会。反动军阀曾悬赏600大洋抓捕李立三,煤矿的工头也企图刺杀李立三,但是由于工人齐心保护,每次李立三参加公开活动,不超过20分钟就被工人群众架走。一次李立三回老家探亲时,反动派密谋在醴陵杀害他。工人们得知情报后,100多名工人自发连夜赶到李立三家里,对李立三加以保护。每当反动派和军阀要对工会下手时,万余工人全体动员出发,敌人稍有动作,工人即刻知道。"满市工人密布,尽力维护工会,所有各军警部门及重要机关以及交通机关,均有工人暗中把守,这样才保证了安源工人罢工的胜利果实。"①

(二)会员组织实现了空前大联合

在建党前夕,无论是在思想上,还是在组织上,工人都处于一种混杂状态。一方面,各种封建性的行会、会馆、帮口、把头和监工制度依然保留;另一方面,还存在各种改良主义、无政府主义性质的工人团体。此外,还有不少工人群众参加了各种帮会和会党。毛泽东派李立三来安源之前,就告诫他说:首先应当利用一切合法的可能,争取公开活动,以便和工人群众接触,发现他们中间的积极分子,逐渐把他们训练和组织起来,建立党的支部,作为团结广大群众的核心。李立三到安源后,遵照毛泽东的指示,通过开办工人夜校,广泛接触工人,

---

① 孙正风、刘云华:《论安源精神及其内涵》,《党史文苑》,2013年第18期,第10—13页。

宣传社会主义思想,发现工人中的优秀分子,并从中吸收一批先进分子入党,1922年2月成立了由6人组成的中共安源支部。

经过罢工运动的洗礼,改良主义思想的影响日渐式微,封建主义的行会、把头、监工等制度遭受了重创,广大工人群众团结在党领导的俱乐部、工会周围,成为了一股有领导、有组织、有纪律的强大社会力量。如,安源工人俱乐部,将会员按工作性质和地段每十人联成一团。每团有"十代表",每十团有"百代表",每一工作处有总代表(如炼焦处、洗煤台、窿内每股一总代表)。各工作处有百代表及十代表会议,最高会议为全体总代表会议,每月开会两次,全体百代表及全体十代表会议则每年或半年开会一次。俱乐部的日常最高工作机关是各委员(教育、文书、合作等)和秘书组成的委员会,委员和秘书由主任团(总主任及路局主任、窿内外主任组成)委任,经全体总代表会议通过。安源路矿工人运动形成了以党为核心,以青年团为党的助手和后备军,以工人俱乐部为公开组织形式,同全国工人团结一致,与全世界无产者站在同一战线上的阶级队伍。

(三)工人权益得到了基本保障

安源路矿工人大罢工胜利以后,工人俱乐部进行了改组,并通过了工人自治条规,给每个工人颁发了一个"俱乐部证",建立了前所未有的新的生活和秩序。路矿两局还出资为工人俱乐部盖了一栋新房。这样,工人俱乐部实际成了安源矿区的最高权力机关。安源工人俱乐部特别重视工人管理问题,废除了监工、工头等超经济剥削的封建包工制度,改为合作制,议定合作条约,并规定:凡工人未犯特殊严重事故,一概不准开除。路矿两局如增加新工人和任免工头,都必须得到俱乐部的证件,方可通过;工人的内部纠纷等问题由俱乐部裁决,路矿局方和工头、职员等都不得参与。同时,禁止赌博、禁止打架等现象。因此,从前门庭若市的矿区警察局所设的司法科变成"没有香火的和尚庙了",警察也没有了往日的威风。

工人工资普遍增加,工作时间缩短,假日照常给工资,休息日不再扣伙食钱,工人们差不多都在第二年添置了新衣和被褥蚊帐。安源的文化教育事业也有了明显进步,工人俱乐部教育股办了7个工厂补习学校,白天并开有子弟班,日、夜班共有近两千人上课。毛泽东从长沙请来许多进步的教员,帮助安源工人俱乐部开展工人文化生活。各工作处共设有12个读书处,日夜开放,以便成年工人阅读。为了让工人家属学习文化和职业技能,还专设一妇女职业部。一切教科书都由教育股自己编辑,并出版了《安源旬刊》。此外,工人俱乐部创办了消费合作社。过去,只有监工、头人私开的商店,尽管商品质次价高,也只能任其盘剥;几十家"钱摊子"更是利用银元和铜圆之间的兑率,盘剥工人。合作社办起来后,工人用一天的工资作股金就可加入合作社。到1923年初,工人消费合作社股本由1922年的100元,发展到1923年的20000元,消费合作社社员也由30余人增加到13000余人。

三、安源路矿工人运动的历史意义

（一）中国共产党首次独立领导并完胜的工人运动

安源路矿工人大罢工是中国共产党第一次独立领导并取得完全胜利的工人运动,是中国工运史上永彪史册的壮举,激发了全国工人运动的蓬勃发展。

从1901年到1919年,安源工人先后进行了7次较大规模的自发斗争,但由于没有工人阶级政党的领导,这些斗争最终都失败了。1921年,毛泽东来到矿井,手提矿灯,钻进低矮的巷道深处,看到矿工们赤身裸体挖煤,目睹工人们的悲惨现状,意识到安源是工人运动可能很快发动起来的地方。此后,毛泽东多次到安源,指导工人运动。他与李立三等人商定开办夜校,建立革命团体。指导成立中国共产党在产业工人中的第一个党支部——中共安源路矿支部,由李立三任支部书记。在党支部领导下,安源路矿工人俱乐部成立了,安源路矿工人运动进入发展新阶段。1922年9月11日,刘少奇临危受命,在毛泽东的指示下赶赴安源,加强罢工领导。经过5天斗争,路矿两局被迫承认工人罢工条件,把相关条件合并,达成13条协议,其中最重要的一条是路矿两局承认"俱乐部有代表工人之权"。刘少奇在《安源路矿工人俱乐部略史》中如此评述这次胜利:"未伤一人,未败一事,而得到完全胜利,这实在是幼稚的中国劳动运动中绝无而仅有的事。"

（二）为党早期发展培养了大批人才

罢工胜利后,安源党、团、俱乐部组织进一步发展壮大,俱乐部部员发展到13000人,并建立了紫家冲、湘东、醴陵、株洲4个分部。到1922年底,安源党员有20余人,团员90人,并相继成立了社会主义青年团安源地委和中共安源地委。在巩固和发展罢工胜利成果的基础上,安源工人领导和支援了湘东永和煤矿、株洲转运局、水口山铅锌矿、大冶下陆铁厂等处工人的斗争。安源工人俱乐部分别加入了粤汉铁路总工会、湖南省工团联合会、汉冶萍总工会等革命团体。此时,安源工人运动在党的领导下,由矿内向矿外、由经济斗争向政治斗争发展,逐步走向全国的联合。

此后,从1923—1925年,每年9月,安源路矿工人俱乐部都召开万人大会,纪念罢工胜利,并换届选举俱乐部领导机构。与此同时,安源党、团组织也得到发展壮大。党员发展到200人,占当时全国党员人数的五分之一,中共安源地委成为当时全党最大的地方党组织。安源团员也发展到400多人。为了培养干部,安源党、团地委合办了党校,并派优秀分子到苏联深造。

建党初期的这批工人运动的领导干部经过洗礼,迅速成长起来,后来成为地方乃至全国工人运动的领袖人物,其中很多人为中国革命作出了重大贡献,有的还献出了自己宝贵的生命。如,刘少奇、李立三后来成为全国著名的工人运动领袖、党中央的领导人;株萍铁路火车司机出身的朱少连1922年2月入党,次年出席党的"三大",并当选为中央执行委员;还有安源工人涂正楚出席青年团"三大",并当选为中央执行委员。此外,安源煤矿工人出身的谢怀德是在大革命失败后,组织安源工人武装进攻萍乡、醴陵。1928年1月在萍乡被捕后牺牲。还有毛泽东的弟弟毛泽民、毛泽覃等,后来都为革命献出了自己的生命。据不完全统计,从1927年9月至1930年10月,安源工人参加红军共达5400余人,他们浴血奋战,屡建功勋,迅速成长为红军队伍的骨干分子和中坚力量。其中杨得志、丁秋生、刘先胜、唐廷杰、宴福生、韩伟、王耀南、吴烈、罗华生、罗桂华、幸元林、熊飞等1955年被分别授予上将、中将、少将军衔。

(三)激励和鼓舞了工农群众的革命热情

安源工人过去20多年间的屡次反抗均遭失败,而这次罢工取得了胜利,使工人深切认识到团结奋斗的重要,极大地提高了工人们的阶级觉悟和组织性。罢工胜利后不久,工人俱乐部的成员就由罢工前的700多人猛增到1.2万多人。

1925年9月,安源工人俱乐部被日本帝国主义指使汉冶萍公司买办资本家勾结湘赣两省军阀用武力解散,称为"九月惨案"。但是,安源工人在敌人的屠刀面前并未被吓倒,在中共湖南区委和安源地委的领导下,仍坚持斗争。数以千计的安源工人,或深入湘赣边和湖南全省广大农村发动农民运动①,或南下广东参加国民革命军,或分赴各地从事工人运动和其他革命工作;留在路矿的工人秘密地恢复组织。北伐战争开始后,分布在各地的安源工人大举参军助战;中共安源地委领导路矿工人和萍乡全县民众开展的反帝反封建革命运动,成为著名的湖南农民运动的一个重要组成部分、江西工农运动之冠。

湘赣边界秋收暴动是在安源的张家湾策划的,是创建井冈山革命根据地的前奏。这次暴动发生和发展的地点是安源、修水、铜鼓3个军事集结点和爆发点,还有工农群众暴动的粤汉、株萍两条铁路线,以及由这三点两线联结着的一大片城镇农村。而在这三点两线一大片中,安源路矿这一点一线起着重要的作用:安源是赖以进行暴动的军事准备的主要阵地,以1300多名安源工人为主体组成的第二团是三个团中人数最多、战斗最激烈、战绩最大的一个团;所以中共中央认为,"秋暴颇具声色,还是安源工人的作用"②。北伐军攻打武昌时,安源工人组织工兵队,将坑道挖至武昌城下,北伐军利用坑道掩护,一举攻下武昌城。当时任城南通湘门至宾阳门攻城任务的叶挺独立团参谋长周士第在多少年后回忆这一战斗情景时,仍感慨地说:"安源工人真是拿起镐是劈开大地的英雄,拿起枪是冲锋陷阵的英勇战士"。

安源工人运动无疑是我党工人运动史上的一座丰碑,在20世纪20年代的近10年时间内,在中国共产党的领导下,安源数以万计的工人阶级创造了一个又一个斗争的辉煌。他们不但赢得了自身政治与经济地位的提高,还为全国其他地方的工人运动提供了资金与经验支持,为党培养与输送了大量的干部。安源成为当时当之无愧的工人运动重镇之一。

第三节　江西其他地方的工人运动

20世纪20年代的江西基本上还是个农业省,工业技术落后,所占生产比例小,工人人数也不多,只集中在萍乡、南昌、九江和景德镇等地。最初的江西工人运动就是在这不很成熟的工业基础上发展起来的。江西工业起步较晚,而产

---

① 欧金林:《毛泽东考察湖南农民运动纪实》,《湘潮》2010年第1期,第51—56页。
② 彭生林:《安源工人运动的辉煌历史及其启示》,《求实》2004年第4期,第28—32页。

业集中的工人又少之又少,手工业的工人多分散,不利于开展工人运动。工人运动只能在聚集一起的产业工人中开展,江西聚集的工人主要有以下几类:瓷业工人、煤矿工人、码头搬运工人等,其余如九江至南昌铁路上的工人(计三百人左右)、南昌和九江两家电灯厂的工人(每家二百人左右)、九江火柴厂、纱厂等处工人,都是工人比较集中,受压迫比较大的地方,也时常发生工人运动。①1921年,工人阶级罢工风潮迭起,南昌、九江、赣南等地区相继开展工人运动。

一、南昌地区的工人运动

南昌是江西省省会,是江西全省政治、经济、科技、文化的中心。在20世纪20年代初,涌现了以袁玉冰、黄道、方志敏等为代表的进步青年,出现了接受和传播马克思主义的浪潮。1921年,袁玉冰与七位志同道合的同学创建了"改造社"。1922年11月,共产党员赵醒侬受团中央委派,从上海回江西筹建地方团组织。1923年1月20日,中国社会主义青年团江西地方团成立。受新思潮的影响,备受压迫和剥削的南昌工人阶级开始相继出现大罢工。

1921年8月,江西督军陈光远与奸商龚梅生等联合组织天昌米谷公司,将米谷卖给日本人。这种卖国行为引起南浔铁路工人和南昌沿江码头工人的强烈反对,拒绝为天昌公司搬运米谷,致使该公司倒闭。

1922年5月,南昌召开了"纪念五一暨追悼黄爱、庞人铨两烈士"大会。参加这次大会的有200余人,会上,许多工人和青年纷纷发表演说。会后袁玉冰写了一篇《南昌"五一"纪念的状况》,发表在《新江西》上,并编辑了一期《五一劳动节特刊》,由《大江报》出版发行。1922年8月,为抵制北洋政府任用亲信蔡成勋、李廷玉把持江西军政大权,南昌工人与全市民众一起举行罢工,南浔铁路火车停开,市内电灯不亮、电话不通,给军阀政府以沉重打击。

1923年2月23日,南昌工会(当时不是共产党领导的工会,后经赵醒侬工作,在政治上争取过来了,负责人是胡占魁)等团体向全国发出通电。电文说:"报载惨酷残忍之军阀吴佩孚、萧耀南,唆使爪牙摧残京汉路工会,残杀工友竟数十人之多,同人闻讯,愤慨万分,盼望全国工友各界同胞,急起援助,讨彼凶

---

① 江西省总工会、江西省档案馆:《江西工人运动史料选编》,江西人民出版社,1986年,第3—4页。

顽,以障人道,同人誓为后盾,临电迫切,急不择言。"①

1923年10月,南昌码头、制帽、刨烟和纸马4个行业的1000多名工会举行罢工。这次自发的罢工,表现出无产阶级斗争精神。

二、九江地区的工人运动

在九江,首先爆发的工人运动便是九江码头工人罢工,这使得当时长江重要口岸——九江港运输中断,在国内外产生了重要影响。就在此时,恽代英(我国早期青年运动领导人之一)等人也来到了九江,他与九江省立第三中学学生王子平、严运生等建立了密切联系,在学生中进行新文化思想的宣传活动。在他的影响下,九江地区的进步青年组织了"九江人社",吸收大批青年为社员,成立"新文化书报贩卖处",销售进步书籍和刊物,开展新文化运动。恽代英等人在九江开展的一系列革命活动在九江青年当中播撒下了革命的种子。当时,九江地区的一大批革命青年,如张如龙、蔡若虹、熊好生、汪仲屏、陈冰、桂蓬等,都接受了马克思主义的熏陶和进步思想的影响,为九江建立共产党组织奠定了良好的思想基础②。

通过五四运动,马克思主义在九江广泛传播,九江工人阶级在党团组织的领导下登上了政治舞台。九江地区早期党、团组织便按照中央的统一部署,以主要力量从事工人运动。党组织全力领导与组织工人运动,有计划、有目的地深入工厂和学校,进行调查、宣传和组织工作,对工人和学生进行马克思主义宣传教育,先后成立了九江工人运动委员会、南浔铁路工会、码头运输工会、邮电工会、瓷业工会、店员工人联合会、裁缝工人联合会等组织。

1923年10月初,赵醒侬受中共中央的委派到江西工作。他途经九江,找到九江的三位团员了解九江的工人、农民状况,并催促九江尽快成立组织。在易虚的陪同下,赵醒侬登上庐山,在轿工中进行调查研究。易虚本来想在抬轿的脚夫中开展工作,经赵醒侬实地调查,嘱咐易暂缓在轿工中做工作,应把精力集中到九江城区,重点放在经过斗争锻炼的工人、学生中。在党的领导和工会的组织下,九江工人运动迅速掀起了新的高潮。

---

① 中华全国总工会中国职工运动史研究室:《中国工运史料》,工人出版社,1980年。
② 九江市地方志编纂委员会:《九江市志》,凤凰出版社,2004年。

三、赣南地区的工人运动

赣南工人阶级队伍的构成是由本区域社会经济状况所决定的,赣南的社会经济是以个体小农经济为主,工业经济是以手工业生产为主。赣南地区交通不便,没有现代化交通工具,主要靠水路木船运输,不通航线的地方则靠人力肩挑。因此,赣南工人阶级的队伍结构,一开始是以手工业工人、店员、码头工人、木船工人、挑担工人和农村雇农为主体。赣南的手工业工人,绝大部分散布在农村,从事竹木、茶叶、土纸、织布、修补、建筑之类的活动,城镇工人以店员、码头、米业、染工、理发、缝纫为多,学徒、烟工次之,农村雇农多数以卖工为主,一部分从事泥水、木工,这支工人队伍大体有两三万人。

20世纪初,清政府投资200万两银元在赣州长桃岭开办铜矿,机械开采,一个月后倒闭,随之涌现出赣南最早的数十名产业工人。进入20世纪20年代前后,赣南先后发现一批钨矿产区,涌现一批手工采钨、锡、铜、煤的矿工。大余县西华山最先发现钨砂,当时的钨砂产量适应了第一次世界大战期间国际市场的需要,许多破产农民和失业工人纷纷来到西华山采掘钨砂。当时,西华山约有矿工2万余人,荡坪矿区有数千矿工。如南康县破产农民吴朝贵、吴朝仁全家迁往西华山落户,成为矿山的采钨产业工人。盘古山、铁山垅、大吉山等钨矿也发展很快,采掘工多达万人,他们大部分来自农民和其他劳动者,三五成群,自由结伙,手工采矿,将采得的钨砂卖给官商勾结的买办商人。那时的矿工只有少数是雇佣的工人,后来随着生产方式的改变,手工生产逐步被机械生产代替,一支钨矿产业工人队伍逐渐发展壮大,形成了赣南以钨业为主体的产业大军。

生活在旧中国的赣南工人阶级,政治上受压迫,经济上被剥削,工作上无保障,生活很艰难,长期处于水深火热的悲惨困境。以手工业生产为主体的赣南重镇——赣州,拥有万余名手工业和其他行业工人,每天的劳动时间长达12小时,多达16小时,通常是从天亮干到夜晚,而工钱少得可怜,能养家糊口的人不足1/3,处于"佣值之人,三日无东则吊"的悲惨境地。据当时调查,兴国、赣县乡村工人的零工工资革命前每月只有400~500文钱,不够一家3人糊口。工人的疾病、受伤、死亡、生育等问题无人问津。赣南的矿工长年在井下作业,劳动条件恶劣,经常发生冒顶、塌方等伤亡事故,生命毫无保障。

赣南工人处在阶级压迫与受剥削的情况下,自发组织起来,进行强烈的反抗斗争。20世纪初,赣州工人组织"神会",多次爆发零星经济斗争,时间延续数年之久。赣南工人自发的组织名目繁多,钱业店员成立"财神会",金银饰品店员成立"洞宾会",缝纫工人成立"轩辕会",木竹工人成立"鲁班会",造纸工人成立"蔡伦先师会",理发工人成立"嫘祖会",屠宰工人成立"兄弟会",船工人成立"水陆平安会"。这些组织旨在团结工人,维护自身利益不受侵犯,反对当局的压迫和剥削,联合起来进行斗争。1923年,《新江西》杂志在赣州、兴国等地建立分销处。《新青年》《向导》和《共产主义ABC》等马克思列宁主义书刊在赣南知识界先进分子中传阅,马克思主义理论开始在赣南大范围传播,赣南的工人运动也开启了崭新篇章。

第三章　大革命时期的江西工人运动
（1924—1927）

随着国共合作的开展和北伐战争的节节胜利,江西工人运动进入发展高潮。全省各县市工会组织纷纷建立,不仅县市有总工会,各行业和乡镇也建立了工会组织。在各级工会的领导下,江西工人为保障就业、改善待遇、增加工资、减少工时等进行了大量斗争,并且大都取得了胜利。随着江西工人运动的蓬勃发展,革命势力日益强大,引起以蒋介石为首的国民党右派的惊慌恐惧,他们在帝国主义和地主买办阶级的支持和帮助下叛变革命,极力镇压全省各地的工人运动,捣毁工会组织,杀害工人运动领导人,江西工人运动受到严重挫折。

第一节　第一次国共合作形成后江西工人运动的新发展

1924年1月,中国国民党第一次全国代表大会召开,标志着革命统一战线正式建立。第一次国共合作的实现,结束了"二七"惨案以来工人运动的沉寂,成为工人运动复兴和高涨的起点。江西工人运动也在国共合作后有了新的发展,并用事实证明了中国工人阶级是中国革命的领导阶级。

一、第一次国共合作为江西工人运动提供了有利条件

"二七"惨案以后,中国共产党总结了经验教训,认识到工人阶级不能孤军

奋战,必须建立国民革命统一战线。因此,中国共产党积极联合孙中山领导的国民党,实现工人阶级和其他民主力量的同盟,进而推动中国革命的发展。1923年6月,中国共产党在广州召开了第三次全国代表大会,制定了建立革命统一战线的方针,决定和国民党实行党内合作,明确规定共产党员以个人身份加入国民党,同时必须保持共产党在政治上、思想上和组织上的独立性,从而推动了第一次国共合作的实现。

1924年1月,在中国共产党的参与下,中国国民党第一次全国代表大会在广州召开。江西有赵醒侬、邓鹤鸣等9位代表出席。大会讨论并通过了由共产党帮助起草的宣言和宪章,重新解释了三民主义,使其成为具有反帝反封建内容的革命纲领,并决定实行联俄、联共、扶助农工三大政策。大会通过章程允许共产党员和社会主义青年团员以个人身份参加国民党,选举产生了由李大钊等10多名共产党人参加的国民党中央执行委员会及其各部领导机构。国民党"一大"的成功召开,标志着第一次国共合作的实现,以及以此为基础的革命统一战线的正式建立。

国共合作的实现是中国革命复兴和高涨的新起点,并为中国共产党组织领导工人运动和开展各方面的革命工作创造了有利条件。从此,共产党除了直接发动和组织工人外,还可以通过国民党中央和地方党部推动工人运动的发展。一方面,改组后的国民党制定了进步的劳工政策。国民党"一大"宣言指出:"国民革命之运动,必恃全国农夫、工人之参加,然后可以决胜,盖无可疑者",国民党"对于农夫工人运动,全力助其开展,辅助其经济组织,使之日趋于发达,以期增进国民革命运动之实力"。国民党"一大"通过的政纲规定:"制定劳工法,改良劳动者的生活状况,保障劳工团体,并扶助其发展。"[①]另一方面,国民党"一大"后,孙中山依靠共产党人的帮助,改组、加强了国民党的各级领导机构,从中央党部到各地省市都设立了工、农、青、妇等部,用以执行"扶助农工"的政策。这些部门的部长大多由共产党人或国民党左派担任,特别是其中的秘书、干事等负责实际工作的人员,大多是加入国民党的共产党员。例如,国民党中央执行委员会专门设立了工人部,由国民党左派领袖廖仲恺担任部长,共产党员冯菊坡任该部秘书。这些加入国民党的共产党员,他们在全国大部分地区以合

---

① 中国第二历史档案馆:《中国国民党第一、二次全国代表大会会议史料》(上),江苏古籍出版社,1986年,第87—88页。

法、半合法的身份,充分利用各种方便条件,积极推动当地工人运动的恢复和发展。

1924年11月,孙中山以大元帅的名义公布了《工会条例》共21条,第一次以法令形式规定了工人有组织工会和言论、出版、结社、罢工等自由。国民党"一大"及其以后制定的这些劳动政策,与以往国民党简单地利用工农,而不是真正认识到必须依靠工农相比,是一个巨大的进步。这些政策和法规的提出及实施,对确立和提高中国工人阶级的政治地位提供了一定的法律依据,对当时的工人运动发展具有重要的积极意义。

国民党"一大"闭幕以后,江西出席国民党"一大"的代表赵醒侬、邓鹤鸣等人回到江西南昌,受国民党中央委派开展改组和筹建国民党江西省党部的工作,吸收共产党员加入国民党,实行国共合作。同时受中共中央委派,筹建江西地方党组织,开展革命统一战线工作。1924年4月,国民党江西省临时党部在南昌成立,赵醒侬、邓鹤鸣、涂振农、曾天宇、邹努、王镇寰、姜伯彰等7人为执行委员,其中前5人为共产党员和社会主义青年团团员。赵醒侬担任组织部主任,邓鹤鸣担任宣传部主任,涂振农任秘书。国民党江西省临时党部成立后,在黎明中学、明星书社和一平印刷厂设立了秘密机关,从事党务活动。一大批江西早期的共产党员和社会主义青年团员加入了国民党,成为江西国民党组织的新鲜血液。然后,国民党江西省临时党部还派干部到全省各地,建立市、县党部。经过一年努力,全省范围内成立了17个市、县党部,国民党党员达2698人。

1924年5月,中共南昌特别支部(亦称南昌特支)正式成立,赵醒侬任支部书记兼组织干事,邓鹤鸣任宣传干事,支部直属中共中央领导。中共南昌特别支部是负有领导全省革命斗争重任的党组织。其成立后,为了加强对全省工作的领导,决定在赣江沿岸和南浔铁路沿线的重要中心城市南昌、九江、吉安等地发展党员,建立组织,以适应革命形势和党的任务的需要。从此,江西的工人运动有了统一的领导核心。

1925年7月,国民党江西省第一次代表大会在南昌召开,正式成立国民党江西省党部。大会选举赵醒侬、朱大贞、邓鹤鸣、张朝燮、方志敏、许鸿、陈灼华(女)等为执行委员会委员,李松风、曾天宇、王镇寰等3人为监察委员会委员。在执监委员中,共产党员占了绝大多数。赵醒侬担任组织部部长,邓鹤鸣担任宣传部部长,张朝燮担任工人部部长,方志敏担任农民部部长,朱大贞担任青年部部长,陈灼华担任妇女部部长,涂振农任秘书。国民党江西省党部的成立,标志着以国共合作为基础的统一战线在江西已经正式形成,为江西工人运动的开展提供了有利条件。

二、第一次国共合作后江西工人运动的发展

(一)国共合作初期的江西工人运动

1924年,中共南昌特支和国民党江西省临时党部成立以后,在全省进一步开展了工人运动。1924年4月,在赵醒侬等共产党人的领导下,南昌的铅印工人首先组建了南昌铅印工会,这是除安源以外,又一个在江西建立的中国共产党领导的工会组织。其后在党的领导下南昌地区还相继成立了海员工会、拣茶工会、店员工会,在南昌市郊扬子洲成立了第一个农民协会。在吉安、景德镇、乐平鸣山煤矿等地,也成立了共产党组织或共产党领导的工会。这些工会是党建立后在江西较早出现的工会组织。

1924年5月,党团组织在南昌、九江、吉安等城市开展了"五一""五四"等纪念活动,举行集会、游行和出版特刊,进行反帝反封建的宣传。5月30日,在共青团九江地委的领导下,爆发了九江日清码头工人反日罢工事件,最后争得了200元抚恤费。不久,南昌铅印工会领导工人举行了罢工,罢工起因是物价上涨,工人要求增加工资、改善待遇。罢工工人全部离开工作岗位到系马桩茶楼集会,会上决定不达目的绝不复工,如遇军警镇压,就一起离开市区到潮王洲去。最后,资本家派代表来谈判,答应给铅印工人普遍增加工资两块钱。

1924年九江日清码头工人罢工和南昌铅印工人罢工的胜利,标志着江西党组织领导的工人运动的起步。同年下半年,南昌工人又同全市学生、市民一起,开展了反对军阀公卖鸦片的激烈斗争,最终将北洋军阀江西督办蔡成勋从江西驱逐了出去,把江西工人斗争推向新的高潮。

1924年11月,孙中山应冯玉祥邀请北上,并发表《北上宣言》,主张召开国民会议,废除一切不平等条约,以抵制军阀段祺瑞的善后会议,反对帝国主义的侵略。中共中央支持孙中山北上,并发起国民会议和废除不平等条约的运动。中共中央的号召,得到了江西工人阶级和全省人民的响应。当年底,成立了由共产党人方志敏、季恨秋、姜铁英参加的"国民会议江西促成会",领导全省人民

要求召开国民会议反对北洋军阀统治的斗争。接着,赵醒侬又直接参与该会的领导工作。南昌市工会与学联等80多个团体均参加了"国民会议江西促成会",散发了大量的宣言和传单,揭露军阀的罪行。1925年3月1日,北京召开了国民会议促成会全国代表大会,江西工人阶级坚决拥护。通过这次运动,有力地宣传了革命主张,进一步提高了江西工人阶级的觉悟,激发了广大人民群众的政治热情,为江西革命新局面的形成再起波澜。

1925年3月12日,孙中山先生在北京病逝,引起了全国人民巨大的悲痛。江西国共两党在全省各地广泛组织工人、农民、学生和各界民众开展追悼活动。同年4月28日,南昌工人与各界群众10万余人,在百花洲沈文肃公祠举行追悼大会,沉痛悼念孙中山逝世,大力宣传孙中山的遗嘱和联俄、联共、扶助农工三大政策,促进工农运动的开展。

1925年5月1日,第二次全国劳动大会在广州举行,汉冶萍总工会是二次"劳大"的发起单位之一。安源路矿工人俱乐部选派代表朱少连参加汉冶萍总工会代表团出席了大会。大会讨论并通过了30多个决议案,如《工人阶级与政治斗争的决议案》《组织问题的决议案》等,明确规定了中国工会在民主革命中的方针、策略和组织原则,强调了无产阶级在革命中的领导权问题。经大会正式选举,成立了中华全国总工会,汉冶萍总工会代表刘少奇被选为全国总工会副委员长。从此,中华全国总工会代替中国劳动组合书记部,成为中国共产党领导工人运动的领导机关,揭开了中国工人运动新的篇章。二次"劳大"召开所取得的这些成果,为全国工人阶级和工会组织在即将到来的大革命高潮中发挥先锋和骨干作用,作了重要准备。大会以后,江西工人阶级的革命斗争也逐渐与全国工人运动融合在一起。江西工人运动进入了崭新的发展阶段。

(二)江西工人声援"五卅"反帝斗争

1925年5月30日,上海发生了英、日帝国主义者屠杀工人、学生的"五卅"惨案。6月1日,中国共产党领导上海工人举行总同盟罢工,向帝国主义的暴行反击。同时,在中国共产党的领导和推动下,五卅运动迅速从上海发展到全国各地。全国大多数城镇约1200万人参加了罢工、罢课、罢市或游行示威、抵制英日货等形式的声援斗争[①],掀起了全国规模的反帝怒潮。江西人民尤其是工

---

① 高爱娣:《中国工人运动史》,中国劳动社会保障出版社,2008年,第107页。

人阶级,在党的领导下同全国一样,开展了声势浩大的声援"五卅"反帝斗争,再次掀起了江西工人运动的高潮。

1925年6月3日,包括工会在内的南昌各界群众团体在东湖边省教育会召开联席会议,讨论声援上海人民反帝斗争。会议决定6月5日举行反对帝国主义残杀中国人民、声援上海人民斗争的示威游行并开展反帝宣传和募捐活动。6月5日,南昌工人与各界群众3万余人冒雨在公共体育场集会,抗议帝国主义者制造"五卅"惨案的暴行,声援上海工人。会后,工人、学生走上街头,为上海人民募捐,还在南昌牛行车站严密检查进口货物,并组成仇货检查队深入沿江码头、街道、商店,查禁仇货,一经发现,扣留拍卖,所得现金充作支援上海人民斗争的款项。

在南昌工人开展声援斗争的影响下,全省各地也纷纷成立声援组织。在九江,组织成立了"九江援助上海同胞惨死委员会"。1925年6月7日,九江各界群众1万余人举行示威游行,声援上海工人。6月8日,九江各行业工人罢工,包括太古、怡和、日清3个洋行的码头工人和建筑、印刷等行业的工人。6月13日,九江工人、学生冲破英租界巡捕阻挠,再次游行示威。在吉安,工人运动领导人梁一清在四五千工人、学生的集会上报告"五卅"惨案的经过,并在会后举行了示威游行。那时,吉安团特支"大半的力量都用在劳动运动"方面,派人到各染布坊、染纸场和米坊开展工作,使工人认识到团结起来组织工会的必要性。在一定程度上,"五卅"运动促进了吉安工人运动的发展。在赣州,除召开大会声援"五卅"运动外,陈赞贤等人还在山区各县掀起声援"五卅"运动的热潮。在萍乡,6月16日,安源路矿工人俱乐部各干事和其他工人代表、学生共3000余人游行示威,声援"五卅"运动。6月下旬,俱乐部致上海总工会慰问函,并派游艺股长肖劲光携捐款800元赴上海慰问罢工工人。7月3日,俱乐部在省港罢工委员会机关刊物《工人之路特号》上发表《安源路矿工人对沪案之通电》,谴责英、日帝国主义的暴行,呼吁全国同胞联合起来,奋起反抗。还派人和萍乡城学生一起,下乡村宣传,唤起农民共同声讨帝国主义。在景德镇,不仅成立了"五卅"惨案各界后援会,还开办了以瓷业工人为对象的平民夜校,开展反帝宣传。

江西工人声援"五卅"运动的反帝斗争,历时四个月,全省各界人民爱国热情空前高涨。这不仅充分表达了江西人民对上海工人阶级的同情和支持,还在全省范围内掀起了反帝爱国的热潮,对促进全省各界民众尤其是工人阶级的大团结起到了催化的作用。经过此次反帝斗争的洗礼,江西工人阶级的反帝斗争意志更加坚决,斗争经验更加丰富,政治上也更加成熟,江西工人运动蓬勃发展,这些都为即将到来的北伐战争之江西战役准备了条件。

(三)安源工人反对查封俱乐部的斗争

"五卅"运动的爆发和全国人民的反帝斗争,沉重地打击了帝国主义及其走狗,引起了他们极大的恐慌。日本帝国主义为了维持对中国的控制,唆使军阀政府变本加厉地屠杀中国同胞,其矛头首先指向工人阶级。1925年8月底,汉冶萍公司总经理盛恩颐,在日本顾问完本的指使下,从上海辗转武汉、长沙等地,诡称解决欠饷问题,实则勾通湖南军阀省长赵恒惕和江西省督办方本仁,策划取消安源工人俱乐部。9月初长沙《大公报》报道,"日本从中煽动,谓欲整顿公司,必先取消工人俱乐部"。9月14日,盛恩颐在赵恒惕派遣的手枪队护卫下到达安源,当时即有1万多工人齐集车站示威,手执红旗高呼"打倒资本家""罢工自由"等口号。盛恩颐到矿局后,一面答应将八月份欠饷发清,一面密电赣西镇守使李鸿程派兵来安源,用武力封闭安源路矿工人俱乐部。

1925年9月18日,安源路矿工人举行大罢工胜利三周年庆祝大会,约一万四五千人参加。正当工人欢庆罢工胜利之际,李鸿程的军队到了安源,盛恩颐则乘机以整顿路矿为借口,宣布开除工人1200余名。俱乐部闻讯后派代表12人向盛交涉,要求恢复被开除工人的工作。盛不但拒绝,还反令矿警将工人代表关进赣西镇守使署。9月20日,工人俱乐部宣布罢工。21日清晨,赣西镇守使署军队和湘军第九旅部分军队会同矿警共1000多人的兵力偷袭工人俱乐部,捣毁工人补习学校和工人子弟学校,洗劫工人消费合作社,重兵包围工人餐宿处,断绝交通,逮捕工人俱乐部副主任黄静源等70多人。22日午后,住在南区餐宿处的工人与军警发生冲突,军警开枪射击,工人段志发、李福成当场被打死,受伤工人数十人,其中一人重伤不久死亡。数百名正在井下采矿的工人得到消息,即将窿内监工、职员10余人捆缚,送藏于秘密煤洞内,以作抵押。矿警与工头10余人下井搜索,抢出监工和职员并对工人开枪射击,"立毙三人,枪伤数人"。23日,又封闭了紫家冲、株州2个俱乐部分部。矿局宣布除发电厂、打风机房外,窿内外一律停工,并将被开除的1200余名骨干工人,限7天之内武装押解出境。全矿一不发饷,二不开工,失业者万余人,制造了震惊全国的"九月惨案"。安源路矿工人运动也由此遭受了严重的挫折。

事件发生之后,安源路矿工人俱乐部先后发出《致全国各界电》和《泣告全国同胞书》,揭露帝国主义、军阀、官僚买办资本家互相勾结,武力封闭工人俱乐部,屠杀安源工人的暴行,得到全国人民的声援。湖南省工团联合会、粤汉铁路总工会致电萍乡镇守使,要求启封俱乐部,释放代表,恤死惩凶,以平民愤。中华全国总工会向全国发出通告,电召全国各界同胞主张公道,一致援助。汉冶萍总工会发出告工人书,盛赞安源路矿工人俱乐部所作的伟绩,声讨资本家、军阀摧残工人的罪行,号召工友们团结起来援助安源路矿工人俱乐部。湖南、湖北学生联合会等团体分别向全国发出通电,声援安源工人的斗争。

在全国一片援助和声讨中,反动当局怕事有变故,加紧对黄静源的酷刑审讯,黄静源坚贞不屈。1925年10月16日,黄静源惨遭杀害。事后,反动当局下令陈尸示众3天,不准工人祭葬。安源工人冒着生命危险将黄静源的遗体抢到醴陵入殓,醴陵各界参加追悼会者1万余人。灵柩自醴陵运到株洲及长沙等地时,当地工人、群众纷纷含泪相送,并举行了大规模的游行抗议及追悼活动。

1925年10月,在中共中央召开的扩大会议上,专门讨论了此次安源事件,总结了安源"九月惨案"的经验教训,并特别指出安源路矿工人罢工斗争胜利后疏忽政治工作,组织涣散。同时,中共湖南省委成立了"安源事件善后委员会",并通过"济难会",接济安源路矿工人。安源工人得到群众的声援,得到党组织的关怀,吸取"九月惨案"的沉痛教训,重整旗鼓,坚持斗争。安源的革命种子,当时遍布湘鄂各地。1926年5月,株萍铁路总工会主任朱少连、安源工会代表袁月楚参加第三次全国劳动大会。朱少连指出近期湖南各县农民运动,其主持者和帮助者完全是战败的安源路矿工人,同时他被大会选为全国总工会执行委员。安源工人运动仍在运转,并随着北伐的节节胜利掀起了更大的革命热潮。

第二节 北伐战争中江西工人运动的高涨

从上海的"五卅"运动到安源的"九月惨案",江西工人阶级从这些激烈而残酷的斗争中渐渐明白,工人运动必须同反帝反封建的国民革命相联系。北伐战争中,在中国共产党的领导下,江西工人阶级以更高的革命热情,投入到支持和援助北伐战争江西战场的斗争中,并随着北伐战争在江西的胜利,把江西工人运动推向新的高潮。

一、江西工人阶级积极支援北伐战争

第一次国共合作的建立推动了全国革命形势的发展。1926年7月9日,国民革命军在广州誓师北伐。北伐战争一开始,在全国总工会"极力地赞助国民革命军,作国民革命军的后盾,使之得到胜利"的号召下,江西工人阶级迅速掀起了全力支援北伐军的活动热潮。

当时统治江西的北洋军阀是孙传芳及其部属邓如琢。孙传芳割据江苏、浙江、安徽、江西、福建5省,拥兵20万,号称"五省联军"。邓如琢于1924年12月任北洋军第一师师长兼南昌警备司令,1925年3月任赣北镇守使,1926年3月任五省联军总司令及江西督办,统兵3万余人,依附孙传芳。为了巩固自己的统治,邓如琢不断采取残酷的手段摧残革命力量。1926年7月14日,他指使军警查封了国民党江西省党部。8月10日,又逮捕了中共江西地委组织部部长、国民党江西省党部组织部部长赵醒侬。8月14日,封闭了共产党在南昌的活动据点明星书店和国民党江西省党部的总机关。9月16日,更以"宣传赤化,图谋不轨"为名,将江西党组织的创始人赵醒侬杀害。此后,邓如琢还通令全省81个县,查封国民党江西省党部所属各县党部,逮捕革命分子。

邓如琢的残暴行为激起了江西全省人民的强烈反对,受到了社会各界舆论的谴责。江西人民迫切要求、殷切希望北伐军早日进军江西,把北洋军阀打倒,将北洋军阀驱逐出江西。江西工人阶级在江西地方党组织的领导下,为了迎接北伐军的到来,进行了组织准备和舆论准备。

1926年4月,中共南昌特别支部升格为中共江西地方执行委员会,并充实了领导力量,以加强党对江西革命活动的领导。中共江西地委派出党员到各县发展党员,建立党的组织,加强基层工作,准备迎接北伐军的到来。仅半年时间,中共江西地委就在全省14个县建立了组织,6个县设立了通讯员。除安源外,党员发展到500余人。1926年9月17日,中华全国总工会在汉口设立办事处,负责指挥湖北、湖南、江西、安徽、四川的工人运动。江西工会发展迅速,安源、吉安、南昌、九江等地,都建立了工会组织,甚至有的地方还成立了县以下的基层工会。1926年12月,中共中央在汉口召开特别会议。根据会上通过的湘鄂赣粤四省党务决议案,中共江西地方执行委员会改为中共江西区委,区委下辖九江、吉安两地委和若干支部,党员近900人,由此进一步加强了党对工人运动的领导。

党的基层组织和工会组织建立以后,向广大人民群众大力宣传国民革命军北伐的意义,揭露北洋军阀对外投靠列强、对内压迫民众的行径,为北伐军入赣进行舆论造势。在北伐军出师前夕,江西国共两党以"江西革命同志会"的名义,代表江西人民向广东国民政府请求早日出师北伐,取道江西,把北洋军阀驱逐出江西省境。国民党江西省部还发表了《对赣局宣言》,深刻揭露北洋军阀吴佩孚窥视赣边,欲陷江西于水深火热之中的企图。《宣言》号召江西民众立即召开全省代表大会,争取民主自由权利。

1926年9月,国民革命军总司令部下达总攻击令,命第二军、第三军自湖南醴陵向赣西进攻,命第六军和第一军自鄂南、湘东直捣赣北,截断南浔路,命防守赣粤边的第二军第五师和第五军第十六师第四十六团会同第十四军(由独立第一师改编)攻击赣南,开辟了江西战场。

江西战场是北伐战争的第二个主要战场。在北伐战争中,江西工人阶级热烈响应党和全国总工会的号召,以各种方式配合、支援和参加北伐战争,为消灭北洋军阀孙传芳的主力作出了重要贡献。

安源路矿工人俱乐部被查封后,中华全国总工会曾派人来安源招募工人去广东参加国民革命军。到1926年7月止,先后参加革命军的安源工人不下1000人。1926年七八月间,北伐军在湘赣边界作战,安源工人组织破坏队、侦探队、运输队、救护队、慰劳队参战助战。株萍铁路工人为配合北伐军攻打醴陵县城,与当地农民组成救国敢死团,炸毁铁桥,截断铁道,破坏通信设备。9月,北伐军中路部队发动江西战役,在进攻萍乡县城时,安源工人把萍乡、芦溪、袁州之间的电话线割断。株萍铁路工人组织五支破路队,分布在峡山口至萍乡、萍乡至安源、安源至芦溪、安源至莲花庵、芦溪至袁州铁路沿线。各队"在前方与侦探队联合,破坏交通事业,报告敌方情形"。第一二队炸毁赣西镇守使署,敌军弃城而逃,北伐军不费一枪一弹占领萍乡县城。

1926年9月中旬,北伐军进攻铜鼓。上庄造纸厂工会组织数百名工人担任侦察、运输和救护工作,还派20多名精壮工人趁黑夜以马刀、梭镖为武器,消灭赣敌第七混成旅一个前哨排,最终铜鼓县城被攻克。10月初,新干、樟树被北伐军占领，邓如琢引咎辞职。北洋军阀五省联军总司令孙传芳坐镇九江，调兵遣将，亲自督战。

九江码头工人在共产党员彭江、冯任等领导下，举行多次罢工，使孙传芳的军用物资无法装卸。南浔铁路工人响应码头工人的罢工斗争，使铁路处于半瘫痪状态。革命军汪杨、刘子和等人，在码头工人的配合下，装扮成茶役潜入孙传芳军运"江永"号轮船。当该轮船于1926年10月16日晨抵达九江时，引火爆炸，船上大批士兵、枪弹、军用物资被炸毁。"江永"号轮船的爆炸，对孙传芳是一个致命的打击，对北伐军在江西战场上的胜利起了重要作用。11月5日，北伐军胜利占领九江城。

攻打南昌，是北伐军在江西战场的一个主要目标。北伐军三次攻打南昌的战斗，均得到了南昌工人阶级的极大支持和协助。第一次攻打南昌时，北伐军派了200名便衣潜入，得到了南昌工人、学生的内应，所以北伐军先头部队一攻即克。当敌人反扑，北伐军撤离出南昌时，又因得到了工人、市民的情报和掩护，使军队得以安全转移。在北伐军集中兵力再次攻打南昌时，南昌、九江及南浔线的工人密切配合了北伐军的行动。当南浔铁路掌握在敌人手里时，南浔铁路工人举行总罢工，连夜破坏了铁轨30余丈，把铁皮抛在沿途，铁路交通中断。1926年11月6日，北伐军占领南昌牛行车站，南浔铁路工人又抢修铁路，恢复九江至南昌的交通。划驳工人将数百只民船扬帆而起，运送北伐军强渡赣江，追击和歼灭北洋溃军。11月8日，北伐军攻破南昌德胜门，进入南昌城，俘虏北洋军阀官兵1万余人。南昌工人还帮助北伐军看管俘虏，修筑工事，运送弹药，送茶运水，代办给养和后勤服务。11月11日，南昌工人及各界群众2万多人，在公共体育场举行盛大集会，隆重庆祝北伐军攻克南昌的胜利。

江西工人阶级和江西人民对北伐战争的支援是多方面的，贡献是巨大的。北伐军从9月开辟江西战场，到11月14日解放江西全境，仅仅花了2个多月。正如当时的《革命军日报》所指出，北伐战争在江西的胜利，"全靠了民众的热心帮助"，"完全是军人和民众合作所得来的"。

二、北伐战争推动了江西工人运动的发展

中国共产党领导的工人运动，有力地支援了北伐战争的胜利进军，而北伐战争的节节胜利，又推动了工人运动不断向前发展。在江西，北伐前的工会组

织基础较差①。随着北伐军开辟江西战场,江西各地工会组织迅速发展起来,全省工人阶级组织向导队、侦察队、破路队、救护队、运输队支援北伐,江西工人运动进入了空前高涨的时期。

(一)江西各地工会组织蓬勃发展

随着北伐军进入江西,全省各地相继建立了工会组织。各地工会或工会筹备处成立后,积极投入到组织发动工人群众的工作中去,促进了全省工人运动的发展。北伐军攻占南昌,推翻了北洋军阀在江西的统治,扫除了开展工人运动的障碍,使江西工人运动进入一个蓬勃发展的时期。尤其在1926年底到1927年初这段时期,江西工会组织的发展形成一个高峰。

1926年9月上旬,北伐军进入萍乡,原来被查封的安源路矿工人俱乐部恢复活动,并且正式成立了安源总工会,拥有会员15000余人,给北伐后的江西工人运动开了一个好头。

1926年10月初,中共赣州特别支部书记、赣南17县工农运动指导员陈赞贤奉中华全国总工会之令,筹建赣州总工会。为了把行业分散、手工业工人居多的赣州工人组织起来,陈赞贤深入工人群众做思想发动工作,又组织召开了各行各业工人代表参加的筹备工会的会议,决定成立赣州总工会筹备处,掀起了工会组建的热潮。不到一个月,赣州就成立了56个基层工会,会员18000人。1926年11月3日,召开了赣州工人第一次代表大会,成立了赣州总工会,陈赞贤被选为工会委员长。赣州总工会的成立,标志着赣州工人运动和赣南革命运动进入一个新的阶段。

在吉安,在北伐战争胜利的鼓舞下,工人们踊跃加入工会,各行业普遍建立了基层工会。1926年10月上旬,吉安首届工人代表大会召开,大会选举产生了吉安总工会首届执行委员会,梁一清当选委员长。总工会设立了组织、宣传、青工、妇女等部,成立了处理罢工、复工的调查委员会,还建立了一支两三百人的工人纠察队。

1926年11月,景德镇总工会正式成立,共产党员万云鹏担任委员长兼纠察队大队长。同时,在瓷业工人中建立了23个基层工会,其他行业也相继成立了工会组织,会员共计4万余人。

---

① 中国工运研究所:《新编中国工人运动史(上卷)》,中国工人出版社,2016年,第121页。

在南昌,1926年11月成立了南昌市总工会筹备处。在党的领导下,南昌木船工会、南昌洋货业店员工会、南昌瓷业书画工会、南昌织袜工会、南昌邮务工会等相继成立。这些工会组织都有明确的政治纲领和斗争目标,有严密的组织章程。截至1926年底,南昌市已成立了73个行业工会,工会会员4万多人。1927年1月1日,南昌市第一次工人代表大会召开,正式成立了南昌市总工会。

在九江,1926年11月成立了九江总工会筹备处,1926年12月26日正式成立了九江总工会,共产党员彭江当选为工会委员长。同时组建了2000多人的工人纠察大队,当时的工厂、铁路、码头都设有纠察大队。九江总工会下辖的码头总工会、南浔铁路总工会、职业总工会、产业总工会、洋务总工会、店员总工会及其他下属基层工会组织也相继公开成立。

1927年1月17日,江西全省总工会筹备处在南昌成立,筹备处下辖42个县总工会或筹备处,会员16万人。1927年2月23日,江西省第一次工人代表大会在南昌召开,出席这次代表大会的工人代表来自全省各地,共140人。大会讨论和通过了《江西省全省工人第一次代表大会宣言》《江西省全省工人第一次代表大会政治报告决议案》等,并正式成立了江西省总工会。大会还对江西工人运动中需要解决的具体问题,进行了认真的讨论,并通过了相应的决议案,如《统一工会组织案》《宣传教育案》《工人的经济要求案》《改善工人待遇案》等。这些决议案对统一巩固和发展工会组织,维护工人的政治权益,改善工人的经济待遇作出了具体规定,为江西工人阶级进行政治、经济斗争指明了方向。江西省第一次工人代表大会的召开,在江西工人运动史上具有里程碑意义。江西省总工会成立后,改变了江西工人涣散无统一组织的状态,表明了江西工人阶级具有一定政治觉悟的战斗集体已经形成,为推动江西全省的革命运动和支援北伐战争作出了巨大的贡献。

在此之后,全省工人运动进一步向前发展。到1927年7月底,全省有66个县成立总工会,占当时81个县的81%,工会会员达20多万人[①]。

(二)江西工人阶级广泛开展罢工斗争

随着全省大部分地区工会组织的建立和完善,江西各地工人罢工斗争此起

---

① 《中国工会运动史料全书》总编辑委员会:《中国工会运动史料全书(江西卷)》,中华书局,2000年,第2页。

彼伏,日益高涨,其中南昌、吉安、赣州和九江的工人运动最具特色,斗争也最激烈。

1926年11月26日,南昌理发业工人为提高工资、改善生活待遇举行了全行业罢工,在全市产生了重大影响。12月25日,具有丰富斗争经验的南昌市铅印业工人举行了全体总罢工。工会为了维护工人的经济利益和民主自由权利,向资本家提出了增加工资、保障工人待遇、不得任意辞退工人和使用童工徒工、实行8小时工作制、维护工人政治权利等19条要求。在北伐军总政治部、省市总工会筹备处的支持下,资本家被迫接受了铅印工人的全部要求。

北伐军攻克南昌后,英国政府给奉系军阀张作霖500万英镑的军事贷款,鼓动奉军出兵南下。消息传到南昌,激起南昌人民的极大愤慨。1926年12月初,南昌市总工会筹备处联合南昌市农民协会、商民协会、学生联合会、妇女解放协会,商讨反英反奉对策,并组织演讲队,到群众中揭露英帝国主义支持奉军南下的行径。12月11日,南昌市各界各团体在国民党江西省党部举行会议,决定成立"南昌团体反帝国主义大同盟"。12月16日,南昌市民举行了空前的反英反奉集会,全市工、农、商、学各界300多个团体7万多群众参加了这次大会。会议决议通电全国,反对英帝国主义干涉中国革命的种种暴行,并通电声援苏、浙、皖三省民众驱逐孙传芳,阻止奉鲁军南下的自治运动。会后,群众冒雨举行了声势浩大的示威游行。这次示威与苏、浙、皖三省人民的群众运动汇合在一起,对整个北伐战争的胜利进军起了推动作用①。

1926年10月,吉安总工会领导全市工人,为"反对虐待童工徒工,改善童工待遇",举行游行示威,开展总罢工。11月,吉安染布工会开展了改善劳动条件、增加工资的斗争,罢工持续10天,资本家被迫答应工人加薪和改善劳动条件的要求。

赣州总工会成立后,在陈赞贤的带领下,组织领导工人阶级开展了反对资本家的斗争,掀起了赣州工人运动的高潮。为了保障工人运动的胜利,依据全国总工会工会法的规定,成立了赣州工人纠察总队,各基层工会成立分队,纠察队员达500余人。中共赣州特支和赣州总工会,领导赣州工人开展了"保障职业、增加工资、改善待遇、实行8小时工作制"为中心的斗争,要求与资方订立劳

---

① 江西省总工会:《江西工人运动史(1862—1949)》,江西人民出版社,1995年,第98—99页。

资集体合同,改变工人的悲惨处境,但遭到了反动资本家的拒绝。工人们要求采取革命手段来粉碎反动资本家的顽抗。于是,中共赣州特支决定赣州钱业店员工人率先举行罢工。

1926年11月7日,赣州总工会领导全市钱业店员300多人,举行以"保障职业,增加工资,改善待遇,实行8小时工作制"为条件的罢工。罢工期间,各钱庄大门紧闭,门前张贴《罢工通告》。各钱庄工会组长把钱柜钥匙掌握在手,账簿、票据、经折都控制起来。工人纠察队来往各钱庄巡逻,维持秩序。资本家一面威吓工人,一面企图拉拢赣州总工会委员长陈赞贤等人。赣县县长徐鉴打着"调处"的幌子召开各界劳资仲裁会,提出有利资方的调处方案,遭到钱业店员工会代表的批驳。徐鉴"调处"失败,弃官逃走。由工农商学兵各界组织赣县临时政务委员会,陈赞贤被公推为三个常务委员之一。罢工还扩展到中药业、洋货业,其中罢工的洋货业工人达1000余人。迫于形势,不仅钱业资方接受工人提出的条件,在劳资集体合同上签字,钱业店员罢工取得胜利,而且赣州绝大多数行业也都签订了劳资集体合同。工人工资普遍增加30%。合同规定,资方不能随意解雇工人,实行8小时工作制。到当年底,已经组织起来的赣州工人达8万余人,其成分以手工业工人居多。各工会纠察队500余人,穿军衣,执长矛,"遇群众大会,全体武装起来,整齐,严肃,令人望而起敬"。1926年12月,国民党中央党部宋庆龄、苏联顾问鲍罗廷和张太雷等从广州赴武汉途经赣州,考察了当时的赣州工人运动,赞扬赣州工人运动的规模和声势,除广州外,要算赣州。因此,赣州工人运动得以与大革命的中心广州相提并论,获得了"一广州二赣州"的称誉。

1926年12月25日,在九江中共南浔铁路特支书记、南浔铁路总工会委员长熊好生领导下,南浔铁路工人和铁路搬运工人600多人选出代表,向铁路局提出实行八小时工作制、年终支双薪、改善劳动条件等19条要求。工人的合理要求遭到拒绝后,南浔铁路总工会立即组织全线大罢工。经过坚持不懈的反复斗争,铁路局迫于强大的压力不得不签字同意工人的要求,罢工最终取得了胜利。

1926年12月27日,九江太古、怡和、日清3个码头全体工人联合举行罢工,并以码头工会名义派出代表与公司接洽,提出增加工资、承认工会等要求。1927年1月3日,日清公司鉴于工人力量强大,对其提出的条件签字认可,工于是复工。而太古、怡和2个公司仗着英国在华势力强大,拒绝工人的条件,码头工人继续罢工,外轮和外商的货物无人搬运。

1927年1月6日下午,在九江的江边上有英人雇华工搬运行李上船,对罢工造成了破坏,工人纠察队员吴宜山上前制止,被英水兵殴打致死,另有数名工人被打成重伤,英国军舰还鸣炮两响示威。惨案发生后,九江工人和市民义愤填膺,九江地方党组织和总工会立即组织以工人为主体的数万群众,高呼"收回英租界!""打倒英帝国主义!"等口号,冲破英帝国主义的武装戒备,冲进英租界,把英国巡捕和英国水兵赶上英舰,一举占领了英租界,夺回了被英帝国主义霸占了60余年的租界。事后,九江市党部和九江总工会等组成了"调解委员会",经过力争,九江码头工人的工资增加一倍,死伤工人的医疗费用由英国人负责赔偿。

九江工人收回英租界的斗争,最初是因经济斗争而起,最终演变成一场轰轰烈烈的政治斗争。它是在大革命的高潮中,在北伐战争取得伟大胜利的形势下,在江西工农运动高涨的基础上,在汉口工人收回英租界斗争的直接影响和鼓舞下爆发的。汉口、九江两地工人收回英租界的斗争,得到了全国各界人民和国际无产阶级的极大同情和支援。1927年1月14日,南昌召开了10万人参加的群众大会声援汉口、九江工人的斗争,还出版了《反英日报》。1月16日,长沙举行了20万人参加的反英示威运动,并决定对英经济绝交,声援汉口、九江人民的斗争。共产国际向全世界工人发出通告,号召全世界无产者团体,"在勿侵略中国之旗帜下而奋斗"。英国共产党也号召英国劳工团体起来要求政府撤回军队战舰,承认武汉国民党政府。在强大的反英斗争潮流下,英国政府代表被迫于2月19日和20日,与武汉国民党政府先后签订了《关于汉口租界的协定》和《九江英租界协定》,同意无条件将汉口、九江英租界还给中国。至此,九江军民收回英租界的斗争取得了完全胜利,这也是江西工人阶级反帝斗争史上的空前壮举。

全省出现的这些有组织有领导的罢工斗争,不仅推动了当时北伐战争的节节胜利,而且进一步提高了工人阶级的政治地位,改善了工人阶级的劳动条件及生活待遇。江西工人阶级在一次次工人运动的鲜活实践中得到了锻炼,提高了觉悟,增长了才干。

第三节　国民党右派叛变革命和江西工人运动受挫

正当全省工人运动蓬勃开展时,一股破坏工人运动的逆流正在悄然兴起。由于党内以陈独秀为代表的右倾思想发展为右倾机会主义错误并在党的领导机关中占了统治地位,对国民党右派一味妥协、退让,蒋介石顺利地篡夺了国民党党政军大权并蓄势背叛革命。江西国民党右派势力在蒋介石的支持下,掌握了国民党江西省党部和省政府的大权,他们不仅极力排挤共产党,而且打击共产党员领导的各地总工会,派出特派员分赴全省各地破坏工人运动。由此,大革命高潮中发展起来的轰轰烈烈的江西工人运动遭到残酷镇压。

一、江西政治形势的逆转

北伐军占领南昌以后,蒋介石把北伐军总司令部迁来南昌,在这里加紧其篡夺革命领导权的阴谋活动。一方面,他积极与日美等帝国主义、上海买办资产阶级相勾结,伺机卖身投靠;另一方面,他又极力限制和打击工农运动,随时准备叛变革命。南昌逐渐成了蒋介石反动势力的大本营,与革命的武汉国民政府相对抗。这样,革命阵营内部革命与反革命的斗争日益尖锐起来。

当时在南方革命阵营内部爆发了一场"迁都之战"。本来一再提出将国民政府和国民党中央迁往武汉的蒋介石,忽然提出要迁都南昌,并公然扣留途径南昌前往武汉的国民政府和中央党部人员,通电宣称"中央党部和国民政府暂驻南昌",企图置于他的直接控制下。同时,蒋介石对广东、湖南、湖北、江西的工农运动,极力加以限制和压迫,加紧指使在江西的国民党右派篡夺国民党江西省部和省政府的领导权,摧残工农群众团体,屠杀工农领袖,以排挤和清除江西的革命力量。江西政治形势随之逆转。

国民党江西省党部是由共产党和国民党左派所组建和领导的。1926年9月,蒋介石派国民党右派分子段锡朋、郑异以中央特派员身份来江西考察党务。实际上,他们来赣目的就是夺取国民党江西省党部及所属组织的领导权。1926年11月底至12月间,段锡朋等人秘密成立一个专门从事反共的反革命团体"AB团"(Anti-Bolshevik 的缩写,意为反共组织)。1927年1月,国民党江西省第三次代表大会在南昌召开。在选举省党部执行委员和监察委员时,蒋介石玩弄"圈选"的政治手腕,即先选举双倍数额的执行委员和监察委员,这是先"民主",然后由国民党中央常务委员会圈定其中的半数作为最后当选人员,这是后"集中"。接着,蒋介石伙同在南昌的国民党中央党部组织部长陈果夫、青年部长丁惟汾等,假借国民党中央常委的名义,非法"圈"定了以 AB 团分子为核心并占多数的国民党江西省党部执行委员和监察委员名单。在被圈定的 17 名执行委员和监察委员中,有 14 名是国民党右派。从此,共产党员和国民党左派被排斥在江西省党部之外,国民党右派完全篡夺了省党部的领导权。

蒋介石的这一行径遭到了共产党人、国民党左派以及江西广大人民群众的极大不满。国民党南昌市党部当即出面,通电呈请国民党中央执行委员会查办,并改组非法的江西省党部。蒋介石以"前方军事正紧"为借口,极力压制群众,同时还对人民群众进行威胁。

AB 团把持了国民党江西省党部的大权以后,把矛头指向方志敏所领导的江西省农民协会,采取各种办法企图夺取省农协的领导权。1927 年 2 月,省农协召开第一次全省代表大会,AB 团分子企图故技重施,再玩"圈选"的政治阴谋。方志敏及时识破了他们的阴谋,并向中共中央农委发了电报。毛泽东复电指示,坚决反对"圈选"。他们见阴谋败露,就用金钱收买选票,结果也以失败而告终。

AB 团还以国民党江西省党部的名义,派出一批又一批的"特派员"分赴各市、县,名为"办理党务",实际上是破坏国共合作,进行篡夺各市、县党部和群众团体领导权的反革命活动。他们与反动军阀、豪绅地主互相勾结,肆意破坏工农运动,残害工农运动领袖和积极分子,在江西制造了一连串镇压工人运动的惨案,使江西的政治形势急剧恶化。

二、赣州"三六"惨案

江西政治形势的突变和逆转,使赣州的土豪劣绅、反动资产阶级又开始嚣张,他们推派代表来南昌,到蒋介石面前鸣冤叫屈,大肆造谣污蔑"赣州工人行凶""逼死人命""赣南即将暴动"等等。蒋介石对赣州工人运动早存有戒心,听了这番言论后,就以赣州反动势力的诬告为借口,下手扑灭赣州工人斗争,以打击江西的革命力量。他调国民革命军新编第一师"绥靖赣南",并派反动的"孙文主义学会"头目倪弼（新一师党代表）和 AB 团骨干分子郭巩到赣州，充当其反革命的急先锋。

1926 年 12 月初，倪弼、郭巩来到赣州。他们与当地的豪绅大资产阶级相勾结，结成反革命联盟，向革命大举进攻。首先解散了以共产党员和国民党左派为主体的统一战线的政权组织——赣县临时政务委员会，成立了以郭巩为县长的赣县政府。接着又阴谋篡夺工会、农会等革命团体领导权。倪弼以新一师政治部的名义，直接召集各工会主席联席会议，并在会上挑拨离间，对赣州工人领袖陈赞贤进行造谣中伤。然而不管倪弼怎样血口喷人，赣州工人的眼睛是雪亮的，他们始终爱护自己的领袖陈赞贤同志，使反动派妄图夺取工会领导权的阴谋没有得逞。

为了破坏工人运动，倪弼、郭巩又打出调处洋货业工潮的幌子，提出完全符合资本家利益的调处方案，赣州总工会拒绝了他们的无理调处后，他们又以赣州总工会不接受调处为名，扬言要以武力解决工潮，极力制造事端。

1926 年 12 月 30 日，赣州洋货业几个店员工人去赣州第二女子师范学校看文明戏，被拒绝而发生争吵。倪弼便指使该校校长欧阳魁乘机制造事端，声称这是共产党唆使工人侮辱女学生的事件。他们组织游行，张贴反动标语，叫嚣"打倒共产党""打倒陈赞贤""解散工会"等，闹得满城风雨。1927 年 1 月 26 日晚上，倪弼派兵包围和搜查赣州总工会，并亲率反动军官逮捕陈赞贤，全城军警密布，城门紧闭，实行戒严。27 日拂晓，陈赞贤化装成伙夫，在工人群众的掩护下，乘船前往南昌参加全省第一次工人代表大会，并向北伐军总司令部请愿。

1927 年 2 月下旬，陈赞贤出席江西全省第一次工人代表大会后，为了继续领导赣州工人运动，不顾个人生命危险，毅然决定再回赣州。1927 年 3 月 1 日，赣州总工会在体育场召开了盛大的欢迎会。陈赞贤在会上传达了全省第一次工人代表大会的精神，介绍了赣州工人在南昌的请愿经过，号召工人阶级要进一步团结起来，坚决与反动势力作斗争。会后，还举行了示威游行。

1927 年 3 月 6 日晚，赣州总工会正在开会研究筹备孙中山逝世两周年的纪念活动。新一师军官胡启儒突然闯进会场绑架陈赞贤，将其带往赣县县政府，新一师营长方天指挥武装封锁了总工会。正在赣州的全国总工会特派员傅痊痪和省总工会特派员刘国臣闻讯赶往县政府援救，被武装卫兵阻拦。陈赞贤被押到赣县县政府的花厅里受审，倪弼、郭巩等人限令陈赞贤在 3 分钟之内答应解散赣州总工会,并再三威迫陈赞贤签字。陈赞贤表示"头可断,血可流,解散工会的字我不签。"在倪弼的示意下,胡启儒等人当即向陈赞贤开枪,陈赞贤身中18弹壮烈牺牲。

倪弼奉蒋介石的旨意杀害了陈赞贤,制造了震惊全国的"三六惨案"。这是蒋介石公开叛变革命的起点,是他反共反人民反革命的第一枪,也是上海"四一二"大屠杀的先声。陈赞贤就是壮烈牺牲在蒋介石血腥屠刀下的第一个共产党员、工人领袖。

三、省内外对赣州"三六"惨案的声援活动

陈赞贤惨遭杀害的噩耗传出后,赣州人民无比悲愤。1927年3月7日凌晨,赣州总工会召开紧急会议,决定罢工3天,并派出工人请愿团分赴南昌、武汉,提出惩办凶手、改编新一师、保障工会活动自由、抚恤烈士家属等要求,得到全省和全国各地工农的支持和声援。

1927年3月10日,江西省总工会成立"陈赞贤惨案委员会"。南昌各民众团体组织成立了以方志敏为首的江西各界请愿代表团,赴武汉请愿,要求国民政府严办赣州陈赞贤案的凶手。3月11日,南昌市总工会联络全市各团体组成"各县惨案委员会",领导全市开展了反击国民党右派的斗争。3月15日,江西《民国日报》全体工人实行总罢工。国民党右派AB团分子采取软硬兼施的手段,强迫铅印工人复工,但工人们在南昌铅印工会的领导下坚持斗争,直到南昌爆发的"四二"暴动取得胜利后才结束。

继南昌铅印工人罢工之后,1927年3月18日,南昌数万工人、农民和青年学生为陈赞贤烈士举行追悼大会和示威游行。在大会上,人民群众愤怒地谴责了国民党右派镇压工农运动,屠杀工人运动领袖的罪行。此后,南昌工人又一次掀起了新的罢工高潮,反抗国民党右派的反革命暴行,捍卫北伐战争的胜利果实。

1927年4月2日,南昌爆发了著名的"四二"起义。方志敏等率代表团到武汉向国民党中央和国民党政府汇报情况结束回到江西后,向各界传达了在武汉举行的国民党二届三中全会作出的关于江西问题的两项重要决定:一是停止非法的江西省党部执监委职权,开除段锡朋国民党党籍并通缉拿办,委派方志敏、邓鹤鸣等8人为中央特派员,代行国民党江西省党部职权;二是改组右派江西

省政府,免除李烈钧的江西省政府主席职务,任命朱培德为江西省政府主席。这个消息给了江西省人民以极大的鼓舞。4月2日下午,在袁玉冰、方志敏、林修杰等共产党人的领导指挥下,在以南昌市总工会为首的各进步团体组织下,数千名工人、农民、学生及各界群众,在钟鼓楼举行了声势浩大的反AB团示威大会。会后,在工人纠察队的带领下,在朱德领导的军官教导团的积极支持和参加下,示威工人和群众涌向百花洲,冒着从省党部射出来的子弹冲进省党部机关,解除了省党部的武装。起义队伍占领省党部后,兵分几路搜寻AB团分子。除首要分子段锡朋、周利生逃匿外,共搜捕AB团骨干分子30多人。AB团把持的国民党江西省党部从此解体。4月3日,南昌各界民众3万余人在皇殿侧公共体育场举行了"欢迎朱主席改组省政府暨中央特派员改组省党部大会"。南昌"四二"暴动的胜利,大大提高了中国共产党在人民群众中的威信,对以后江西革命斗争的发展,产生了重要影响。

除了南昌,在陈赞贤烈士的家乡——南康县,工农群众开展了各种形式的悼念活动,千余工人举行罢工。在九江、吉安、遂川、信丰、于都、万安等地,工农群众也都相继举行了追悼会。

陈赞贤被害,除了省内工人、群众广泛开展各类请愿、罢工、示威、悼念活动,全国上下也积极开展声援活动。1927年3月14日,中华全国总工会发出"反对赣州驻军枪杀工人领袖"的通电。3月15日,国民党中央执委会全体会议作出"接受赣州工人的正当要求,电令蒋中正速将倪弼解送中央办理"的决定。3月17日,《汉口民国日报》发表刘少奇《论陈赞贤同志在赣被害事》的代论。3月26日,毛泽东在中央农民讲习所举行的追悼湖北阳新、江西赣州两地死难烈士大会上,抨击蒋介石的反革命暴行。北伐军总政治部副主任郭沫若在南昌接见赣州工人请愿代表团。国民政府所在地的武汉市举行40万人参加的追悼陈赞贤烈士大会。湖北省总工会及湖北、湖南的很多县、区工会、农会以及全国学生总会等革命团体,一致通电声讨国民党右派在江西的反革命暴行。蒋介石在全国人民的强大压力下同意将倪弼"免职查办",答应赣州请愿工人提出的条件,但暗地又为倪弼开脱,致使倪弼潜逃逍遥法外。蒋介石又一次玩弄了欺骗民众的反革命两面派手法。

四、九江"三一七"惨案

北伐军攻克九江后,九江革命运动蓬勃发展,共产党的力量迅速壮大,经过改组的国民党九江市党部牢牢掌握在共产党员和国民党左派手里,共产党员担任九江县县长。这一切,使九江成为蒋介石进行反革命活动重要基地的希望化为泡影。蒋介石几次带领国民党中央特派员、AB团头目段锡朋,总司令部特务处长杨虎等从南昌窜到九江,授意九江国民党右派头目李鸿骞、高伯围、王若渊等组织国民党九江县党部,来对抗国民党九江市党部,指使驻防九江的独立第二师师长贺耀祖扶持右派势力。由国民党右派组建的国民党九江县党部,与共产党员和国民党左派组成的国民党九江市党部唱对台戏,企图篡夺九江人民革命的领导权。中共九江地委认真贯彻中央精神,以革命大局为重,一方面警惕并多次粉碎了县党部的破坏阴谋,另一方面尽量与之合作完成革命事业。

1927年3月16日,蒋介石从南昌到达九江,接见国民党九江县党部右派头目,策划反革命阴谋活动。3月17日,县党部的右派头目王若渊、瞿非墨、胡巨人、高伯韩分头下乡欺骗农民:"蒋总司令欢迎农民上街,每人发现洋两元",组织九江县大桥、沙河、港口和江北等地数百名农民涌进城里,举行游行示威。地主豪绅、青洪帮和流氓地痞带着凶器,混在农民当中,将市党部层层围住。市党部常务委员严燕僧、九江团地委书记吴季冰等人出面作说服解释工作,农民知道受骗,纷纷退出市党部。王若渊眼看阴谋又将破产,于是率领流氓蜂拥而入,大打出手,吴季冰当即受伤。工人纠察队员奋起抵抗,掩护市党部工作人员从后面撤退,因寡不敌众,死伤数人。工人纠察队裕生火柴厂分队长、共产党员曹炳元及数名工人英勇奋战,惨遭暴徒杀戮。暴徒打进市党部后大肆破坏,将礼堂的桌椅、门窗板壁砸得稀烂,文件书籍全被焚毁,孙中山遗像撕成碎片任意践踏,市党部被掠夺一空。接着,暴徒们又围攻市总工会,捣毁办公设施。

九江市党部、市总工会被砸,全城工人和革命群众义愤填膺。中共九江地委采取紧急措施,调集全市工人纠察队包围全城,向暴徒进行反击。国民革命军第六军政治部也派出军队协助镇压,反动分子纷纷逃窜,工人纠察队逮捕暴乱分子50多人。蒋介石见工人纠察队的力量如此强大,十分恼怒,表面上却装出一副假面孔,派他的卫队以"保护"为名强占了市党部和市总工会,并派军警从工人纠察队手中要去暴徒,大设筵席犒赏,傍晚护送暴徒出城。蒋介石这一公开的反革命行动,激起全市广大工农群众及革命人士的极大愤恨,纷纷表示抗议。工人们要求进行"三一八"总罢工,后来又选出代表请愿,总算把6位打得半死的同志搭救回来。蒋介石当晚任命第六军留守唐蟒为戒严司令官,命令实行戒严,禁止和镇压群众反抗,宣布假若"三一八"有工人罢工,便立行拘捕。

这就是蒋介石一手制造的九江"三一七"惨案,接着蒋介石又在安庆、南京等地炮制了同样的暴行。所有这些,都是蒋介石在上海发动"四一二"大屠杀的前奏。

五、江西工人运动相继受挫

除了赣州"三六"惨案和九江"三一七"惨案,国民党右派和反动势力在江西境内不断捣毁工会组织、殴打杀害领导人、迫害工人群众,制造了一连串的反革命事件。

1927年3月7日,永丰县国民党右派头目罗郁芳勾结豪绅宋居仁等,纠集流氓打手两三百人,捣毁了国民党左派县党部及县工会、农会,吊打这些团体的负责人袁振更、张国俊等30余人。3月8日,景德镇千余女工在莲花塘广场集会,纪念"三八"国际妇女节,一小撮破坏分子袭击总工会委员长。3月12日,丰城县召开孙中山逝世两周年大会,省党部特派员AB团分子王道等到会场寻衅滋事,企图篡夺工会领导权。3月16日,省党部AB团分子尹敬让等7人率领一批流氓打手前往南昌市党部"接收委员",当场捕去市党部会计。同时,又封闭了进步的《贯彻日报》和学生联合会,通缉学生会执行委员,解散工人纠察队。3月19日,抚州的反革命分子纠集暴徒,捣毁临川县党部、县总工会和农民协会。3月下旬,萍乡的反动分子日益嚣张。在县城,反动分子纠集流氓包围县农民协会,并扬言要捣毁县总工会。在芦溪镇,国民党右派军官吴建中支持反动分子,将镇总工会洗劫一空。4月,乐平县国民党右派蔡嘉厚等唆使千名不明真相的农民进城,打砸县总工会,捣毁鸣山煤矿工会,制造流血事件。此外,在永修、丰城、万年、贵溪以及其他一些县区,都有革命力量遭受摧残,革命分子受到迫害的事件发生。整个江西的工人运动遭受到严重的挫折。

1927年4月12日,蒋介石在上海发动反革命政变。4月18日,又在南京成立"国民政府",与革命的武汉国民政府相对抗。接着,江苏、浙江、安徽、福建、广西、广东等省,也以"清党"名义,对共产党人和革命人民进行大屠杀。蒋介石公开叛变革命的消息传到南昌,南昌人民立即开展了"讨蒋"运动。1927年5月1日,南昌数百个民众团体举行了"五一"劳动节纪念示威大会,5万多群众冒雨参加。会议推选出省党部、市党部、省总工会、省农民协会等9个团体组成的主席团,通过了7项重要提案,并通电全国民众,一致声讨蒋介石叛变革命的无耻行径。大会结束后,数万群众举行了盛大的示威游行,高呼"全国工人阶级联合起来""打倒摧残工人运动的蒋介石""打倒一切帝国主义与军阀"等口号。5月8日,南昌市总工会召集各界群众在顺化门大校场举行讨蒋大会,大会强烈谴责了国民党蒋介石发动反革命政变的罪行,表示要与国民党右派斗争到底。

1927年5月6日,国民革命军新编二师(驻吉安)师长叶剑英向全国通电反蒋。吉安工人连日举行讨蒋集会和游行,高喊"打倒蒋介石""国民革命万岁"等口号。5月底至6月,吉安等县分别举行由县总工会主持的规模盛大的反帝讨蒋集会游行,参加的各界群众共达万余人。

在蒋介石发动"四一二"反革命政变后,以汪精卫为首的武汉国民政府也逐渐走上公开反共的道路,日益"右转",江西工人运动面临着更加不利的局面。广东实行"清党"以后,国民党钱大钧部奉命从广东进入赣南"清党",并派一连人护送倪弼等人回到赣州,由倪弼复任赣南行政委员会委员长。倪弼再次在赣州充当屠杀共产党人和工农群众的刽子手,查封了赣州总工会,收缴了工人纠察队的武装。反动资本家和地主豪绅反攻倒算,撕毁原来签订的劳资集体合同,开除和逮捕了一大批工会骨干。1927年5月15日,赣州理发工会主席邵道源惨遭杀害,赣州城里一片白色恐怖。赣州各县的工会组织也遭到破坏,工会干部被迫害藏匿起来,整个赣南的工人运动又一次受到挫折。

江西省政府主席朱培德站在国民党右派一边,1927年6月初,其指责共产党在江西活动过于激烈,破坏了"革命联盟",制造反革命舆论。6月5日,他突然宣布南昌全城戒严,出动大批军警查封工会、农会、学生会、报社,并成立所谓"保管维持委员会",以取代省总工会,禁止工农运动,用"礼送出境"的办法,把共产党员和国民党左派代表人物逐出江西,把在南昌"四二"起义中被工农群众拘捕的AB团分子从监狱里释放出来。朱培德的叛变,使江西革命运动面临着新的危机。

1927年6月19至28日,吉安总工会委员长梁一清出席在武汉召开的全国第四次劳动大会。回吉安后不久,他便主持召开吉安各界讨蒋大会,到会的工农群众和学生达2万多人。但大会开始不久,驻吉安的国民新编第二师右派军队第一营冲入会场,大会中断。次日凌晨,梁一清带领工人纠察队,冲入敌营部逮捕了营长,收缴了武器弹药。江西省政府主席朱培德急令其第三军第八师师长朱世贵进驻吉安镇压。7月,吉安县总工会根据党组织的部署,派出训练有素的工人纠察队配合遂川、万安农民武装,与遂川"军界社"等反动武装展开激战,救出了关在遂川监狱的30余名干部和近百名工农群众。8月6日,朱世贵以召开"治安联防会议"的名义,通知机关、团体负责人到警备司令部参加会议,诱捕梁一清等人,查封工会。8月12日,朱世贵命令军警杀害了梁一清等人。

1927年7月15日,汪精卫集团发动"七一五"反革命政变,公然公开反共,随后不久即在"宁可错杀一千,不可使一人漏网"的血腥口号下对共产党人和革命群众开始了疯狂的大屠杀。至此,第一次国共合作彻底破裂,轰轰烈烈的大革命最终失败。随着江西革命斗争被血腥镇压,江西工人运动也被白色恐怖所笼罩,全省各地工会再次遭到国民党新军阀的查封,各级工会领导人惨遭杀害,江西工人运动由高潮转入低谷。

大革命时期的江西工人运动,有辉煌有挫折,有高潮有低谷,可以说在整个江西工运史上具有独特的历史地位。不仅充分展示了江西工人阶级力量的强大、政治上的成熟、斗争的英勇以及队伍的团结,而且为土地革命战争时期及以后的全省工人运动发展奠定了政治基础、组织基础、思想基础和群众基础。同时,这段历史也为我们留下了宝贵的历史经验和教训。在近代中国,工人阶级不可能像西方资产阶级共和国那样,可以通过合法的斗争来争取和维护自身权利,中国不具备这样的制度环境。要实现救国救民的理想,只有暴力革命这一条道路。从赣州"三六"惨案到九江的"三一七"惨案,再到上海"四一二"和武汉"七一五"反革命政变后共产党人和工人群众遭到的血腥大屠杀,都一再说明了中国反动势力异常强大。中国的工人阶级无法单独依靠自身力量取得革命的胜利,必须联合广大农民阶级,走工农联盟的道路。中国工人运动唯有与农民运动相结合,开启工农联合武装暴动的新革命模式,才能为中国革命的胜利带来希望的曙光。

第四章 土地革命战争时期的江西工人运动
（1927—1937）

土地革命战争时期，江西工人以实际行动支持着中国共产党领导的革命运动，和全国工人阶级一道成为了中国革命的实际领导阶级。在这个时期，江西工人不仅拿起武器消灭敌人，还在党的领导下参与苏维埃政权的建设实践，为党的长期执政积累了宝贵的经验。与此同时，江西工人阶级积极与党内的错误路线做斗争，努力减少左右倾错误路线给党的事业带来的损失。

第一节 八一南昌起义和秋收起义中的江西工人运动

1927年4月和7月，蒋介石、汪精卫相继背叛革命，导致全国革命形势急转直下。在这血雨腥风的白色恐怖笼罩下，尽管全省工会组织相继遭受破坏、工人运动受到严重打击，但是江西工人阶级仍然前仆后继，在党的领导下坚持不屈不挠地斗争。

一、南昌起义中的江西工人运动

在大革命陷于失败的危急关头，根据共产国际执委会的指示，中共中央于1927年7月12日召开了一次政治局会议，对中央进行了改组，成立由李立三、李维汉、周恩来、张太雷、张国焘五人组成的临时中央常务委员会，停止陈独秀的职务。13日，临时中央发表《对时局宣言》。武汉国民党政府发动"七一五"反革命政变以后，中共临时中央政治局常务委员会决定以党能够掌握的革命武装在南昌举行暴动,并委派周恩来组织前敌委员会,负责指挥这次起义。

当时,共产党直接掌握的武装力量有:驻九江的由叶挺率领的第十一军第二十四师、驻南浔铁路马回岭车站的第四军第二十五师(骨干是周士第领导的七十三团,该团由原叶挺独立团改编而成)、从鄂东开来九江由贺龙率领的第二十军。(以上三支力量均属国民革命军第二方面军建制,当时共产党在国民革命军中所掌握的部队几乎都集中在第二方面军内)还有朱德掌握的国民革命军第五方面军第三军军官教育团和南昌公安局的两个保安队、卢德铭等领导的原武汉国民政府警卫团(亦属国民革命军第二方面军)及中央军事政治学校武汉分校学员等。总兵力2万余人。

南昌也具备了发动武装起义的条件。1921年中国共产党成立后,毛泽东同志曾多次来到江西,深入安源煤矿,宣传革命思想,领导工人运动。大革命期间,方志敏等同志在南昌举办江西农民运动训练所,开展革命活动。1926年11月北伐军进入南昌后,江西的工农运动迅猛发展,在不到半年的时间内,全省工会会员发展到20万人,农会组织遍及54县,有会员30多万人,出现了一个工农革命运动的高潮。而且,驻守南昌的朱培德部队的大部分兵力在吉安和进贤一带,南昌城内兵力空虚,只有6个团,加上留守机关共1万余人。

1927年8月1日凌晨2时,在中共中央前敌委员会的领导下,南昌起义的枪声打响。经过四个小时的激战,肃清守敌3000余人,缴枪5000余支,占领南昌城。南昌起义连同秋收起义、广州起义以及其他许多地区的武装起义,标志着中国共产党独立领导革命战争、创建人民军队的开端,开启了中国革命新纪元。

在南昌起义前后,南昌、九江等地工人群众的积极支援也为起义的成功作出了巨大的贡献。

1927年7月下旬,党中央决定将贺龙领导的第二十军和叶挺领导的第二十四师迅速集中到南昌举行武装起义。这一行动引起了国民党反动派的惊慌,在阴谋解除贺、叶兵权未得逞后,他们破坏了通往南昌的桥梁,以图阻挡贺、叶部队过河。为了冲破敌人的阻拦,南浔铁路工人在担任涂家埠公安局长的共产党员赵相禄带领下,连夜抢修被破坏的桥梁。由铁路工人、锯木工人和其他各业工人组成的修桥队伍,克服木材、石料、道钉、工具等缺少的困难,不顾疲劳和饥饿,经过26日一整夜紧张的奋斗,大桥修好了,确保了贺龙和叶挺的部队顺利过桥抵达南昌。

1927年8月1日凌晨,起义的枪声打响后,南昌的工人、农民在中共江西省委直接领导下积极行动起来,组织了工人纠察队、农民自卫队、担架队和运输队,冒着枪林弹雨,帮助起义军救护伤员,运送物资。江西大旅社的职工主动给起义军做向导,照看伤员。工人还主动帮助起义军打扫战场,清点战俘,搬运交货的枪支弹药。工人纠察队在大街小巷巡逻,维护社会秩序。南昌一平印刷厂的工人,在起义前后日夜赶印各种文件、布告、通告等。南昌各界群众团体也纷纷行动起来,组织通讯联络队、宣传队和慰劳队,到郊区农村做宣传组织工作,动员农民准备粮食和蔬菜,支援起义军。工人还参加巡逻放哨,监视敌人行动,有的还直接参加战斗,并为此献出了宝贵的生命。

在南昌起义后部队留驻南昌的短暂几天里,南昌工人以及各界群众在全城的大街小巷到处张贴宣传标语,庆祝起义的胜利。省、市总工会与农民协会联合组织"江西民众慰劳前敌革命将士委员会"和"慰问队"等。他们举着"红匾",抬着猪羊和西瓜,敬送给起义军,表达南昌工人阶级对革命军的一片崇敬和感激之情。

江西省总工会发出通告,号召"工人们武装起来,到军队中去!"许多工人、学生和其他革命分子响应号召,参加起义军,仅加入到二十四师的就有700多人。江西大旅社工人、理发员和南昌泥水匠也在起义军的革命精神感召下,自愿报名参加起义军。许多工人纠察队员也随军南征。部分南昌瓷业工人和铁路工人被编入第九军指挥部的队伍。

南昌起义后,南京的蒋介石和武汉的汪精卫急忙调兵遣将,围攻南昌起义军。1927年8月3日到5日,起义军按计划分批撤离南昌。南昌工人、市民组成运输队伍,帮助部队运送军需物品,有的跟随队伍直到广东。南浔铁路工人破坏铁路,炸毁火车头,延缓了敌人驰援南昌的速度,保证起义部队顺利撤离南昌。8月7日,敌军占据南昌,有的工人巧妙地掩护未来得及撤离的同志安全转移;有的收藏好起义军留下的物品,包括枪支弹药;还有的工人留在郊区农村,领导农民继续斗争,牵制反动军队追击起义军的行动。

当南昌起义的消息传到抚州时,全城各界民众于1927年8月2日集会曾家园,庆祝八一起义胜利。中共临川县委紧急行动,发动工人、学生、妇女在沿途市集设立茶水站、运输队,城内则组织工人纠察队加强守卫,以防突然事变。8

月5日，抚州各界民众集队在大道两旁欢迎起义军进城。当起义军开拔时，工人、农民踊跃报名参加运输队，为部队运送军用物资，有的要求参加革命，做了光荣的革命战士。中共临川县委8月7日召开临川全县党团员活动分子会，号召全体党员、团员和工人纠察队、农民自卫军参加武装起义以壮大工农革命武装。会后，党团员争先恐后报名参加，工人纠察队和农民自卫军也积极响应号召，热烈报名，随军南征的党团员工农武装及青年学生共达400余人。

南昌起义是党领导我国工人阶级、农民阶级和其他劳动人民及革命知识分子，在与资产阶级反动派彻底决裂之后，单独地肩负起领导中国革命的伟大历史事件，是摒弃陈独秀右倾机会主义错误路线，坚决地用武装的革命去反对武装的反革命的开端。从此，中国共产党和中国人民革命战争的历史打开了新的一页。

二、秋收起义中的江西工人运动

大革命失败后，为了挽救党、挽救革命，中国共产党在汉口召开了"八七"会议，会上共产国际代表发言指出，"党的指导都是照着改良主义去决定他的策略。他不但对小资产阶级即对反动的小资产阶级也有很大的让步，对国民党的让步，甚至失掉了我们党自己的独立性。"①之后，毛泽东同志剖析了我党存在着"对军事方面，从前我们骂中山专做军事运动，我们则恰恰相反，不做军事运动专做民众运动"的问题，强调"以后要非常注意军事"，做出了"政权是由枪杆子中取得的"②的伟大论断。"八七"会议结束了陈独秀右倾机会主义错误在党内的统治，并决定在湘鄂赣粤举行秋收起义。

会后，毛泽东同志回到湖南，8月18日出席在长沙沈家大屋召开的湖南省委会议，讨论如何贯彻"八七"会议确定的新策略。苏联驻长沙领事、共产国际代表马也尔参加了会议。在讨论秋收暴动时，毛泽东同志提出：秋收暴动的发展是要夺取政权、解决农民的土地问题。要发动暴动和夺取政权，没有军事武装单靠农民力量是不行的。"我们党从前的错误，就是忽略了军事，现在应以百分之六十的精力注意军事运动，实行在枪杆子上夺取政权，建设政权"③。会议

---

① 中共中央文献研究室、中央档案馆：《建党以来重要文献选编》第四册，中央文献出版社，2011年。
② 中共中央文献研究室、中央档案馆：《毛泽东文集》第一卷。
③ 中共中央文献研究室、中央档案馆：《建党以来重要文献选编》第四册，中央文献出版社，2011年。

还决定暴动用共产党的名义来号召。

江西省委因忙于南昌起义的善后工作,未派代表出席会议。8月15日,"八七"会议文件传到江西。江西省委和共青团江西省委立即开会学习贯彻,并根据"八七"会议决议精神,制定了在江西省实行总暴动的计划。但该计划中全省总暴动的提法未得到中共中央同意。

8月30日,湖南省委接到中共安源市委关于湘赣边界工农武装力量情况的报告,立即召开省委常委会议,讨论湖南秋收暴动的最后计划。会议决定成立秋收起义党的指导机关,组成中共湖南省委前敌委员会,以毛泽东同志为书记,易礼容同志为行动委员会书记。派毛泽东同志去湘赣边界统率工农武装,组织前敌委员会,领导秋收暴动。

1927年8月下旬,毛泽东同志以中共中央特派员和湖南省委秋收起义前敌委员会书记的身份第七次来到安源,亲自部署秋收起义的各项工作。在安源张家湾的一所学校,召开了有浏阳县委书记潘心源、安源市委书记蔡以忱、赣西农民自卫军总指挥兼安福县农军负责人王兴亚以及萍乡、浏阳等各暴动地区党的负责人和军事负责人参加的著名的"安源会议"。会上毛泽东同志报告了"八七"会议的经过,宣布了湖南省委关于秋收起义和秋收起义指挥机关的决定,部署了秋收起义的日期、进军路线和口号,组成了工农革命军第一军第一师,下辖三个团。第二团成员主要就是安源工人和我党掌握的安源矿警队,还有萍乡、安福、莲花、永新、醴陵部分农民自卫军,共2000余人。第二团的任务是进攻萍乡和醴陵,向长沙取包围形势,同时不放弃萍乡、安源,以防敌人断绝退路。"安源会议"是中国工人运动史和中国工农红军建军史上一次重要的会议,是中国工人运动同农民运动、武装斗争三者开始紧密结合的重要标志。

在秋收起义前期,安源党组织领导党团员、安源路矿工人进行了组织整顿、思想动员、军事准备等一系列工作。

为了纯洁队伍,安源市委领导工人首先整顿矿警队。当时矿警队有200多人和200多条枪,是组成二团起义军的一支重要武装力量。为了把这支原属帝国主义、官僚买办的武装牢牢掌握在党的手中,党很早就派刘先胜、杨士杰、程吕仁等党团员打入了矿警队,团结了大多数矿警队班、排以上的干部骨干。但是,在即将举行起义时,以矿警队队长陈鹏为首的七八个反动军官密谋勾结封建军阀改编矿警队,并企图把矿警队拉到武汉去投靠反革命军队。安源市委知道这一情况后,立即派杨士杰等同志连夜出击,就地解决了陈鹏等八名反动军官,使这支长期为帝、官、封服务的武装完全掌握在我们党手中,为秋收起义作好了武装准备。

根据上级指示,安源党组织还对群众进行思想动员,他们在工农群众中公开提出了响亮的战斗口号:"暴动!打倒国民党!暴动!杀土豪劣绅!暴动!农民夺取土地!"并大力宣传到农村去,领导农民恢复农民协会,杀土豪劣绅;到军队去组织士兵,进行暴动建立工农革命军;到工厂去组织工人,进行城市斗争。同时,工人们还通过歌谣进行宣传:"我本是工人,千年痛苦都受尽,齐心团结是力量!杀土豪,除劣绅,推翻国民党,奴隶翻身作主人!""枪口对敌人,挽救大革命……!"体现了安源工人参加起义的决心和勇气。

为了夺取秋收起义的胜利,狠狠打击敌人,工人们又进行了紧张的练兵活动,苦练杀敌本领。没有步枪,他们就打土枪,土枪不够,就赶制梭镖、大刀、矛子等武器。工人们个个斗志昂扬,满怀豪情地唱道:"干革命,心要强,没得洋枪扛土枪,梭镖矛子好武器,锄头扁担当刀枪,只要武器抓到手,幸福的日子万年长。"第二团当时下辖三个营九个连,另有直属机枪连、特务连、宣传队和卫生队,这支工农武装当时拥有步枪700余支、机枪2挺,其余1000多战士都用梭镖、大刀等武装了起来。工农革命军第一师第二团是秋收起义的三大主力之一,在秋收起义中发挥了重要的作用。"以安源工人为主体的工农革命军第二团是起义部队'颇具特色'的一个团。"

1927年9月9日,湘赣边秋收起义爆发,毛泽东同志提出:我们应高高打出共产党的旗子,以与蒋介石、唐生智、冯玉祥、阎锡山等军阀打的国民党旗子相对。国民党旗子已成军阀的旗子,只有共产党的旗子才是人民的旗子。

1927年9月10日晚,工农革命军第二团从安源出发,11日和12日两次攻打萍乡县城未克。12日上午,全团乘火车攻醴陵,在老关车站歼敌一个排,当天下午攻克醴陵城,救出被捕同志数百人,成立醴陵县工农革命委员会。13日,因获悉敌军准备把起义军包围在醴陵,第二团为争取主动,便在当晚11时撤出醴陵县城,折回老关,再向北进攻浏阳。15日早晨,第二团顺利攻克浏阳县城,却因孤军深入,加之团长王兴亚指挥失误,17日下午遭敌优势兵力包围袭击,部队被打散。一些同志与组织失去联系,便到周边地区隐蔽起来进行革命活动,后来找到了湘东南特委领导的游击营继续革命。剩下120多人到浏阳文家市与第一、三团会师,跟随毛泽东同志上了井冈山。

第二节　井冈山斗争时期的江西工人运动

从 1927 年 10 月到 1928 年 2 月,以毛泽东为书记的前敌委员会领导井冈山军民,利用国民党新军阀之间发生战争,敌人在井冈山地区兵力空虚的大好时机,采取积极发展的方针,逐步开创了工农武装割据的新局面,建立了中国第一个农村革命根据地——井冈山革命根据地。在这里,江西工人运动也迎来了新的发展。

一、大力恢复工会组织

1927 年 10 月,毛泽东率秋收起义部队进驻井冈山的宁冈后,随着工农革命军攻克莲花、遂川、永新等县城,这些县的总工会也立即恢复组织和活动。

1927 年 11 月,工农革命军攻占了茶陵县城,成立了湘赣边界第一个红色政权——茶陵县工农兵政府,同时重建县总工会,谭震林任主席。接着,江西的宁冈、安福、万安、萍乡、新余等县工会也先后建立或恢复。

1928 年 5 月下旬,成立了湘赣边界工农兵政府,5 月 20 日在茅坪召开了边界党的第一次代表大会,选举了湘赣边界特委,毛泽东同志担任特委书记。同年 5 月,两三百名安源工人和长沙学生克服重重困难,辗转到井冈山加入红军。萍乡小西路有安源工人参加的游击营在刘型和张汝泉的率领下,也上了井冈山。1928 年 11 月,重新成立中共井冈山前敌委员会,前委由毛泽东同志、朱德同志、1 名工人同志、1 名农民同志和 1 名地方党部书记 5 人组成,毛泽东同志为书记。下设秘书处,宣传科、组织科、军事委员会、防务委员会、职工运动委员会。

1928 年 12 月 9 日至 12 日,中共江西省第二次代表大会在湖口县召开,会议决定"今后党应当将职工运动作为党的第一主要任务,努力建立赤色工会"。由于江西的工会组织和工人运动在战争中遭受严重摧残,为了恢复和发展工人运动,江西省委决定在九江、南昌、吉安、赣州、景德镇等地恢复工会组织、发展工人斗争。

1929年1月,毛泽东、朱德、陈毅率红四军向赣南、闽西挺进,开辟了赣西南、闽西革命根据地,并号召工人组织工会。

在赣东北,1929年5月至1930年12月,弋阳、德兴、贵溪、万年、上饶、鄱阳等县总工会先后建立。

二、积极开展罢工斗争

从1927年冬到1930年春,在省委和当地党组织的领导下,江西工人阶级组织爆发了多起政治的、经济的罢工斗争。

在九江,1927年12月11日,数万工人和市民举行反英示威大会,最终通过了"惩办凶手"等五项提案。在景德镇,1928年5月,各业工人4000余人相继举行7次罢工。在南昌,1929年5月,在共产党员谢子林等的领导下,南昌针织工人4000余人举行罢工,要求增加工资三成,改良工人待遇,经过与资本家十余次谈判,最终资方同意提高工资一成。在萍乡安源、乐平鸣山、大余西华山等工矿区,也先后爆发了罢工斗争。在泰和,1929年春3000多名木排工人为了增加工资、改善伙食等而举行罢工。

这一系列的罢工斗争,维护了广大工人的利益,遏制了国民党的嚣张气焰。但是,省委在领导工人运动中,没有充分利用合法形式,过分强调建立赤色工会,由此造成了一定的损失。

三、创建工厂支援战争

井冈山斗争时期,我们党依靠工人建立了很多工厂,有力地支持了井冈山的斗争。

创办红军被服厂。1927年12月,为了解决给养困难,毛泽东指示余贲民负责,将打土豪得来的布匹,征请茅坪、大陇等地裁缝师傅二三十人进行被服军需生产。1928年1月,在宁冈县桃寮张家祠正式建立被服厂,工人三四十人。毛泽东亲自书写厂牌——"中国工农革命军被服厂"——可惜这块厂牌被国民党军烧毁。被服厂采取按劳取酬,一套衣服付给工人130个铜板。被服厂的开办解决了红军将士们的穿着问题,支持了井冈山斗争,也为人民军队后来的军需产业发展积累了经验。

创办红军军械处。红军军械处源于袁文才1926年12月创办的枪械修理所。1927年10月,毛泽东上井冈后,听说袁文才有个修械所,便与袁文才商定,在工农革命军中找来几个懂修枪的战士,将修械所增加到八九人,并改称为"工农革命军第一师修械所"。井冈山会师后,枪支显得特别紧张,毛泽东、朱德、陈毅商议抽调一批湖南水口山铅锡矿工出身的战士,充实到修械所,并正式改为"军械处",工人增加至20人。工人们忘我劳动,不仅源源不断把修好的枪送往部队,还造出了土炮。军械处规模不断扩大,工人经过反复试验,还成功制造了"来火枪""单响枪"。

创办红军造币厂。秋收起义部队上井冈山之前,王佐曾建立一所有3名工人的造币厂自制银元。1928年5月下旬,湘赣边界工农兵政府成立以后,在原造币厂基础上创办上井造币厂。造币厂使用的原材料主要来源于打土豪所得的各种银质器具。为使这种银元与历代官府生产的银元有所区别,造币厂工人师傅在银元上凿了"工"字,边界军民称之为"工字银元"。刚开始,"工"字银元流通到市场后,商人和群众感到生疏,有点不敢用。后来,经各级苏维埃政府大力宣传,广大群众和外地商人得知这是红军工厂铸造的,又是纯银,便纷纷使用。湖南桂东、炎陵县及江西万安、泰和等地的商人冲破国民党军封锁,偷运各种物资到根据地内进行物资交易,使"工"字银元得以在井冈山根据地内外广泛流通,进一步扩大了井冈山革命根据地的政治影响。在井冈山红军造币厂的基础上,以永新为中心的湘赣省苏维埃政府创办湘赣省造币厂,继续大量生产工字银元。中华苏维埃共和国临时中央政府成立后,则大量发行苏区的钞票。造币厂有效缓解了根据地的经济困难,对打破国民党军的经济封锁发挥了重要作用,为中央苏区乃至后来的新中国货币制造积淀了经验。

创办红军石印厂。1928年5月,红军在永新战斗中缴获了一部石印机。红军没有印刷厂,军部却有许多毛泽东亲自起草的文件、布告、宣传品需要印刷,大家通过摸索尝试,在实践中掌握了使用方法。

第三节 中央苏区的工人运动

江西是共和国的摇篮。苏区工人运动是中国工人阶级参与政权建设的最早实践。毛泽东、朱德在领导创建中央革命根据地的斗争中十分重视根据地工人运动的开展。

赣西南苏区和闽西苏区各县,1930年春就普遍成立了县总工会或职工联合会,同年秋又成立了江西省赤色总工会和闽西总工会。

为加强对苏区工会工作的领导,1930年底,中华全国总工会派蔡树藩、陈佑生从上海进入中央苏区,筹建全国总工会苏区执行局。1931年春,原全国五金职工工会委员长梁广又来到中央苏区。同年二三月间,中华全国总工会苏区执行局在吉安县富田正式成立,不久又创办了《苏区工人报》。

1931年11月7日,中华苏维埃第一次全国代表大会在瑞金开幕,宣告中华苏维埃共和国临时中央政府成立,瑞金成为全国苏维埃运动的大本营。中华苏维埃第一次全国代表大会通过了《中华苏维埃共和国劳动法》。1933年初,中华全国总工会随同临时中央机关从上海搬迁到瑞金,与全总苏区执行局一同驻在枣子排村,并更名为中华全国总工会苏区中央执行局,刘少奇为委员长,陈云为副委员长、党团书记。全苏区有工会会员36万人,中华全国总工会苏区中央执行局就成了指挥全国各革命根据地工人运动的司令部。此后,苏区中央执行局在刘少奇、陈云等领导下,配合党中央和苏维埃临时中央政府各个时期的中心任务,积极开展了苏区工人运动,团结和组织苏区工人,积极参加土地革命斗争,巩固和保卫苏维埃政权,贯彻落实苏维埃政府颁布的劳动法令,积极参加苏维埃国家的经济建设、文化建设、参军参战、支援革命战争,改善工人的工作和生活条件,提高自身的政治思想觉悟和文化知识水平,为中国革命作出了重要贡献。

一、参加苏维埃政权建设

(一)组织职工参加民主选举

中国共产党在领导创建苏维埃政权时,重视发挥工会组织的作用,强调要在代表选举办法上给工人阶级规定较为优越的条件。从1931年至1934年1月,苏区各级苏维埃开展多次民主选举活动。每次选举中,广大工人群众都认真地选出有威信、有能力、热情为人民办事的优秀工人当代表,发挥工人阶级在苏维埃政权中的"柱石"作用。1931年11月,赣东北省苏维埃政府成立时,省苏维埃执行委员会的11名常务委员中有5名是工人。在1933年冬,在第二次全国苏维埃代表大会而进行的选举运动中,各省苏维埃代表大会的代表,其工人占比为35%到50%,工人成分大大增加。

(二)培养、选拔、输送工人干部

1931年10月,湘鄂赣省第一次工人代表大会决定,"每县每半年要开办一次工人干部训练班"。修水、铜鼓、万载等县如期落实了这一决定。1932年3、4月间,湘鄂赣省赤色总工会在万载小源开办工人干部训练班,培养学员近100名,这些经过培训的学员被分配到各级苏维埃政府工作。湘赣省职工联合会根据中共湘赣省委关于"培养与提拔工农干部到苏维埃政府做事"的要求,与省雇农工会合作,于1932年8月在永新举办一期工农干部学校,培养学员120人,学员毕业后全部分配到苏维埃政府和红军中担任领导工作。1931年底至1932年,各级苏维埃政府设立工农检察委员会,由同级工会输送骨干担任委员或通讯员,监督国家工作人员履行职责。据1932年5月中共湘赣省委组织部统计,由省职工联合会输送到全省各级苏维埃政府工作的工人干部共232人,占干部总数的30%以上。到1933年底,中央苏区各级工会输送到各级党、政府和红军中工作的工人干部达万余人。在各级苏维埃政府的负责人中,工人干部占二分之一或三分之一。1933年4、5月,刘少奇主持召开的中国农业工人与中国店员手艺工人代表大会,对继续加强苏维埃政府建设做出决议:要求各级基层工会选拔70名干部由全总苏区中央执行局转到中央政府去工作。由于苏区各级工会积极地为苏维埃政府培养、输送工人干部,苏区各级政府中工人干部占较大的比例。特别是各级苏维埃政府的劳动部门和工农检察部门,大多数是依靠工会输送的干部组建起来的。

(三)建立和维护工会与政府的正确关系

按照中共中央和全国总工会的规定,苏区各级工会经常教育、组织工人拥护、支持苏维埃政府的工作,遵守和执行各级苏维埃政府的政策法令。1932年2月,在闽赣两省工人代表大会上作出的《组织问题决议》,详细提出了工会应领导工人帮助苏维埃政府推行一切法令、政策,协助苏维埃成为强有力的工农政权。但在实际工作中,有些地方出现工会与政府关系不够协调甚至严重对立的情况,工会代表工人,而苏维埃代表农民,双方关系被割裂开来。这种错误被纠正以后,又出现另一种倾向,即"工会成为政权下的附属组织"。在湘鄂赣省的工会干部中,关于工会与苏维埃的关系问题还曾发生过所谓"叔侄关系"的争论。对此,各苏区的党、政府和工会根据中共中央和全国总工会有关文件精神,对工会与政府关系之间存在的问题,作了纠正和规定。1931年9月,中共湘赣临时省委在《赤色工会暂行组织法》中规定:第一,工会不能与苏维埃对立,形成第二政权机关,或代替政权机关工作,一切苏维埃的法令、布告、决议,工会都应当执行,并领导贫民、农民及其他劳动群众执行。第二,工会有自己独立的组织系统,不是苏维埃的附属机关。苏维埃不能直接地命令工会,组织工会不需经过苏维埃政府的批准及其他手续,工人群众有组织阶级工会的自由权,苏维埃政府应当给予法律上的保障。第三,工会应该成为苏维埃政府最主要的群众基础。工会要积极拥护苏维埃,领导工农群众参加巩固和发展苏维埃根据地的斗争。第四,苏维埃政府应当有积极的工人代表参加实际的领导工作,工会更要参加苏维埃经营的企业中的管理委员会,管理苏维埃国有企业。第五,苏维埃的工作人员有错误缺点时,工会和工人代表有权直接向苏维埃提出批评、抗议,或在代表大会上申诉,并有权提议改造和处罚苏维埃政府工作人员。第六,工会及其工作人员如有违反苏维埃法令的行为,苏维埃政府可以用行政手段给予纪律的制裁。

二、召开五大产业工人代表大会

中国农业工人第一次全国代表大会于1933年4月1日在瑞金召开,选举产生了中国农业工人工会中央执行委员会。朱地元任委员长,李文棠、张念仁任副委员长。中国农业工人工会内设组织部、社会经济部、文化教育部、青工部、女工部等工作部门,办公地点为瑞金县城北门。

中国店员手艺工人代表大会于1933年5月1日在瑞金召开,选举产生了中国店员手艺工人工会中央执行委员会,选举邓振询为委员长,后由罗梓铭继任。委员会内设青工部、女工部、纸业部等工作部门,机关设在瑞金城北双清桥头。

中国纸业工人第一次全国代表大会,于1933年7月1日在瑞金召开,选举产生了中国纸业工人临时中央执行委员会,罗梓才任委员长。

中国苦力运输工人第一次全国代表大会,于1933年9月1日在瑞金县清水乡枣子排村召开,选举产生了中国苦力运输工人工会临时中央执行委员会,委员长王贤选(王中仁),副委员长谢瑞生。内设组织、青工、社会经济、女工、船排、文教等部和赣江办事处等部门。

中国国家企业第一次工人代表大会,于1934年7月1日在瑞金召开,选举产生了中国国家企业工人工会临时中央执行委员会,委员长邱荣生,副委员长陆宗昌。

三、参加查田运动

1933年4月到1934年6月,中央苏区开展查田运动。1933年4月召开的中国农业工人第一次代表大会上通过了《关于苏区查田运动的决议》,要求农业工人担起开展查田运动的领导重任。同年6月1日,中央政府发出《关于查田运动的训令》。6月2日,中共苏区中央局作出《关于查田运动的决议》。毛泽东具体阐明了查田运动的目的与路线,提出以工人为领导,依靠贫农,联合中农,削弱富农,消灭地主的政策。6月30日,全总苏区中央执行局号召广大苏区工人和工会在查田运动中贯彻执行苏维埃临时中央政府的训令,积极勇敢地检举揭发暗藏的地主、富农和阶级异己分子,同他们做斗争。

1933年9月,中共苏区中央局作出《关于查田运动的第二次决议》,提出要"纠正查田运动的错误"。10月10日,苏维埃临时中央政府颁发毛泽东主持制定的《关于土地斗争中一些问题的决定》和毛泽东撰写的《怎样分析农村阶级》。为贯彻落实相关精神,刘少奇分两次主持召开中央苏区农业工会12县查田大会,570多名农业工会支部主任出席会议。刘少奇在会上强调参加和领导查田运动是目前工会在乡村的中心工作,应抓紧与加强领导,尤其是乡村中的工会支部,必须召集各种会议,采用一切方法来动员工人、雇农参加查田运动。会议强调应组织与发挥所有农村工人的积极性,使他们成为查田运动的先锋。瑞金、兴国、于都等10个县共有17230名农业工人参与贫农团,投入查田运动。大会之后,开始纠正过去查田运动中"左"的错误。

四、冲破经济封锁

国民党反动派对苏区连续发动军事"围剿"的同时,在经济上实行残酷封锁,造成苏区工业品奇缺、价格昂贵,而土特产品滞销、价格猛跌,给苏区广大军民的经济生活造成严重困难。为了解决物质需要,保障军需民用,中央苏区的工人阶级和广大军民一道,紧密团结在党、苏维埃政府和工会组织的周围,发扬自力更生、艰苦奋斗的革命精神,履行恢复和发展苏区经济事业的职责。

1932年开始,国民党对苏维埃区域实行严密的经济封锁,企图建立纵深

260里的封锁网来破坏苏区的经济生活。在苏区周围划封锁区,在水陆交通要隘设置检查卡,食盐、布匹、药材等日用品和军需物资被禁运。

为打破敌人的封锁,1932年春至1933年初,苏区各级工会协助政府建立5条从苏区通向外地的秘密交通运输线:一是汀州至瑞金,即从闽西南通向苏区的路线;二是广昌经宁都至瑞金,即从赣东北通向苏区的线路;三是经兴国至瑞金,即从赣中各地通向苏区的线路;四是门岭经会昌至瑞金,即从广东通向苏区的路线;五是赣州至瑞金,即从河道通向苏区的运输线。这些运输线多数是崎岖小道,越过崇山峻岭,全靠肩挑手提,运输极其困难,而且敌人封锁严密,过程异常危险。如1933年,江口办事处100多条船遭敌袭击,不少船工在和敌人战斗时英勇牺牲。

除组织专门的运输队伍外,全总苏区中央执行局还在白区建立物资供应点及贸易关系,解决苏区购销人员的住宿及业务联系,开辟进出口物资渠道,建立经济情报网。沿河则建立河流游击队、永定通讯站等武装组织,保证运输线的畅通。

苏区工人在一无技术二缺原材料三缺工具、模具、设备的极端困难条件下,靠自己的双手创办了军事工业(兵工厂、被服厂、纺织厂等)。工人不论严寒酷暑、夜以继日地工作,使枪支弹药、军衣军鞋等军需品,源源不断地供给前线。与此同时,苏区大力发展手工业生产,兴办各种生产合作社,充分发挥苏区手工业工人的生产优势。据不完全统计,从1933年8月至1934年2月,中央苏区生产合作社从75个发展到176个,半年时间增长了2倍多。苏区经济的不断发展,不仅增加了财政收入,保障了革命战争的供给,而且支援了农业,改善了人民生活,对于打破敌人的军事"围剿"与经济封锁,保卫红色政权发挥了重要作用。

五、组织工人学习文化技术

中华苏维埃共和国临时中央政府成立后,瑞金成为全国苏维埃工人运动的大本营。苏区各级工会发挥教育引导作用,因地制宜、因陋就简地采取多种形式,动员工人群众提高文化素质和政治素质,使其成为阶级斗争的坚强队伍。中央苏区地处偏僻山区,工人文化水平低,工人中不识字的占80%以上。为了提高工人的文化素质和政治素质,各级工会因陋就简,因地制宜地创办工人夜校、工人俱乐部、识字班、读报组、训练班等。他们用《工农三字经》《救穷歌》《土豪恶》等以苏区革命为题材的扫盲政治课本进行教学,很受学员的欢迎。他们反映说:"三字经真好,学了文化懂政治。"据1932年12月江西苏区的统计,江西苏区开办工人夜校3298所,学员52292人;识字班19812个,学员87916人。工人夜校和识字班为工人扫盲提高文化起了重要作用。

六、维护工人的合法权益

苏区工会积极发挥维护工人权益的作用。各地工会和各产业工会纷纷制订具体的斗争纲领,并以中华苏维埃共和国制定的《劳动法》和斗争纲领作为订立集体合同与劳动合同的主要内容,主张"劳资两利",依法维护自己的合法利益。在工厂、作坊、商店中实行男女同工同酬,缩短了学徒年限,废除了封建压迫。工会在苏维埃的帮助下,组织失业工人生产自救,向生活困难的工人发放临时救济金,使工人的基本生活上有了保障。这一时期工会工作的理论与实践,为党在整个新民主主义革命时期的工会工作积累了丰富的经验,为党的工会工作走向成熟发展奠定了重要基础。

七、组建红军工人师

在1933年春的第四次反"围剿"战争中,全总执行局为响应党中央提出的"在全中国各苏区创造一百万铁的红军"的号召,在苏区农业、店员手艺工人两个代表大会上,讨论了"扩大红军"的问题,由"少奇和陈云同志提出(经党中央同意),以全国总工会的名义,号召中央苏区工人带头参军,创建中国工农红军工人师"。之后,陈云始终关注工人师的筹建工作,对于组建过程中的延缓行为和错误做法给予了严肃批评。在刘少奇、陈云的倡导下,经过各级工会的努力,成千上万的具有高度觉悟的工人群众争先恐后地报名参军。

1933年8月1日,中国工农红军警卫师(工人师)在瑞金正式宣誓成立。至9月,全师共1.26万人,担负着保卫红色首都的任务,积极肃清苏区内反革命残余势力。在工人师成立后,陈云继续认真地做好"扩红"工作,1933年2月至1934年9月,中央苏区扩大红军总数为11万多人,其中工人占参军人数的30%,1/4的工会会员参加了红军。据1934年6月30日全总执行局组织部统计,在这年的五月扩红突击运动中,中央苏区增加红军新战士3万余人,其中工人占30%;加入红军的工会支部有160个,工会小组长以上干部1000余人。成绩最好的瑞金县有1290名工人、40个工会支部加入红军。湘赣苏区于1933年5月至11月动员3000名工人,组成一个红军干部无产阶级模范营和一个工人营。1933年1月,闽浙赣总工会做出《关于组织无产阶级团的决议》,决定单独组建无产阶级团编进红军部队。同年3月18日,409名工人组建成第一个无产阶级团。5月12日,又有520名工人组建了第二个无产阶级团。1934年1月,以工人为主体的无产阶级团与农业工人团被合编为红十军第三十师,并在第五次反"围剿"战争中勇敢善战,有力地支持了革命战争。同年10月,红十军组成北上抗日先遣队出击皖南后,这个师成为留守闽浙赣苏区以及随后转入游击战争的主力。此外,1933年9月20日,湘鄂赣省也正式成立了工农团。

八、开展拥军优属

1931年,中华苏维埃共和国颁布《中国工农红军优待条例》和《红军抚恤条例》,提出"红军战士,及其家属,应得苏维埃共和国的优待"。苏维埃区域各级工会普遍注意了拥军优属工作。

1932年4月,湘赣省职工联合会在布置工作时,要求全省各级工会组织"加紧扩大红军与拥护工作……并号召各种群众团体拥护红军委员会加紧拥护红军工作"。

1933年1月,闽浙赣省总工会在组织无产阶级团的工作中,要求各级工会"除慰劳红军工作,除要动员工人群众来积极慰劳红色战士外……要动员未当红军的工人群众来加紧对参加红军之工人雇农家属的慰劳工作"。同时还组织工人去帮红军家属做一天工,免费给红军家属送箕器、木器等农用品。并强调以后各区工会及乡委员会把优待慰劳慰问红军家属工作列为经常的工作之一,督促检查这一工作的执行成绩。

1933年9月2日,湘赣省店员手艺工人工会提出,动员工人参加共产党领导的礼拜六工作,帮助红军家属耕种。并要求各级工会,动员工会会员参加秋收队、秋耕队,帮助红军家属秋收秋种。同年9月23日,湘鄂赣省赤色职工联合会女工部召开各县女工部长联席会,制定女工革命竞赛条例,提出每个劳动女工每月要供给1斤干菜给红军食用,打50斤干柴给红军烧,每月有女工单独慰劳红军医院1次等。

1934年3月,中华全国总工会在给赤色职工国际的报告中对苏维埃区域工会的拥军拥属工作给予了高度评价。报告指出,在慰劳红军帮助红军家属方面,工会也起到了最积极的作用。

九、支援红军长征

1934年4月,蒋介石指挥50万兵力分六路向中央苏区腹地推进。由于王明"左"倾教条主义错误的严重干扰,毛泽东对苏区党和红军的正确领导被排斥,中央苏区的革命和建设遭受严重挫折,第五次反"围剿"战争遭遇失败。在中央苏区的军事形势日趋恶化的情况下,中共中央决定红军主力撤离苏区,实行战略转移。1934年10月中旬,中央党政军领导机关和红军主力约8.7万人,被迫撤离中央苏区,实行战略转移突围长征。苏区各级工会和广大职工大力支援和参加筹款集物、抢架浮桥和分散遗留物质等各项转移工作。

全总苏区中央执行局从1933年初成立至1934年10月撤离,在瑞金历时1年零10个月。在全总苏区中央执行局领导下,苏区工人运动创造了工运史上诸多的第一。这一成绩得到了毛泽东的肯定。1934年1月,毛泽东在第二次全国苏维埃代表大会的报告中总结苏区工会的成绩与经验时指出:苏区工会是组织坚强的阶级工会,是苏维埃政权的柱石,是保护工人利益的堡垒,是广大工人群众学习共产主义的学校。

第四节 "左"倾错误的危害和苏区工会的纠"左"努力

1931年后,苏区工会运动蓬勃发展的时候,遭受了王明"左"倾冒险主义的严重危害。其在工运领域具体表现为:工会会员发展中的"左"倾关门主义、组织机构上的形式主义、机械执行劳动法、过火的经济斗争等,这些给苏区工会运动造成了空前的灾难,给党的革命事业和工运事业造成了巨大的损失。

一、王明"左"倾冒险主义错误的危害

王明是1925年秋被党组织派到莫斯科中山大学学习的。他读过一些马克思主义的书籍,但对中国革命的理论和实践没有深入了解。在莫斯科中山大学

学习期间，王明和莫斯科中山大学的同学结成宗派集团，自封为"百分之百的布尔什维克""二十八个半布尔什维克"。1929年4月，他由莫斯科回到上海，先后在中共沪西区委、沪东区委、《红旗》报编辑部、中央宣传部以及全国总工会等部门工作，并在《红旗》《布尔什维克》等报刊上发表许多文章，系统地宣传"左"的思想和主张。他虽然对李立三的"左"倾错误有过批评，但其基本观点也属于"左"倾，甚至比李立三更"左"。

王明"左"倾冒险主义路线过分夸大了国民党的统治危机和中国共产党革命力量的发展，在白区和红军根据地的各项工作中，执行了一系列的"左"倾冒险主义的方针。

第一，在"布尔什维克"的"全线进攻"口号下，在白区实行冒险主义的方针。该路线拒绝在形势不利的情况下实行必要的退却和防御措施，拒绝利用一切合法的可能，强调组织庞大的没有掩护的党的机关和各种各样名目繁多脱离群众的群众组织，脱离实际地要在敌人力量强大的城市开展工人罢工斗争以配合红军夺取中心城市。

第二，在红军革命战争问题方面，总是梦想城市工人斗争和其他群众斗争能够突然冲破敌人的统治，尤其要求红军攻打大城市并占领大城市，而忽略了广大的中国农村地区。在战争中，该路线否认敌强我弱的前提，用阵地战和单纯依靠主力军队的所谓"正规"战，来取代游击战和带游击性的运动战，用速决战代替持久战，把诱敌深入斥为"退却逃跑主义"。

第三，在对待革命根据地方面，不了解当时中国革命的特点，低估了农村的革命战争，特别是农民游击战争和乡村革命根据地的重要性，反而将城市作为一切工作的重心，要求乡村工作服从城市工作，要求红军去攻占大城市和中心城市。即使在1933年之后，城市工作遭受极大破坏，临时中央被迫离开城市迁入根据地，他们依然用错误的城市观点指导红军战争和根据地的各项工作，导致红军战争和根据地工作也受到严重破坏。

第四，在土地问题和其他问题方面，低估了农民反封建斗争在中国革命中的决定作用。王明"左"倾路线害怕承认红军运动是无产阶级领导的农民运动，在农村政策中施行了一系列过"左"的政策，如"地主不分田、富农分坏田"，在经济上消灭富农，在肉体上消灭地主。该路线还提出剥夺一切剥削者的选举权与被选举权的"左"倾政策；提出了过"左"地对待知识分子的政策和过"左"的肃反政策,使革命任务被歪曲,革命势力被孤立,红军运动和根据地建设遭遇挫折。

二、中央苏区工会纠正"左"倾偏差的努力

(一)恢复和重建受"左"倾错误影响的工会组织

1930年9月20日,中共中央召开六届三中全会,会议通过的《职工运动议决案》指出:"为着加强苏维埃区域内赤色工会的发展起见,应当派出大批的工会干部,到苏维埃区域去领导工会运动,应当有系统地建立当地统一集中的产业工会和手工业工会联合。中央临时政府的所在地,中华全国总工会要设立苏维埃区域的执行局,派得力的全总执行委员去主持以统一当地工会运动的指导。"10月,全国总工会召开常委会通过了《组织决议案》,指出:"苏维埃区域的工会,有他的特殊作用,要使无产阶级能够真正起领导作用,首先是要注意工人的组织,发动工人群众对苏维埃政权的拥护。"并提出,"应当即刻召集全苏维埃区域工人代表大会,讨论提出纲领,成立集中统一的指导机关。"会议讨论并决定在苏维埃区域中设立全国总工会苏区执行局(简称"全总苏区执行局"),以便加强苏区工人阶级的领导,发挥工人阶级在巩固苏维埃政权中的作用。全总的这一决定对苏区工会的组织建设起了推动作用。

1930年底,全国总工会派蔡树藩、陈佑生从上海到中央苏区,筹建全总苏区执行局。为了加强对这一工作的领导,翌年初,又派全国五金职工会委员长梁广来中央苏区。经过紧张的筹备,全总苏区执行局于1931年2月在江西的吉安富田正式成立。主任梁广,组织部长陈佑生,社会部长蔡树藩,宣传部长兼秘书长倪志侠,全总苏区执行局的办事机构,与江西省赤色总工会合署。7月,经兴国迁至瑞金叶坪。1932年3月,梁广调福建省委任职工部长,陈寿昌调任全总苏区执行局主任。

全总苏区执行局是中央苏区工人运动的最高领导机构。从它成立到全国总工会迁入中央苏区的两年时间里,整个中央革命根据地的任务是粉碎国民党反动派的一、二、三次反革命"围剿"。全总苏区执行局忙于战争,忽略了工会本身的工作,加之王明"左"倾冒险主义、关门主义路线的影响,致使一些基层工会未能成为完全的阶级工会,甚至有的企业主、老板、和尚、道士、阴阳地理先生都加入了工会。因此,在全总苏区执行局成立不久,中共苏区执行局就下达了《关

于工会运动与工作任务》通知,要求全面整顿中央苏区各级工会组织。据此精神,全总苏区执行局做出决定,号召各地要建立真正的阶级工会,把非阶级分子从工会组织中洗刷出去。在全总执行局的指导下,中央苏区的瑞金、兴国、赣县、万(安)泰(和)县等总工会进行了改组。经过整顿,中央苏区工人运动迅猛发展,有15个县的总工会和基层工会重新恢复和建立。

1931年11月7日,中华苏维埃第一次全国代表大会在瑞金召开,并宣告中华苏维埃共和国临时中央政府成立。在这历史性的新局势面前,全总苏区执行局担负着领导全苏区工人阶级拥护临时中央政府,巩固苏维埃政权,扩大红军,保障工人阶级的利益和权利,建立群众的阶级工会,巩固工会在群众斗争中的领导地位,争取全中国苏维埃的胜利和工人阶级的解放的重大历史任务。为实现这个任务,全总苏区执行局决定,于1932年"二七"九周年纪念日召开闽赣两省工人代表大会。为了开好这次大会,派梁广到闽西,蔡树藩到兴国、会昌、于都,倪志侠到瑞金,陈佑生到湘赣、湘鄂赣等地去考察、指导工作,制定和颁布了《苏维埃区域工会组织大纲》,编写了《两省工人代表大会问答》和《两省代表大会工作指导》等小册子,宣传工会的性质、任务及其作用。1932年2月7日上午,闽赣两省工人代表大会隆重开幕。中共苏区中央局代表周恩来、临时中央政府代表项英、少共中央局代表顾作霖、中央军委代表叶剑英、总政代表李卓然、少先队代表王盛荣、中共福建省委代表李明光、中共江西省委代表刘其跃等在会上致词,陈寿昌主任致开幕词,一致强调要充分发挥工人阶级和工会组织的作用,阐述了工人阶级在建设苏维埃政权中的重要性。特别是2月8日,周恩来向大会作的政治报告明确指出,"目前正进行着残酷的革命斗争,要夺取革命的胜利,必须加强工人阶级的领导,要使工会成为苏维埃的柱石,要使工人阶级成为扩大红军参加革命战争的中心力量,要使工人阶级在一切群众斗争和各种运动中都成为领导力量。"报告极大地振奋了与会代表和整个工人阶级的精神。大会提出了工会在斗争中的十大任务,选举产生了江西和福建两省的职工联合会执行委员会和雇农工会执行委员会。这次大会是健全中央苏区工会组织的第一步,是落实"一苏大"各项任务的一项重要措施,把工会组织活动引向了一个新的阶段。它标志整个苏维埃区域的工人运动进入了一个历史转折点:一方面,它纠正苏区过去工人运动中"左"的错误,另一方面,发起了拥护"一苏大"和临时中央政府的群众运动,使以工人阶级为领导,工农联盟为基础的苏维埃政权有了坚实的群众基础。

1933年初,中华全国总工会改名为中华全国总工会苏区中央执行局(简称全总苏区中央执行局),委员长刘少奇,副委员长、党团书记兼社会部长(管白区)陈云。原全总苏区执行局撤销。

全总苏区中央执行局成立后,竭力排除"左"倾路线对工会组织建设的干扰,努力健全和完善中央苏区各级工会组织。在此之前,中央苏区各级工会只有地方省、县、区、乡工会的联合,没有建立系统的产业工会。全总苏区中央执行局建立后,结合根据地工人运动的特点,在短短的一年多时间内,先后建立起五个产业工会组织。

(二)与工会组织发展会员中的"左"倾错误斗争

苏区各级工会组织在恢复、发展与完善的过程中,围绕着工会会员成分、"左"倾错误等问题展开了激烈的斗争。其中,在工会会员成分问题上,就"独立劳动者"的提出与演变展开了争论。

1930年2月15日,《全总通讯》第一期刊登了《苏维埃区域工作大纲》。其中第五点提出:凡是自己没有生产工具被雇于人而依赖自己的劳力所卖得的工钱为生活者,才算是真正的工人;凡手工业如理发、裁缝、木匠等带有学徒、助手、雇工的店主或老板,他们虽然自己参加劳动,但他们同时又是剥削别人劳动力的,这当然不能算是工人加入工会;就是没有带学徒、助手或雇工的独立劳动者,因为他们没有雇主的剥削,所以也不能算是工人加入工会。《大纲》把手工业工人划为"独立劳动者"而排斥在工人队伍之外,认为手工业工人不是工人阶级的成员,不能成为工会会员。出现这一问题,主要是由于在半殖民地半封建社会的中国,对于如何区分偏僻乡村的工人阶级和其他阶级这样复杂而又没有前例的问题缺乏经验,当然李立三"左"倾路线也为划分"独立劳动者"理论的贯彻开了绿灯。1931年11月,在瑞金召开的中华苏维埃第一次全国代表大会通过的保障工人阶级权利的《劳动法》又明确规定,"独立劳动者"不能享受《劳动法》的保护和权利。意味着通过国家法令把独立劳动者排斥于工人阶级队伍之外,使工会会员成分问题的斗争公开化、尖锐化、持久化。项英在解释这一条规定时说:"独立劳动者也是沿门卖工,靠工钱来维持生活的,但他们不是工人,就不能享受《劳动法》所规定的一切权利和利益,只有卖劳动力赚工钱受资本家剥削的工人,才算真正的劳动者,才有权利享受《劳动法》所规定的一切权利。"

这个问题不仅是当时工会组织发展会员的问题，更是整个工人运动的一个基本政策问题。对于这个问题，全总苏区执行局于1932年1月6日在《关于独立劳动者问题的通知》中，对独立劳动者作了更加错误的解释，认为："他的性质不过是沿门卖工的劳动者，因为他不是被剥削者，所以没有反抗资本主义剥削斗争的情绪，他与阶级工人不同，因此，就不能加入阶级工会。"并要求各级工会坚决洗刷"独立劳动者"，建立所谓的真正的阶级工会。1932年2月，由全总苏区执行局主持召开的闽赣两省工人代表大会作出的《组织问题决议案》，又进一步规定："独立劳动者不是工人，不能加入职工会"，要组织百分之百的阶级工人于工会之内。把独立劳动者加入职工会，看成是职业性的行会组织，并要以斗争的手段，作为敌对分子去洗刷。根据这些决定、要求，中央苏区各级工会组织了两次大整顿，对独立劳动者进行了大清洗。第一次是在1931年3月，全总苏区执行局发出《关于工人运动与工作任务的通知》，要求全面整顿中央苏区各级工会组织。通知指出："苏区的各级工会，包含了店东、手工业者及富农的成分，严格地说，没有阶级性的工会，没有健全的雇工会组织，而形成店东、手工业者和富农占据工会的领导机关，这是极危险的现象和错误。要立刻把苏区内的工会从下而上彻底改组，从艰苦斗争中去改造工会，把手工业者从工会的指导机关及会员的队伍中赶出去。"全总苏区执行局在这样的指导思想下领导了中央苏区工会的整顿与改革。其结果便是大批的所谓独立劳动者的手工业者被赶出工会，工会会员人数锐减，许多基层工会受到削弱，甚至处于停顿、瘫痪状态。第二次整顿是闽赣两省工人代表大会上号召各级工会反对职工会中的"行会主义"，揭破"行会主义"对工人的妨害，再次提出要把自做自卖和沿门卖工的独立劳动者坚决洗刷出工会。之后，中央苏区各级工会在继续整顿与改造中，又洗刷了大批手工业工人和农业工人，使工会达到了所谓"组织百分之百的真正阶级工人于工会之内的目的"。这种做法显然违背苏区实际，违背中国国情。

刘少奇为了纠正洗刷独立劳动者的错误，于1932年4月12日，化名仲篪，在上海党中央机关刊物《红旗周报》第39期上发表了《苏区阶级工会会员成分》的文章，针对苏区工会清洗独立劳动者出工会的问题，正确回答了哪些人应该吸收入工会，哪些人应该从工会中清洗出去，怎样确定阶级工会的会员成分等一系列问题。刘少奇指出："驱逐独立劳动者出工会""驱逐师傅出工会"的口号，实质就是取消工会组织，"是把一切沿门卖工的个人劳动的裁缝、剃头、木匠、泥匠、篾匠等手艺工人,都看作独立劳动者,不是工人。凡不在资本家和工厂老板的作坊、工厂中,卖劳动力换工钱的,都不算工人,都不能加入工会,要洗刷出工会",结果是孤立自己,扩大对立面。"这样一来,如是散在乡村和城市中间的手艺工人,雇农、苦力、短工等都要被驱逐于工会之外。……工会就只有取消,这当然不是什么阶级路线,而是雇主喜欢这样做的"。在这里,刘少奇提出一个实质性的问题,就是当时苏区发展会员中的"左"倾错误,不在于规定"独立劳动者""手工业者"能不能加入工会的问题,而主要是没有正确地区分阶级界限,把实际是出卖劳动力的手工业工人当作"独立劳动者""手工业者"关在工会的门外。所以,刘少奇明确提出:"凡属以出卖自己劳动力为生活的主要来源的工人、职员、雇农、苦力都是阶级工会的会员成分,都应加入工会,不管他们出卖劳动的形式怎样,或者还有很少的自己的工具,作为他出卖劳动力的必需的条件。"这就是说,散在乡村中的裁缝、木匠、剃头匠、小车夫、挑脚、抬轿的苦力、泥水匠、篾匠以及家庭工人、家庭手工工人、季候工人、临时工人、小手工业者,都是以出卖自己的劳动力为生活的主要来源的工人,是工人阶级的成分,是应该加入工会的。不能把他们当作"独立劳动者"和"手工业者"从工会中洗刷出去,只能把那些"包工头""半工头"和剥削徒弟的师傅洗刷出工会,才能建立真正的阶级工会。

　　刘少奇对苏区工会会员成分问题提出的正确观点,为党中央和全总多数同志所接受。1932年9月,全总发出《为工会会员给各苏区的信》,明确指出:中央苏区在会员问题上清洗独立劳动者是犯了"左"倾错误,要坚决反对富农路线,反对工会的取消主义与关门主义。并且要求"苏区工会必须制止清洗独立劳动者",把他们组织到工会队伍里来,而且规定:凡是承认工会的章程,以出卖自己劳动力为生活资料的唯一来源(无产阶级)或主要来源(半无产阶级)的工人、雇农、雇员、苦力等,不论他的年龄、性别和籍贯及宗教信仰与政治见解如何,均可加入工会为会员。但是,全总苏区执行局并没有认真贯彻全总的指示信,因而洗刷独立劳动者的关门主义做法继续在各地执行。1933年初全总迁入中央苏区后,刘少奇对洗刷独立劳动者的问题采取了果断措施。同年5月1日召开的全国店员手艺工人代表大会正式通过决议案,宣布清洗独立劳动者是错误的,必须立即停止洗刷工作,并且应当把他们吸收到工会里来。至此,苏区广大独立劳动者解除了精神枷锁,踊跃加入工会,使工会会员人数剧增,工人阶级队伍扩大,工人阶级力量壮大。据1934年3月1日全总苏区中央执行局向赤色国际职工会的报告说:除鄂豫皖和川陕苏区未统计外,苏区工会会员已达25万人以上,中央苏区共有会员14.5万人,比全总苏区执行局那个时期增加了50%。

在纠正"左"倾错误的斗争中,刘少奇提出的一系列正确观点,不仅纠正了中央苏区各级工会清洗独立劳动者的错误,而且阐明了领导工人运动不能脱离中国现实情况这一基本道理。只有立足于实际分析中国革命的性质,了解中国工人阶级队伍的复杂结构,才能正确划分阶级,确定正确的斗争策略,引导工人运动沿着正确的轨道前进。

(三)纠正实施劳动法中出现的"左倾"错误

1931年11月7日召开的中华苏维埃第一次全国代表大会,通过了苏维埃劳动法。这部劳动法共12章75条,中心内容是彻底改善工人阶级的生活状况。该劳动法宣布实行八小时工作制,规定了最低限度的工资标准,保护青工、童工、女工,实行劳动保护、社会保险和国家的失业津贴,规定工人有监督生产的权利,制定了用工方法和实行集体合同与劳动合同制,确定了工会的法律地位及其职责范围。这部劳动法属于国家层面的正式法律,对苏区工运产生了重大影响。

由于这部劳动法是以1930年5月在上海通过的《劳动保护法》为基础制定,故有许多过高过"左"的规定,脱离了苏区当时的实际。例如第59条规定:由雇主应付工资以外支付全部工资额的百分之十至十五数目为社会保险之基金;在劳动保护上则规定雇主要发给工作服、手电筒、牛乳等许多劳保物品;要求工厂无例外地给工人及其家庭盖宿舍,或补贴工人房租等。并提出了全面实行工人(含家属)免费医疗、津贴等过高的社会保险。劳动法本身存在的这些过"左"条文,加之在实施中官僚主义、命令主义的领导方法和过火的斗争方式,给苏区经济建设带来了一定的危害:私人企业倒闭,失业工人增加,师徒关系对立,妨碍了国营和合作社企业的发展,增加了工农矛盾,影响了工农联盟等。"许多城市商店作坊提出了过高的经济要求,机械的执行只能适用于大城市的劳动法,使企业不能担负,而迅速倒闭,或者不问企业的工作关系,机械地实行8小时与青工6小时的工作制,不顾企业的经济能力,强迫介绍失业工人……这种'左'的错误,是破坏苏区经济的发展,破坏工农的经济联盟,破坏苏维埃政权,破坏工人自己彻底的解放。"

劳动法中存在的及实施过程中的"左"倾错误,主要源于王明的"左"倾错误路线。在制定劳动法时违背马克思主义实事求是的原则,无视当时革命根据地地处山区经济落后,被敌军包围封锁环境动荡不定,而是生搬硬套苏联劳动法的模式,脱离了中国苏区当时的实际情况。对此,在1932年8月宁都会议上,毛泽东明确指出,例假、双薪等是过高要求,这样做不符合农村和小县城的实际情况,在苏区有些手工业因连年战争已经破坏不少,许多手工业工人也失业了,而雇农分了田,因此八小时制是行不通的。然而,各级工会并没有理解毛泽东指出的问题,仍按劳动法的框架制定斗争纲领,使"左"倾错误继续蔓延,其危害有增无减。

1932年底,全总苏区中央执行局委员长刘少奇秘密抵达中央苏区后,发现实施劳动法中"左"倾错误严重,即与陈云一道,领导全总纠正劳动法本身存在和在实施中出现的错误。

1933年1月上旬,陈云到当时中央苏区最大的商业城市长汀检查指导工作,要求苏区工人努力恢复发展生产,不要机械地执行劳动法及过分强调八小时工作制。中旬,刘少奇又赴长汀巡视检查工会工作,针对劳动法存在的问题指出:工人运动中这种"左"的错误倾向,在社会上、政治上、经济上、人心上会发生严重影响,必然导致企业倒闭,资本家停业逃跑,物价飞涨,货物奇缺,市民怨恨,兵士与农民都有反感。他回到瑞金后,立即主持召开了闽赣两省职工联合会委员长联席会议,并邀中央印刷厂和中央造币厂派代表参加,全面听取了各地实施劳动法情况的汇报,详细研究了实施劳动法中对一些重大问题的处理办法以及如何纠正工人经济斗争中的偏差问题。长汀市各级工会根据会议精神,及早采取了措施,修订了劳动合同,免掉了洗衣费、理发费、年关费及年关双薪等福利方面的过高要求,使各业都走上健康发展之路。

为进一步纠正实施劳动法中出现的"左"倾错误,刘少奇还向党中央和临时中央政府提出了修改劳动法的建议。1933年3月28日,临时中央政府人民委员会第38次例会决议修改《中华苏维埃共和国劳动法》,并成立了修改劳动法起草委员会。刘少奇还在全总机关《苏区工人》上发表《在两条路线斗争中来改订合同》《停止"强迫"介绍与救济失业工人》等文章,批评各级工会在领导工人经济斗争中,只看到行业狭小的经济利益,把斗争引向极端危险的工团主义倾向,导致许多企业不能负担而迅速倒闭,更不顾企业的能力而强迫安置失业工人,并严肃指出:各级工会为"实现工人的要求,在苏区采用总同盟罢工的方法是错误的,在苏区内,工人有更多的办法来对付资本家达到自己的要求"。陈云也指出:总同盟罢工有害苏区经济流通。在1933年4月至5月召开的中国农业工人、中国店员手艺工人第一次代表大会上,刘少奇批判苏区工人经济斗争中"左"的错误,指出"左"的错误是破坏了苏区经济发展,破坏了工农联盟,破坏了苏维埃政权。代表们对《中华苏维埃共和国劳动法》提出了许多修改意见,关于工人经济利益提出了合理要求,表示拥护临时中央政府重新起草新的劳动法。

　　1933年10月15日,中华苏维埃共和国临时中央政府主席毛泽东,副主席项英、张国焘,颁布了《关于重新颁布劳动法的决议》。决议指出:"经过一年半的实践证明,1931年12月颁布的劳动法不适应经济上比较落后的苏维埃区域内,有的条文没有变通的余地,在执行上发生困难,而且许多实际事项又没有条文规定,而又需迫切做出规定,才能增进工农的利益,巩固工人与农民的联盟,发展苏维埃经济。为此,中央执行委员会1933年4月就组织力量,根据各地工农群众的意见,重新修正了劳动法。修正后的劳动法从1933年10月15日生效,同时废除1931年12月1日公布的劳动法。"新颁布的劳动法共15章112条,设总则,并对雇佣及取得劳动力的手续、工作时间、休假、工资、妇女和未成年人的劳动、学徒、保证与津贴、劳动保护、社会保险、集体合同、劳动合同、职工会联合会,以及其他企业机关商店中的组织、管理规则、解决争执、处理违反劳动法案的机关等等都作了明确的规定。新劳动法是中国全苏维埃性的一部比较完备的劳动法典。

　　新劳动法虽然还没有彻底解决原劳动法中存在的所有问题,也还没有完全摆脱"左"倾错误的影响,但它却是在调查研究的基础上,听取了广大工农的意见,吸取了"左"右两方面的教训。新劳动法从当时苏区的经济特点出发,既着眼于巩固苏维埃政权,加强工农联盟,发展苏区经济,促进工农业生产等工人长久的、根本的利益;又十分注重改善工人的生活,提高工人的福利待遇等眼前利益。因而,新劳动法受到广大工人群众的欢迎与拥护。新劳动法的全面贯彻实施,不仅提高了工人的政治地位,保护了工人的切身利益,更重要的是促进了苏区经济发展,使工业、农业、商业等方面都有了转机。

第五节 三年游击战争中的江西工人运动

一、赣南工人参加油山游击队

1934年10月,红一方面军主力和中央机关突围转移,离开中央苏区。1935年3月,中共中央分局、中央政府办事处领导人陈毅率领突围的红军与中共赣粤边的游击队会合,在江西的大余建立了以油山为中心的赣粤边红军游击队,开始了三年艰苦卓绝的游击战争,在开展游击战争的过程中,得到了边区广大工人无私无畏的援助。

(一)积极加入红军游击队

油山上乐村工人郭洪传,原是钨矿的挖矿工人,听说家乡来了红军,便不顾老板资本家不予结账和杀头的威胁,毅然离矿回家,投入了革命的怀抱。南山的酒院、东坑一带,有30多个纸厂的近200名工人先后加入了红军游击队,有的迅速成长为游击队的先进分子,有15名还被批准加入了中国共产党。由于边区工人积极加入游击队,使这支在油山会合时只有1100人、经过敌人几次大规模"清剿"后只剩下几百人的队伍,逐步扩大,旺盛时期达到2100多人,其中绝大部分是矿工和手工业工人。

(二)积极开展红色宣传,不断扩大红军影响

油山地区工人充分利用山区资源,把竹、木锯成片,然后制成"竹签标语",上面写"士兵不打士兵""穷人不打穷人""团结起来,打倒帝国主义,打倒国民党反动派"等字样,涂上桐油,带到白区或插到敌人经常出没的公路上,或投放到江河里随水漂到赣江流域各地,使广大苏区人民知道红军游击队还在赣南,苏维埃的红旗还没有倒下,扩大了红军的影响。

(三)主动搜集情报,保证联络畅通

红军游击队司令部设在油山,而基层组织却分散在各个山头。为安全起见,游击队领导人都是各住一处。为保证组织之间的联络畅通,由刚参加游击队而熟悉地形的工人组织起了"秘密交通站",他们战胜各种困难,胜利完成任

务,保证了通信联络的畅通。许多工人游击队员,还发挥自己一技之长,主动请命到敌人后方去从事革命活动,为游击队搜集了大量情报。他们以对党和红军的忠诚,胆大细心,在敌人后方,以职业作掩护,为红军游击队搜集了大量情报,使红军游击队在敌人大规模的"清剿"下,不仅保存了下来,而且发展了。

(四)不顾身家性命,为红军游击队提供物资支援

红军游击队转移油山后,敌人在赣粤边境构筑三道严密的封锁线,妄图把游击队困死在深山老林之中。广大工人、农民不怕国民党反动派强加的"通匪""济匪"的罪名,千方百计打破封锁线,为红军游击队提供大量物资。有的以敌人的身份作掩护,把家变成游击队员的秘密联络点,往来信件报纸都由此送到游击队手中,并想方设法将游击队长期所需的食品、电池、药品、食盐等物资派人送进山里,数年如一日。有的手工业工人和广大农民向当局强硬要求进山耕地种粮,迫使反动政府放宽封锁政策,规定每月初一、十五为进山种地时间。许多工人利用这个机会巧妙地把食用物资带进山,送给了游击队。有的矿工提出强烈要求,迫使国民党政府放宽限制,允许工人进矿做工。工人们便抓住这个机会,将食盐、衣物、粮食等生活必需品带进矿坑,再设法转给游击队,帮助游击队渡过难关。

二、赣西南工人支援游击队

自红六军团于1934年8月7日奉命突围西征后,同年10月,湘赣军区直属队和红三团、红五团及省党政机关共3000余人撤离湘赣苏区,于1935年2月到达武功山区。除对付敌人的搜山、"清剿"以外,还在广大群众的支援下,主动下山袭击敌人,全歼了武功山一带的地主武装,严惩了进行反革命报复的劣绅土豪。

吉安县失守后,工人出身的中共吉安县委书记郭猛,带领县工人纠察队和工人赤卫队,在武功山的深山密林中长期坚持活动,配合红军游击队,同敌人展开斗争。

1934年12月,国民党军队和当地保安团联合"征剿"遂川碧州山游击队,碧州山造纸工人、圩镇店员工人积极给游击队报信、带路,帮助游击队粉碎了敌人的征剿,保卫了碧州山游击队。

1935年,中共湘南特委在耒(阳)永(兴)安(仁)中心县委建立联络组织,负

责特委与游击队之间的通信联络。这个组织的交通员有卖柴工人曹贤录、打铜工人曾钦秋、挑盐的雇工李开江等,他们活动在江西的莲花、永新、宁冈,湖南的茶陵县以及广东的坪石等地刺探敌情、传送文件和护送干部,为游击队购买生活物资,运输枪支弹药。此外,他们还筹办了一条木船,出没在耒水河畔,为游击队服务。

三、赣西北工人与红军游击队并肩作战

第五次反"围剿"失败后,湘鄂赣苏区相继成为白区与游击区。当时,在赣西北这块土地上,有三支游击队组织。一是平修铜游击队,1935 年初成立,开始仅有 8 条枪;二是修铜宜奉边游击队,约 200 余人,100 多条枪;三是崇武崇通游击队,约有 70 余人,20 多条枪。这三支弱小的队伍,在强敌的反复清剿的环境中,不仅未被消灭,而且发展了,这与广大工人、农民群众的支援是分不开的。

1935 年,奉新县的衰坑、芭原一带的集镇工人和贫雇农 70 余人自动组成地方武工队,他们常常配合游击队在奉(新)靖(安)边境打土豪筹钱筹款。修水县龚拓乡工会负责人然海南和石工工会会员许云生等 8 人,经常给红军游击队作向导、送情报,配合反"清剿"斗争。

修铜宜奉边的部分城乡由原工会组织的交通站,经常向游击队传送敌情,并积极采购粮食、食盐等物资接济游击队。修铜宜奉边山区的纸工、锯工,还主动把纸槽、锯板棚提供给游击队作活动据点。游击队员也以纸工、锯工的职业作掩护开展斗争。他们平时一面做工,一面分散活动,经常给敌人以奇袭,打了很多胜仗。

此外,在闽浙赣苏区,留守赣东北的红军第 30 师成为游击战争的主力。兵工厂、被服厂等工厂的工人,掩埋了机器,拿起了武器,有的参加游击队,有的回到家乡,发动工人、农民,支援红军游击队,坚持了三年艰苦的游击战争。

第五章 抗日战争时期的江西工人运动
（1937—1945）

1937年7月7日夜，日本侵略军制造卢沟桥事变，悍然发动全面侵华战争。1938年6月，日军沿长江向武汉进犯，6月30日攻占彭泽马当要塞，7月26日九江失陷。1939年春，日军分路进犯江西内地，3月27日南昌沦陷。日军对江西的侵犯，唤起了江西人民投身于抗日洪流，激发了江西人民可歌可泣的抗日救亡运动。经过8年全面抗战，中国终于取得抗日的彻底胜利，日本裕仁天皇于1945年8月15日宣布无条件投降。1945年9月14日，南昌作为华中受降地，隆重举行了受降典礼，庆祝江西抗日战争的胜利。在全面抗战时期，江西广大工人，在中国共产党的领导下，一方面积极参加抗日救亡运动，另一方面为维护自身权益与国民党当局展开了不懈斗争，组建了以赣南"东南工合办事处"等为代表的工运组织，成为了江西抗日救亡运动的重要力量，为保卫江西作出了重要贡献。

第一节 党对江西工人运动的领导

中国共产党是工人阶级的先锋队，重视工人阶级、做好工人运动的领导工作是其必然要求、重要任务。卢沟桥事变后第二天即1938年7月8日，中国共产党中央委员会就发表了《中共中央为日军进攻卢沟桥通电》，要求"全国人民，用全力援助神圣的抗日自卫战争!"①在赣成立的中共中央东南分局在抓紧红军游击队改编为新四军、积极恢复各地党组织的同时,坚决执行中央关于南方各游击区域工作中要"团结和领导千千万万的广大群众参加到抗日的民族统一战线中"②的指示,积极争取和团结各阶层、各党派、各方面人士投入抗日活动,领导江西广大人民开展了轰轰烈烈的抗日救亡运动。在此背景下,江西党组织全力以赴做好江西工人的领导工作,通过扩大组织覆盖、加强思想宣传,很快恢复和发展了江西工运事业,在全省范围内掀起了抗日救亡、反抗国民党顽固派的高潮,营建了浓厚的抗日氛围。

一、扩大组织覆盖

1937年7月全面抗战爆发后,国共两党开启了第二次合作。1937年7月中旬,周恩来等代表党中央上庐山与国民党谈判,共商国共合作抗日事宜。1937年10月,经过国共两党谈判达成的协议,南方8省红军游击队改编为新四军。1937年底,中共中央组织部派涂振农、陈少敏、郑伯克等十多人从延安前来南昌,负责新四军军部的筹建及有关联络工作。1938年1月6日,新四军军部从汉口移驻南昌并正式对外办公。同一天,新四军驻赣办事处也在南方红军游击队总接洽处的基础上成立。1937年12月,先遣队到达南昌,先住在月宫饭店,后搬到书院街危家大屋2号。陈毅从赣南回到南昌后,涂振农等人向陈毅传达了党中央关于将东南分局管辖的8省的红军游击队统一改编为国民革命军陆军新编第四军的决定,明确了陈云、李富春两位同志的指示精神以及先遣队的具体工作任务。为筹建新四军驻赣办事处,陈毅和国民党江西省政府进行了谈判,经过一番针锋相对的斗争,终于迫使国民党当局同意新四军在南昌设立办事处。1938年1月6日,新四军军部从武汉移驻南昌,在东书院街2号危家大屋正式成立新四军驻赣办事处。与此同时,中共中央东南分局也在南昌市三眼井高升巷1号张勋公馆开始工作,领导全省党组织。

中共中央东南分局成立后,"特别注意铁路、汽车、船夫等工作运动,大量吸

---

① 《中共中央为日军进攻卢沟桥通电》,1937年7月8日,中华全国总工会编:《中共中央关于工人运动文件选编(下)》,档案出版社,1986年,第1页。

② 《中央关于南方各游击区域工作的指示》,1938年8月1日,中华全国总工会编:《中共中央关于工人运动文件选编(下)》,档案出版社,1986年,第2页。

收工人中积极分子入党"①,把在工人中发展党员和开展工运工作作为中心任务之一。这一时期,我党强调必须把党的工作与其他政权工作、武装工作、群众工作区分开来,要真正通过党团工作来领导其他工作,"不应直接干涉其他组织的独立工作",在"政权中、群众团体中应当广泛实行民主制度"②。

为了实行民主领导制度,中国共产党及时抓住抗战初期从上海、江浙等地流亡到南昌的进步青年这一资源,通过他们推动引导江西的抗日运动。在陈毅、黄道等人的支持以及夏征农、邹文宣等人的倡导下,国民党江西省政府主席熊式辉同意以省政府名义组建"江西青年抗日救国服务团"(简称"青年服务团"),并于1938年1月10日在南昌书院街工专大礼堂(今南昌十八中)成立,全团编为11个大队(包括一个宣传大队以及一至十大队)。不久,中共中央东南分局选派中国共产党党员和受到党组织影响的进步青年加入青年服务团,发展近30名团员加入共产党,在青年服务团第一、三、四、五、六5个大队中建立了党支部。这些大队党员之后被"派付九江、浮梁、吉安、上饶、赣州等城镇开展抗日宣传工作"③,成为党在江西工人队伍中扩大组织覆盖的一支重要力量。1938年4月,中共中央东南分局秘密成立中共南昌市委。中共南昌市委成立后,把工作重点放在电厂、铁路、码头、郊区农民和学生之中,曾派遣邝劲志、陈秀仕等人负责电厂工作,先后发展刘军璋、李安伦等7名工人入党,组建了电厂地下党支部,刘军璋任支部书记。深入南浔铁路机务段的雷宁、谭建秋、郝崇河等人,在机务段四段和牛行车站吸收工人齐军春、梁文汉、邢春林入党并组建党支部。此外,大巷口码头、扬子洲和一些救亡团体中也组建了党的基层支部。

1938年5月,中共中央东南分局在南昌潮王洲设立中共秘密办事处——河流总支机关,领导船排工人进行抗日救亡斗争,发展中共党员并建立基层组织。1938年6月26日,彭泽马当要塞失守;7月,由于叛徒出卖,中共赣江河流总支负责人龙凤山等人相继被捕,赣江河流党组织遭到破坏。

---

① 《中共中央东南分局关于两个月来工作情况和目前工作意见的报告》,1938年3月25日,江西省文化厅革命文化史料征集工作委员会编:《江西抗战文化史料汇编》,中共江西省委党校印刷厂,1997年,第47页。

② 《中共中央关于南方各游击区域工作的指示》,1937年8月1日,《中共中央东南局》编辑组编:《中共中央东南局:下》,中共党史出版社,2006年,第468页。

③ 夏征农:《江西省青年服务团的成立经过》,江西省文化厅革命文化史料征集工作委员会编:《江西抗战文化史料汇编》,中共江西省委党校印刷厂,1997年,第92页。

为安全和大局考虑，1938年8月，中共中央东南分局及其领导人从南昌转移，在南昌重建中共江西省委。中共江西省委重建后，提出"'反对关门主义、开辟新地区工作'的口号"①，积极恢复和发展九江、南昌、赣州、吉安、万安、泰和等地的党组织。值得一提的是，1938年10月，遵照中共中央东南分局的指示，中共江西省委重建了"中共赣江河流总支"，在有3名及3名以上党员的木船上建立了党小组，恢复了吉安、万安、泰和、赣州等几个主要码头的党支部。1938年11月，中共赣江河流总支在万安、赣县两地把滩师组织起来成立了"滩师工会"，从中发展了数名党员，建立了万安滩师工会党支部。据统计，到1938年底，赣江航线上党员人数达到了180多人，其中大多数人在革命斗争中发挥了骨干作用②。

1939年3月27日，南昌沦陷后，中共江西省委撤离南昌。1939年4月，中共赣西南特委成立，领导中共赣江河流总支抓住有利时机，在赣州、吉安等码头的船公船民聚集地大力开展抗日救国宣传，积极进行发展党员的工作。至1939年年底，赣江河流中的党员已发展到270多名，下属支部发展到27个，并在赣州城内设立了秘密联络站——"中共赣江河流工作委员会"。

1940年7月，中共江西省委书记郭潜叛变，省委组织遭受严重摧残，大批共产党员被捕，致使党对工人的领导遭受了巨大挫折。1942年以后，由于国民党政府推行"消极抗日，积极反共"的反动政策，加之党内叛徒告密，江西全省地方党组织遭受严重破坏，中国共产党对江西工人的领导跌入低潮。但此后不久，党所领导的新四军部队又在江西燃起了斗争的火种，通过秘密或半公开的方式在工人中开展工作，领导工农群众同日寇、国民党反动派展开斗争。

通过实现党对工人群体的组织覆盖，党加强了对江西工人运动的领导，增强了江西工人坚定抗战的决心与斗志。

二、加强教育宣传

由于江西近代产业薄弱，加之近代以来文化教育水平不高，江西工人绝大

---

① 《中国共产党江西省地方组织志》编纂委员会：《江西省志：55 中国共产党江西省地方组织志》，江西省地方志四方印刷厂，2005年，第277页。

② 王中仁：《崖冰百丈枝犹俏——记抗战时期赣江航线上的地下斗争》，中国人民政治协商会议赣州市委员会文史资料研究委员会编：《赣州文史资料选辑：第3辑》，赣州印刷厂，1987年，第28页。

多数是目不识丁的文盲,工人的阶级意识不分明,政治上不闻不问、"听天由命"的小农意识浓厚。因此,江西工人要成为近代江西解放的重要力量,必须进一步提高思想文化水平,提升阶级意识。早在中央苏区时期,党组织就通过加强文化宣传,提高了苏区工人的文化政治水平。后来由于红军长征,主力红军从江西退出,整个江西成为白色恐怖极为严重的地区,各种工人的组织及其活动惨遭破坏,工人再度恢复到无组织、黑暗的生活中,江西工人阶级意识的成长进程亦被打断。全面抗战爆发后,提升工人的阶级意识和思想文化水平成为江西党组织的重要任务之一。

1.办刊宣传。新四军驻赣办事处成立后,中共中央东南分局副书记曾山和新四军驻赣办事处主任、东南分局宣传部长黄道,东南分局妇委书记、办事处妇女部长陈少敏等同志,十分关心出版工作,采取各种措施支持进步刊物的创办,并亲自撰写发表抗战论著。1938年4月中共南昌市委成立后,指定专人负责党领导和影响的南昌各出版物,一些重要刊物的重点文章都经过市委书记余昕(即李敏琰)审阅后再刊发。中共粤赣特委、湘赣特委、湘鄂赣特委、吉(安)万(安)泰(和)中心县委、赣东北特委等,也积极组织开展抗战宣传出版活动。在各级党组织的重视和领导下,江西党组织不仅直接创建《抗敌报》《青年团结》和《妇声》等刊物,秘密领导了名义上由国民党创办的刊物如《青年服务》《抗战月报》《政治情报》以及《政治日报》等,还派共产党员作为骨干成员参与地方人士主办的刊物如《大众日报》等。这些刊物成为"宣传党的抗日主张,动员民众,团结朋友,批判顽固派,打击投降派"的有力思想武器。中国共产党通过领导这些刊物,进一步强化了抗日宣传,扩大了江西工人的视野,坚定了江西工人的抗战信心。

2.公演宣传。为了进一步扩大抗战宣传,青年服务团一大队倡导成立了南昌抗战歌咏协会,并于1938年2月26日"在南昌百花洲公园举行歌协成立大会,会后全体列队到市中心举行抗战歌咏大游行"①。到会的3000多名参演者,在著名音乐家何士德的总指挥下,高声齐唱《义勇军进行曲》等抗日战歌,在场的近6000名观众也情不自禁地随声歌唱。3月17日,青年服务团一大队又在中山公园(现中山堂)举行了更大规模的歌咏大会,码头、铁路、电灯公司、印刷

---

① 何士德:《青年服务团一大队的活动》,江西省文化厅革命文化史料征集工作委员会编:《江西抗战文化史料汇编》,中共江西省委党校印刷厂,1997年,第107页。

厂等工人宣传队在大会上表演了节目。会后举行了工人、学生、市民共5000多人的歌咏大游行。游行队伍高唱《救国军歌》《义勇军进行曲》等20多首抗战歌曲,激起了街道行人的抗战热情,最终扩大成20000多人共同参与的游行。这两次大游行的歌声、口号声震荡了整个南昌,既推动了人们对抗战歌咏这个宣传武器的重视,也进一步唤醒了民众抗日救国的斗志。其后,民众教育馆、江西音乐教育委员会、新四军战地服务团等团体纷纷请青年服务团一大队指导讲授抗战歌曲。1939年春,从浙江龙游来到上饶的军事委员会政治部三厅所属的抗日宣传队第二队举行了首次公演,演唱了《自由神》《团结起来》《我们在太行山上》《船夫曲》等曲目,演出了《壮丁》《反正》《复活》等剧。南昌沦陷后,许多机关、文化团体迁至江西其他各地,进一步拓宽了党的宣传空间。1939年秋,省妇改会迁往遂川并更名为省妇女指导处,各后方县也在县政府里设县妇女指导处。在遂川,省、县妇女指导处曾在三八、五一、五四、七一等节日和九一八国耻日,联合举行演讲会、报告会、座谈会、群众大会、文娱晚会、火炬游行等活动。

  3.组会宣传。通过创办书店、读书会、识字班、俱乐部等,党加强了对工人的思想引领,提升了工人的政治性,强化了工人群体的组织力与凝聚力。1938年2月,在新四军南昌办事处主任黄道和南昌市各进步团体的支持与帮助下,"生活书店南昌分店门市部"在南昌百花洲附近的一座二层楼内成立,共产党员陈其襄担任书店经理。这个只有五六名店员的书店,秘密地担负起党组织的工作,是党的一个秘密活动点。在书店的影响下,许多工人和进步青年分赴全省各地参加抗日救亡工作,有的还参加了新四军,奔赴抗战前线。1939年秋,在中共浙赣铁路工委的指示下,中共玉山铁路局工务处青年职员、中共地下党员程道衡与玉山机务段的进步青年周楚钦、陈丕义发起成立了"读书会"组织。"读书会"组织的成员以玉山机务段、玉山机厂、玉山铁路局的员工为主,表面上学文化、学科学知识,实质上成为传播革命思想的阵地。1939年底,国民党反动当局感到"读书会"有革命、抗日的气息,秘密派工贼、特务对"读书会"进行监视、探听。"读书会"根据"玉山特支"指示,加以"巩固提高",与特务的监视、探听进行了坚决的斗争,工作取得很大的成效。如铁路特务机关有一份经小特务刘文彬监视而形成的黑报告以及"读书会会员名单",但始终无法得到完全证实,保障了"读书会"的安全。

  通过办刊、公演以及创办识字班、俱乐部、读书会等,江西党组织引导广大工人密切关心战争的发展态势以及八路军新四军的消息等国家大事,进一步激发了工人群众抗日救国的爱国情愫,坚定了他们的抗战斗志,在工人群体中扩大了共产党的政治影响,提高了共产党的威信。

第二节　参加抗日救亡运动

1937 年 8 月 15 日,14 架日本战机首次空袭南昌。1938 年 6 月 30 日,日军攻占九江彭泽马当要塞。国民党江西省政府主席熊式辉"不许日寇走江西的路,住江西的屋,吃江西的饭,喝江西的水"的四不主义被日军的炮火彻底摧毁。此后,彭泽、湖口、九江、星子、瑞昌、德安、永修、安义、奉新、高安、新建、武宁、靖安、南昌等县市先后沦陷,都昌、余江、景德镇、乐平、万年、铅山等县市部分沦陷,修水、宜春、抚州、上饶、鹰潭、萍乡、新余、吉安、赣州等 42 个县市遭严重袭扰破坏。在长达 7 年的血腥蹂躏中,日军对江西人民实行了残酷的烧光、杀光、抢光"三光"政策,犯下了不可饶恕的滔天罪行。

据统计,在日军侵略江西 7 年间,江西全省 83 个县中,有 63 个县遭到战火的波及,人口伤亡 50 多万;财产损失折合法币 9355 亿多元;房屋损失达 37 万多栋,其中南昌市、永修、高安、万安等地的房屋损坏达 75% 以上。① 日军在江西犯下的滔天罪行,彻底暴露了他们的侵略本性,进一步激发了江西民众的抗日情绪。在中国共产党的领导下,江西工人阶级开展了轰轰烈烈的抗日救亡运动。

一、组建抗日团体

抗战爆发前,国民党在南昌组织了 40 多个行业工会,隶属于南昌市总工会。但这些工会组织松散,封建意识很强,很少维护工人利益。全面抗战爆发后,我党十分重视工人团体的组建,把它列为党的一项重要工作。1937 年 7 月 15 日,党中央给各地党组织作出重要指示,强调"各地此时最要紧的任务,是迅

---

① 江西省总工会:《江西工人运动史:1862—1949》,江西人民出版社,1995 年,第 281 页。

速地、切实地组织抗日统一战线……推动各界组织各自的救亡团体"①。1937年8月12日,中共中央进一步指出,各地应"利用一切机会组织工人、农民、学生、市民自己的合法的群众团体。或加入到已有的国民党所控制的机关(如黄色工会、农会、学生自治会等)中去工作,转变他们为这类的群众团体。"②根据这些指示,江西各地党组织全力以赴地引导工人群体组建抗日救亡团体。

1938年3月,南昌市成立了第一支"工人抗战夜呼队",共有成员100名,分成10个小组,每日凌晨5~6点,由警察局派户籍警做向导,巡回在南昌市的大街小巷呼喊抗日口号,扩大抗日宣传。南昌女工在知名进步人士雷洁琼和共产党员潘玉梅、郭敏的领导下,先后组建了缝纫团、训练班、识字班、救护队,并于1938年1月成立了"江西妇女战时服务总团",随后又成立了"女职员联合会"及"战时儿童保育会南昌分会"等组织。组织起来的南昌妇女,特别是女工,在抗战宣传、慰劳、募捐、护理、支前各项工作中都做出了很大的成绩。

1938年6月,在中共赣江河流总支的领导下,"赣江河流木船工人救国委员会"在南昌石头街成立。入会的条件是:凡赣江船民船工,不分帮口派别宗教信仰,赞成救国会宗旨,参加抗战动员工作,努力民族与阶级事业者,均可申请入会。1938年9月1日,赣江河流木船工人救国委员会印发"赣江河流木船工人救国会简章",号召有钱出钱、有力出力、有枪出枪,共赴国难、抗日救国。船工船民热烈拥护该简章,踊跃报名参加救国会,会员很快发展到1000多人。吉安、万安、樟树、赣州、于都、会昌、九江等地先后成立"赣江河流木船工人救国分会",各分会给会员颁发"赣江河流木船工人救国会"徽章。由于国民党对民众抗日运动的阻挠,赣江河流木船工人救国委员会一直未能取得合法地位,后经中共赣江河流总支决定,改名为"赣江河流木船工人抗敌委员会"。1940年6月,国民党加紧反共活动。鉴于形势危急,1941年7月,中共赣江河流总支及所属支部被国民党军警破坏,赣江河流木船工人救国会同时被取缔,船工中的共产党员被拘捕。

在中国共产党的领导下,"工人及民众组织的抗日团体的建立,为在全省开

---

① 《中央关于组织抗日统一战线扩大救亡运动给各地党支部的指示》,1937年7月15日,《中共中央东南局》编辑组:《中共中央东南局:下》,中共党史出版社,2006年,第464页。
② 《中央关于抗战中地方工作的原则指示》,1937年8月12日,《中共中央东南局》编辑组:《中共中央东南局:下》,中共党史出版社,2006年,第470页。

展抗战活动打下了坚固的组织基础"①。

二、聚焦资源斗争

战争是一场资源消耗战。对于日军而言,从当地抢夺资源尤其是维持当地工厂正常运转是其实行以战养战的重要手段。就此而言,有效转移、疏散物质资源是抗日运动的重要组成部分。在日寇侵略期间,江西工人围绕物质资源打了一场精彩的抗日斗争。

1. 疏散资源设备。在1938年7月九江沦陷前夕的危急时刻,九江映庐电灯公司一方面有序组织了大部分工人安全撤退,另一方面安排戴怀玉、陈义财等8名工人拆除发电机器。这8名工人抢时间、争速度,与死神赛跑,终于在短短的时间内就将750匹马力的柴油机的油泵、喷油嘴、轴瓦以及连接发动机转动部分的主要机件逐一拆下,用麻袋把机件装好,连夜运往九江城东门外的五里桥秘密地埋藏起来。1938年7月26日,日寇攻占九江,城内由于发电设备瘫痪而陷入一片黑暗。日寇为恢复发电,在全城疯狂抓捕映庐电灯公司工人。由于叛徒出卖,戴怀玉、陈义财等人被日寇抓去,遭受了严刑拷打,但即使被打成奄奄一息,也宁死不屈,始终没有说出机件的埋藏地点。为此,日寇不得不从武汉调人并运来机器,办起了兴中纱厂的附属电厂。在日军攻占九江时,南昌工人也在做资源疏散工作。在省警察局的指导下,南昌工人们将各商店、工厂、机关、寺庙和公共设施中的机器、铜器都集中起来,通过赣江水路运往吉水、万安、泰和等后方地区。据统计,南昌在沦陷前,曾运出各种公、私铜器达19697件,就连市内各条马路的下水沟铁盖、街上的铁栅栏、居民家家门上的铜把手甚至警察局的铜痰盂都转运走,就是为了不让敌军得一寸铜铁器。南昌久记营造厂、陆根记、沈生记、火工作业所等工厂工人也转运本厂的铁葫芦、铁丝、铁棍、铁条等铁器和设备,而复兴营造厂把来不及转运的万余斤铜铁全部就地深埋,直到抗战胜利时方才挖出。在其他行业,到1938年底,南昌20余家染料业及大部分西药业职员、工人都是能走就走、财物能带的就带,尽量不留在日寇手里。通过人财物的大规模转运,在南昌沦陷前,市里只有少数机关在办公,南昌实际已成一座空城,被称为"东南地区疏散最彻底的城市"。②

---

① 江西省总工会:《江西工人运动史:1862—1949》,江西人民出版社,1995年,第250页。
② 廖信春:《南昌工人斗争史》,江西人民出版社,1989年,第99—100页。

2. 抢修抗战设备。在铁路方面,1937年8月31日,日寇18架飞机在浙赣线株萍段投掷炸弹100余枚,炸死新兵200余人,炸死铁路工人和居民30余人,伤40余人。10月19日,日寇又调集了8架飞机沿浙赣线株萍段来回轰炸,炸死炸伤大批铁路工人和农民。面对日寇的血腥屠杀,抗日军日夜奋斗抗敌,从日寇手中夺回了玉山,铁路工人也纷纷从玉山县西樟乡村一带和闽北一带返回玉山,成立了"工人护路队"和"浙赣铁路军段管理处",修复被日寇破坏的铁道线,为抗日军的行动计划提供了有力保证。在公路方面,由于日军的封锁,致使公路运输所需之油料、轮胎以及其他配件的供应脱节,整个公路运输陷入困境。面对这种险境,江西公路运输员工克服重重困难,积极采用代燃技术,维持后方公路交通的畅通。在代燃炉的制造、装置等过程中,不断探索,积极推广,使用新的工艺;在操作驾驶、维修等方面,工人们在极短暂的时间里,迅速熟练地驾驶、维修木炭、酒精代燃车。通过这些措施,在1939—1945年间,不仅节约支出达6650万余元,而且使后方公路交通运输从未中断,打破了日寇对我后方经济的封锁。在军事工程方面,宜春县城广大工人在"抗敌后援会"的统一部署下,参加民工队,把铁路、公路挖成深沟高垒,实行坚壁清野。同时还帮助抗日军队修筑各种作战工事,挖战壕、筑碉堡。1943年,宜春地区的泥工、锯工等就派出10000多人,分别到下浦、彬江、慈化等地修建国防工事20余天。

3. 破坏日寇设备。在帮助抗日军抢修抗战设备的同时,江西工人也注重破坏日方设备。在日军占领南昌期间,铁路工人就利用自身的优势打击日寇。1938年11月1日至1940年1月31日期间,南浔铁路工人组织游击队,配合武装游击队袭击南浔路79次,其中爆破轨道32次,炸桥梁8次,截断通信线路9次,袭击列车6次,炸毁列车1次,攻打修车队12次,破坏车站11次。1942年秋,南浔铁路工人游击队炸毁永修车站,毁坏日寇军车4辆。1942年5月12日,太平洋战争爆发后,日寇发动浙赣战役,以十余万兵力从浙江、三万多兵力从南昌分布3路从东、西两端攻打浙赣线。铁路部分员工随浙赣铁路工人在奉命撤退时,又开展了一次毁路斗争。到6月15日止,浙赣沿线所有的桥梁、涵洞200余处全部被毁坏,有力地钳制了盘踞在铁路沿线的日寇以及国民党反动军队的调动,支援了新四军的抗日斗争。

4. 损坏日寇工事。1941年后,南昌人民开展了反对修筑工事的斗争。人们采取能躲就躲,被强拉去后则消极怠工或破坏工具的办法进行抵制。1942年冬,日军强征南昌市区及郊区几万民工在三家店修建飞机场,并调来大批军警用枪托、皮鞭监工。民工们采取许多巧妙的办法磨洋工,使工程进行了一年多也没有完成。民工们还想方设法破坏工程质量,如修跑道时,故意把未拌匀的水泥和沙石倒下去,只在面上抹一层水泥,以示伪装,结果飞机一过就压碎了,致使机场难以使用。南昌电厂工人在日伪统治时期常常受到日本监工的打骂,有时工作时间长达20小时,还吃不饱、穿不暖,因此工人们常采取怠工方式进行反抗。1943年,电厂工人举行了一次罢工斗争,工人们群起包围厂部日本人的办公室,要求缩短工作时间,改善生活待遇。在要求遭到拒绝之后,工人们愤怒地捣毁了日本人的办公室和部分厂房设备,日本监工吓得溜之大吉。为了维持对南昌的统治,日本人常常动员一些留守南昌的店员招诱撤退出去的店主回南昌营业,但店员们从未帮日本人做过这样的事。在日寇奴役下的南昌工人和市民就是这样坚持力所能及的抗日斗争,日夜盼望着抗日战争胜利的那一天早日到来。

可以说,围绕物质资源特别是工厂设备这一资源展开斗争,江西工人不仅有效阻碍了日寇以战养战策略的施行,而且通过转移工厂设备促进了江西其他地方的经济复兴与发展,从物资运输与保障等方面有力支援了抗日斗争。

三、支援前线抗战

日寇入侵江西以来,江西工人通过搞好生产、踊跃捐献、与日寇正面对抗等举措,有力支援了前线抗战。

1. 搞好生产。抗战爆发后,物资消耗剧增,特别是前方急需物资更加短缺。为此江西省国民政府曾多次要求努力增加生产,延长工作时间,一切从"前方流血,后方流汗,抗战高于一切"的原则出发,为抗战作贡献。江西广大工人心怀着"国家兴亡,匹夫有责"的爱国主义精神,以实际行动投入到紧张的物质生产中,支援抗日救灾工作。抗战初期,国民党军政部要求江西尽快造出3000辆军用手推车,并派专员来督办。江西省建设厅和南昌市政府承接任务后,立即组织南昌大、小木器厂、五金厂的工人日夜加班赶制。工人们表示,"努力生产就是支援前线"。经过工人们艰苦的日夜奋战,终于按质按量地完成这批军工生产任务。南昌市广大妇女在"南昌市妇女生活改进会"和"省抗敌后援会妇女分会"的组织动员下,组成了妇女缝纫工厂和缝纫班,为前方将士赶做衣服、鞋子。

从1938年2月至年底,仅"妇声社""妇女生活改进会"就组织500名女工为前方将士赶制了军用救急包17000多个,军衣15500多套,军用棉被600多条,军鞋1000多双。1938年10月,国民党军队在赣北与敌激战时因天气转冷而急需棉背心和棉衣。"省抗敌后援会"决定南昌市紧急赶制12万件寒衣送往前线,为此,南昌市石头街唐茂泰军服工厂、协和工厂、圆子庙工厂、遂川会馆军服厂等军服厂的3000名女工,吃住在车间,日夜苦干,终于按时完成了赶制12万件寒衣的任务。紧接着,南昌市的益民、殷亭记、同厚春、茂生等针织厂又紧张工作,赶制出12万条毛巾,作为1939年元旦慰劳抗战将士的礼品。据统计,从1920—1938年期间,江西创办的达到一定规模的工厂只有17家,而1938—1944年间却创办了168家,达到了解放前江西工业发展的最高峰,不仅解决了大批工人和难民的生产生活问题,而且也为他们提供了给抗日出力的平台和机会。

2. 踊跃捐献。江西工人虽然生活普遍贫困,仍通过捐衣、捐物、捐钱、购买爱国公债、义卖等多种形式参与募捐,以表达爱国之心,涌现出许多感人事迹。从1937年9月至11月,据不完全统计,南昌市民众捐献棉衣、棉被、棉背心共2169件,军鞋1857双。1938年以后,南昌工人捐献活动进入高潮。1938年5月,在台儿庄会战负伤将士2000余人来到南昌治疗休养后,南昌全市各行业工会纷纷捐献物资慰劳,其中帆船业工会捐出2000余元、卷烟业工会捐出高等国货烟10万支、海参饼业工会捐出4000只海参饼。1938年7月,铁路浙赣线抗敌后援会,一方面发起征募棉衣活动,募集到700件新棉背心赠送给前线抗日战士;另一方面为纪念"七七事变"一周年开展的献金活动捐出3100多元(法币),作为前线将士武器弹药购买费用。1938年8月底,江西省抗敌后援会发起征募10万件汗衣运动,要求在一个月内完成。为胜利完成这一任务,"省抗敌后援会"成立了10支工人劝募队、20支青年队和10支妇女队,从9月10日起在全市掀起3天募衣运动,最终在三天中募得汗衣15000余件。当时报界赞道:"各业工人均自动以本身汗血代价,踊跃捐献,虽为数不多,而其爱护前线抗战将士之热忱,诚足令人感佩。"[①]1939年11月,浙赣铁路员工再次募捐万元(法币),作为前线抗日将士寒衣缝制费用,受到江西省政府主席熊式辉的专电嘉奖。据统计,1938年,全省工农及各界民众共募捐寒衣10万件,棉背心20多

---

① 廖信春:《南昌工人斗争史》,江西人民出版社,1989年,第92—93页。

万件,旧棉衣近 25 万件,在全国征募寒衣运动排名中名列第一。

3. 参加抗战。在日寇战火临近江西大门之时,江西工人积极奔向战火纷飞的前线为抗战服务。南昌市建筑工人主动参加由政府组织的战时工程队,抢修被炸毁的工事。建筑工人马名捷、王富云等人率领的建筑队刚完成马当国际工程的修建后,又上书省政府主席熊式辉要求分配新的任务,后被派到市战时工程队继续为抗战出力。1937 年 8 月,陈毅代表粤赣边红军游击队来到大余县,与国民党政府当局商谈抗日大计,县城工人申世浩发动店员和手工业工人张贴标语,欢迎红军游击队下山抗日,并组织工人夹道欢迎陈毅将军。原中央苏区的许多工人和工会干部,撤离到粤赣边境后参加了红军游击队,被改编为抗日义勇军新编第四军(后改称国民革命军新编第四军),奔赴抗日前线。据统计,1937 年,粤赣边境共有 2121 名工农群众加入红军游击队,投入抗日救亡斗争。1939 年 1 月,日寇进逼安源。安源地下党组织在撤离前就动员了大批工人参加新四军,还有的党组织带领部分工人到株洲白井冲组织农民开展游击战,抗击日寇。1941 年春,上高会战爆发。在上高会战期间,广大工农群众组织了庞大的支前大军,这是上高会战胜利的重要保证。他们一方面冒着前线的枪林弹雨源源不断地把粮食、弹药运到阵地上,把受伤的将士抬下火线送到后方,使国民党参战部队补给及时、电话畅通、后方安全,作战得到确实保证;另一方面在后方担负维持治安、查缉奸细的工作,破坏敌军后方公路交通,使日军后方不稳、交通阻碍、处处受制,大大增加了日寇的作战困难,降低了其机械化装备的优势,从而为国民党军作战提供了便利。"对于战地人民群众在支前参战方面所作出的巨大努力和起到的作用,国民党方面曾给予很高的评价,在上高会战的战况通报和作战总结中,无不给予热情赞扬和肯定。"①1945 年元月,日寇侵占遂川县,遂川广大工人、农民用木棍、石头、锄头等作为武器与日军展开斗争。

第三节 反抗国民党当局的斗争

抗战时期,国民党江西省政府虽然与我们党实行第二次国共合作共同抗

---

① 陈荣华:《江西抗日战争史》,江西人民出版社,2005 年,第 177 页。

日,但仅在表面上允许工人群众组织抗日救亡团体,实际对这些团体的"基本政策就是压制、统制、破坏。当他能压制下去时,就尽量压迫之,使之不能发展;没有办法时,就采用包办、统制,使这种团体或运动在其控制下,使之有利于己或成为有名无实的东西;无法统制时,就公开地或秘密地进行破坏。为什么采取这种政策呢?原因很简单,因为江西顽固派对抗战是消极的,他们害怕群众起来,虽然他们有时也想群众的帮助"①。而且由于国民党坚持大地主、大资产阶级的独裁统治,实行片面抗战路线,只要求工人流血流汗为抗战多做牺牲,不设法改善工人生活,甚至纵容奸商和贪官污吏借口抗日,加重对工人的压迫剥削,以致工人生活日益困苦。面对国民党当局的剥削压迫,江西各地工人围绕自身权益,与国民党当局开展了各种形式的斗争。

一、改善工作条件

面对工人阶级物质生活水平低下以及失业人数众多的现状,中共中央在1937年7月15日国共合作宣言中明确强调,要"实现中国人民之幸福与愉快的生活。首先须切实救济灾荒,安定民生,发展国防经济,解除人民痛苦与改善人民生活"②;1937年8月1日在给南方各游击区域的工作指示中进一步指出,"尽可能利用一切合法的斗争方式,求得群众生活的改善(如增加工人、雇农的工资,改良待遇,减租,减息,减税)"③。江西党组织通过多种方式致力于改善国统区的工人生活。

1938年1月,国民党资源委员会与国民党江西省政府合办安源煤矿,成立了"萍乡煤矿管理局",由国民党专员王野田任矿长。2月,王野田上任后,立即解雇了一批工人;又对矿工进行照相编码,"对号"入井;还将工人每日工资从1角5分降至1角,取消工人免费用煤用电灯福利。这一系列行为激起了广大煤矿工人的愤慨。中共地下党员得知后,组织了以参加过安源大罢工的老工人为骨干的全体工人大罢工,提出了"不减工人、不减工资、不免福利、不照相编码"

---

① 《民众运动》,1939年3月5日,江西省档案局编:《狼烟漫大地 烽火燃赣鄱 解码江西抗战历史记忆:下》,江西人民出版社,2015年,第739页。
② 《中共中央为公布国共合作宣言》,1937年7月15日,江西省文化厅革命文化史料征集工作委员会编:《江西抗战文化史料汇编》,中共江西省委党校印刷厂,1997年,第16页。
③ 《中共中央关于南方各游击区域工作的指示》,1937年8月1日,《中共中央东南局》编辑组编:《中共中央东南局:下》,中共党史出版社,2006年,第465页。

等口号,最终迫使王野田答应了工人的全部要求。九江沦陷前夕,九江兴中纱厂工人要求发出解散费。斗争开始时,工人日夜把手工厂大门,不准资本家出工厂门。资方串通国民党警备司令部,派警察来工厂进行镇压。工人们毫不畏惧、拼死搏斗,救出了被捕的30多名男职工,资方最后答应发放工人解散费。

1939年5月,赣州于都县和丰豪绅刘学晃邀集一伙豪绅成立所谓"协成社",企图霸占县城北门外马子口金库,严禁工人采挖金矿。在中共于都上罗、古田支部的领导下,200多名矿工前往国民党于都县政府抗议示威,迫使国民党县政府责令刘学晃解散"协成社",同意工人成立合作社并在马子口开采金矿。8月,于都县瘫前滩钨砂封建霸头刘火子唆使矿警开枪打死工人1名,工人群情激奋,他们拿起铁锤和扁担,与矿警展开英勇搏斗,刘火子仓皇逃走。

1940年2月,经中共浙赣铁路"工委"批准,中共玉山县铁路支部在玉山武夷山正式成立。在中共玉山县铁路支部的领导下,1942年6月初,玉山机务段、玉山机厂1000多名工人在玉山机厂门前集会,由老工人出面主持,要求浙赣铁路局执行当时国民党交通部关于铁路员工最低工资标准,分别调整增加6元、3元的规定,并以大会名义向浙赣铁路局发出代电和《告全路员工书》。达到调整工资的目的后,广大铁路工人也认清了国民党反动当局鱼肉工人的嘴脸。

1942年底,浙赣铁路局在玉山成立复路设计委员会,组织工人不分日夜修复江山至上饶段铁路。但当局不关心工人生活疾苦,才有了1943年江西玉山车站上千名铁路员工罢工,要求"增加工资,填饱肚子",浩大的罢工声势使国民党当局慌了手脚。当局以"明天答复"的许诺欺骗了工人,致使罢工受挫。国民党当局于同年11月公布了《修正工会法草案》,规定"在非常时期不得以任何理由宣言罢工","工会非得政府之认可,不得与外国任何工会联合",还进一步出台了《工会法实施细则》。铁路工人实因工资太低,加之物价上涨,生活极端困难,于1944年再次在玉山机务段爆发工潮,迫使国民党当局同意与铁路员工代表谈判,铁路工人最终取得了胜利,铁路员工的生活有所改善。

1943年8月31日,吉安电信局全体职工,为改善待遇,通电各地,鼓动全国电信局集团定于9月1日上午同时怠工,停发商电,得到了全省各地电信员工的同情、支持和响应。9月1日,除修水电信局拍发了一份重要军电外,其余电信局一律停止了电报收发工作。虽然这次罢工斗争最后被终止,但由于波及全国许多省、市,引起了国民党反动统治阶级的极大不安。

1945年7月,因铁路局下发的夏服质量太差,上饶机务段的全体乘务员和车站行车人员共800余人,在上饶车站举行了3小时的停车斗争。时任国民党浙赣铁路局特别党部理事的"中统"头子刁寄萍怕事态继续扩大,当场答应了铁路员工的要求。此后,铁路员工领到了卡其布制服。

二、维护合作大局

抗战时期,国民党当局与党的第二次合作并不彻底,国民党当局对共产党的抗日活动一直严加防范。面对国民党对国共合作的破坏,江西广大工人展开了相应的斗争。

新四军驻赣办事处刚成立时,国民党当局为了防范办事处人员,在办事处对面的私立江西中学成立特务大本营。办事处人员说话声音大些,都被隔壁的国民党军统机关报"捷报"的特务记录下来,办事处门前的人力车夫、烟摊、小店主、修鞋匠总有特务混杂其中,办事处一举一动都受到特务的严密监视。1938年7月,"省抗敌后援会"举行抗战一周年游行大会,几千人的游行队伍走到洗马池时,遇到国民党特务恣意捣乱,省公安局公然抓走参加游行的新四军驻赣办事处的几名工作人员。特务的不法行为引起了游行群众的极大愤慨,许多参加游行的工人和市民涌到省公安局门口静坐示威,主持游行的许德珩对政府当局提出抗议,新四军驻赣办事处主任黄道也前去一再交涉。迫于社会舆论的压力,省公安局不得不释放所有被捕人员,并由公安局长黄光斗公开赔礼道歉,事情方告平息。

1938年2月,东南分局作出决定,在景德镇正式成立中共赣北特委,隶属东南分局领导。1938年9月,经上级批准,中共景德镇市委成立。中共赣北特委和景德镇市委认真执行党的抗日民族统一战线政策,领导赣北各地和景德镇人民开展了轰轰烈烈的抗日救亡运动,在景德镇城区先后成立了"青年抗日宣传队"和"抗日救亡歌咏队"等抗日救亡团体,活跃在城镇街头和浮梁四乡。由于加强了党的领导,景德镇城乡广大人民群众抗日斗争的政治激情愈益高涨,群众性的抗日救亡运动高潮迭起。1938年12月18日,汪精卫夫妇等人由重庆经昆明飞往越南河内,公开投敌。消息传到景德镇后,数万名工人、学生以及爱国群众,在党的组织领导下,举行大规模的火炬示威游行,愤怒声讨汪精卫集团的投降叛国行为,强烈要求国民党政府惩办卖国贼,停止反共,一致抗日。

第四节 "东南工合办事处"的活动

抗日战争爆发推动了抗日民族统一战线的形成。在抗日民族统一战线的影响下,全国各地开始探索有助于推动国共合作、发展战时经济、支持长期抗战的群众性组织。其中,1938 年 8 月,国际友人埃德加·斯诺、海伦·福斯特、路易·艾黎和我国爱国进步人士胡愈之、陈翰生、沙千里等人在武汉汉口率先建立的中国工业合作协会(即工合)即属于这类组织。"工合"成立的任务,简要说就是"在经济上是组成广大的经济队伍,保持全国经济自给,增强物质力量,支持长期抗战;在政治上是激发生产群众的民族意识,运用民权方式,培养自治自主的能力,使成为基层动员的示范者"①。1939 年 1 月,在路易·艾黎筹组以及党员孟受曾等人协助下,中国工业合作协会东南区办事处(即东南工合办事处)在赣州城西津路中华圣公会(后迁赣州水东沿上村)正式成立,随后根据实际情况在兴国、瑞金、于都、上犹等地建立事务所,创办《东南工合》《工合战士》《东南通讯》等刊物。1945 年 7 月,东南工合办事处被日军烧毁,停止活动。

在存续期间,东南工合办事处通过振兴地方经济、抓好人才培训、配合中共抗日等举措,有效帮扶大批失业工人和难民就业,生产大批前方急需军用品和人民生活必需品,为巩固赣南抗日统一战线、保卫江西作出了重要贡献。正如艾黎所言,"只要工合组织普遍得到推广,及时获得有力的支持,它必将为中国人民提供一种新的持久的防御,其效果将超过甚至最热情的支持者的期望。"②

一、振兴地方经济

东南工合办事处成立后,首要任务是在结合地方人力资源与自然资源的基础上,组建合作社、供销联社,激活当地经济,组织工人开展生产自救、物质自给,不仅活跃了城乡市场,而且有力支援了前线抗日。

分类登记受困人群。解决受困人群的生产生活问题,是工合组织成立的初

---

① 《中国工业合作协会东南区办事处工作报告书》,1938 年 10 月,第 1 页。
② 路易·艾黎:《中国工业合作协会东南区办事处综合报告》,郑琪译,江西省总工会、江西省档案馆选编:《江西工人运动史料选编》,江西人民出版社,1986 年,第 708 页。

衷。东南工合办事处着手成立各种合作社,为受困人群提供自救平台,以此实现工人群众的自产自足。但其前提是对受困人群的基本情况有较为全面的掌握。因此,东南工合办事处广泛开展宣传,使赣南地区广大民众了解工合组织并对工合组织产生兴趣,愿意加入工合组织。在此基础上,东南工合办事处对受困群众进行登记,并科学地区分为失业技工、战区难民、残废军人、出征军人家属、贫苦妇女等类别,为制定后续安置措施做好了准备。

广泛组建合作社。东南工合办事处依托地区人力资源、自然资源,搭建了各种形式的合作社。比如,赣南最大的城市赣州是抗日前线的后方重镇,南昌沦陷后大批失业工人流落到此,东南工合便办起了以手工业为主体的生产合作社43个,安置了900多名失业工人和难民,生产服装、鞋帽、酒精、药棉、纱布、纸张、木帆船、五金机械等30多种产品。再如,兴国工合事务所兴办8种类型的合作社49个,入社工人822名,1939年上半年为当地提供了39万余元的商品,一名工人每月所得可维持一家三口的生活。这些合作社生产的文化用纸远销桂林,适应了印刷抗日宣传刊物的需要。社员中联咏这样一首歌词:救国在工业,合作功自成;矿冶供武器,食品助人生;军民皆有益,到处受欢迎。[①] 到1939年7月时,据艾黎初步估计,东南工合办事处建成合作社132个,社员有1967名[②]。

探索成立供销代办处、联合供销处。合作社在成立初期,由于散居各处,供需信息不对称;加之战争时期流通不便,容易因当地商贾垄断而蒙受损失。因此,为做好各合作社产品销售和原料采购供应的工作,东南工合办事处探索成立供销代办处、联合供销处。比如,在赣州成立了大量供销代办处、联合供销处,随处可见各合作社门上的三角形工合会徽,门的两侧写着"人人为我,我为人人"的标语。赣州水东机器合作社生产的汽车木炭引擎、印刷机、成套制革机,包括磨皮机、打紧机、上色机等销往闽粤地区,是赣州历史上机器生产的起点。毛巾、牙刷、药棉、纱布、军棉大衣等产品则陆续运往前线。通过这些代办处、供销处,各合作社产品远销区内外,节省了流通成本、交易成本等,推动赣南

[①] 周红兵:《赣南工农踊跃参加抗日救亡斗争》,参见 http://www.crt.com.cn/news2007/News/tgjx/15831161491493KJ0CB37A5G710C43.html。

[②] 路易·艾黎:《中国工业合作协会东南区办事处综合报告》,郑琪译,江西省总工会、江西省档案馆选编:《江西工人运动史料选编》,江西人民出版社,1986年,第681页。

战时经济焕发勃勃生机。

重视技术改进。东南工合办事处非常重视合作社的技术改进,广招技术型人才,通过他们的技术设计制造了一批实用的机械产品,改进了生产工艺和生产设备,提高了产品的质量和劳动生产效率。比如赣州水东机器生产合作社,自行设计制造了十八匹马力木炭发动机和制革用的全套机器,包括开皮机、磨皮机、打紧机、上色机、磨光机等。由于新机器、新工艺、新技术的推广使用,不仅改进了原来的手工业产品质量,还扩大了生产能力,提高了劳动效益,实现了产品生产质与量的双提升。

二、抓好人才培训

人才是东南工合办事处有序运行的重要资源。为培养人才、发展人才,东南工合办事处采取了多种措施。

以刊助教。刊物是推广教育常态化、稳定化的有效平台。东南工合办事处创办《东南工合》,介绍东南区工合的工业技术、工业新设计和新发明,以适应各合作社社员对技术方面的需求;创办《东南通讯》,介绍关于工合的基础理论,忠实报道各区工合实际工作,尤其是通过探讨工合运行中的实际问题,提升工合工作者的理论水平。此外,开发特色课程,编印社员课本、社员应用字表,既增强了社员的读书识字与阅读理解能力,也明显提升了社员的综合素养,增强了他们的服务精神、合群思想、信仰心与责任心。

重视干部人才建设。干部和人才是实践活动中的宝贵资本。干部缺乏,人才不足,显然造成工作推进难、任务完成难。在东南工合成立之初,艾黎就高度重视人才队伍,"先后到中山大学、厦门大学、江西工专、高商等大专学校演讲,宣传'工合'的性质、任务和'工合'对支援抗战的作用"[1],从而引进了一批学有专长的人才队伍。为加快推动东南工合人才队伍建设,东南工合办事处不仅注重人才引进,同样注重人才的本土培养,通过办特色班、完善授课条件等方式加强人才培训力度,造就了一大批技术人才,为发展"工合"事业献力。从1939年6月至1940年4月,东南工合在瑞金历任村办了三期"工合"讲习班,培训120名具有专业技能的"工合"骨干。同时,在赣州举办机械训练班,培养了赣南最

---

[1] 刘平:《抗日战争时期赣南的"工合"运动》,《江西大学学报(哲学社会科学版)》1985年第3期,第14—17页。

早的一批机械工人。在南雄办了两期"工合"干部的培黎技术训练班,为大力创办各类生产合作社提供了领导骨干力量。

做好妇女工作。抗战以来,很多壮丁奔赴前线抗日,后方存有大量军眷妇女、灾难妇女、贫苦妇女。对这些妇女开展手工业训练,既解决了她们的贫困生活之忧,解除了前方抗战军士的家庭担忧,也促进了后方的经济生产工作,缓解了物资供给不足的压力。因此,开展妇女手工业训练是一举两得、双赢之事。在具体操作方面,主要围绕织布、缝纫、米浆、肥皂等内容安排针对性的短期培训班,结业之后再安排她们进相应的合作社参加工作。

三、配合中共活动

东南工合办事处虽然是群众性组织,同时也承担着政治功能,突出表现为配合中共活动,巩固赣南统一战线。

设立党组织。1939年年初,工合活动开始不久,江西中共组织就派人到赣南工合工作,成立中共东南工合支部。1939年6月,中共赣州市委成立,该支部便归赣州市委领导。1939年至1940年5月,中共赣西南特委和中共赣州市委机关都曾设在"东南工合",中共赣州市委改为中共中国工业合作协会东南区办事处工委(简称东南工合工委),所属机关、团体中的党员由中共赣西南特委直接领导。1941年6月,由于国民党出动军警在赣州等地包围和搜查东南工合办事处和各县工合事务所,王毓麟等近百名工合干部被捕,自此,中共东南工合工委停止活动。[①]

参加抗日宣传。东南工合办事处创办了《动员旬刊》《工合战士》等进步刊物,中共赣州市委派出共产党员担任这些刊物的编辑或主编,这些刊物成为"宣传党的抗日主张,动员民众,团结朋友,批判顽固派,打击投降派"的有力武器,极大地增强了赣南抗日统一战线的凝聚力。中共赣州市委曾组织赣县抗敌后援会宣慰工作团、赣县妇女指导处等群众团体,运用多种形式,进行抗日宣传。还发动有共产党组织的单位,建立工人俱乐部,开办夜校和读书会,教唱抗日歌曲,举行时事座谈,发动工厂企业中的青年工人组织合唱团歌咏团,如"工合"合唱团经常举行歌咏会宣传抗日。"工合"工人还成立了业余剧团,编排有爱国主

---

① 中共赣州市委党史工作办公室:《中国共产党赣州历史大事记:第1卷(1919—1949)》,中共党史出版社,2013年,第270页。

义思想的节目在城乡演出。1939年5、6月间,中共赣西南党委派地下党员王城担任遂川工合事务所主任,这期间他与中共遂川县委书记龙良善利用在遂川工合事务所工作的合法身份,经常向广大工人群众宣传中共中央提出的"坚持抗战到底""争取最后胜利""反对妥协投降"等口号,组织纪念日活动、开办识字班进行扫盲教育活动等,帮助工友分清敌我、认清抗战形势、明确政治任务、坚定抗日信心,在提升工人文化水平、丰富工人精神生活的同时,对他们进行了卓有成效的政治思想教育,使广大工人群众紧紧团结在党组织的周围。

推动党员发展工作。赣州市委的领导成员很多人在工合中工作,在赣州工合系统中做了大量的工作,发展了一批党员,先后在机器、染织、印刷、皮革、供销联社等组织内发展党员、建立党支部与党小组,并推荐党员担任主要职务,其中30多人担任了办事处课、室负责人和县级事务所指导员以及合作社的经理等。他们为办好工合事业埋头苦干,廉洁奉公,密切联系群众,深受社员们的爱戴。

搞好工合民主管理。中国共产党重视民主建设。在共产党员负责的赣南各县工合事务所或指导站中,普遍发动社员群众搞好合作社的民主管理,成为工人参与民主管理企业的典范。在制度上,通过制定工合社章,规定社会大会是合作社的最高权力机构。社会大会上选举产生的理事和监事会,每年换届一次,可以连选连任。在劳动上,合作社没有非生产人员,各社的社长、会计都参加劳动生产,社里的公务一律采取误工补工的办法解决。在分配上,合作社的分配原则是"按劳分配",工资形式有计件、死分活值、计时三种。在资金使用上,合作社从盈利中提取30%为公积金,10%为公益金,60%为劳动分配,每年年终向社员公布财政收支情况,接受社员的检查监督。

第六章　解放战争时期的江西工人运动
（1945—1949）

抗战胜利后,江西工人阶级和全国人民一样迫切要求和平与民主,实现国家的独立自主,恢复国民经济,重建家园。但是国民党与美帝国主义加紧勾结,实行独裁、内战、卖国三位一体的反动政策,以"接收"为名,对收复区进行大规模的掠夺。国民党以四大家族为首的大地主、大资产阶级和军阀官僚从"接收"中大发横财,造成国民党统治区经济萧条、纸币贬值、物价飞涨,人民生活极度困难。面对种种惨状,中国共产党领导人民开展了解放战争。其间,江西工人阶级在中国共产党的领导下,同国民党反动派展开了求生存、得解放的斗争,演绎了一场伟大的江西工人解放运动,为迎接新中国的建立作出了重要贡献。

第一节　中国共产党加强对江西工人运动的领导

1942年以后,由于国民党政府推行"消极抗日,积极反共"的反动政策,加之江西党组织出现了叛徒,江西省的中共地方组织遭受了严重破坏。到抗战胜利前后,全省除赣北、赣东北等少数地区外,其他地区已基本没有中共地方组织的活动,这就使解放战争初期中共在江西工人运动方面的领导力量处于比较薄弱的状态。加强对工人运动的领导,就成为中共进军江西、解放江西的一项重要任务。

一、加强组织覆盖

1946年11月至1947年1月,中共福建省委在古田召开省党代表大会,决定将福建省委改为中共闽浙赣区委员会,后又改为中共闽浙赣省委,选举曾镜冰为书记。1947年2月,中共闽浙赣省委城市工作部成立,庄征任部长。1947年4月,中共闽浙赣省委派省委委员、秘书长黄辰禹(化名石厚)为赣南特派员,带领人员秘密进入赣南山区,开始恢复江西地方党组织。1947年夏,中共闽浙赣省委根据革命形势发展的需要,决定把省委城工部干部李健从上海调到江西,任南昌特派员,开辟城市工作。1947年11月,李健到达南昌,以邮局工作为掩护,建立了南昌地下党组织,陆续发展了一大批党员,并先后在中正大学、省盐务局、中正医学院、南昌二中、心远中学、南昌高商学院等单位建立了党支部或党小组。当时,江西省盐务局党小组是南昌地下党组织的一个主要秘密据点,承担收听我党电台广播、刻印宣传品的任务。他们先后刻印过毛泽东的《新民主主义论》《论联合政府》《将革命进行到底》,朱德的《论解放区战场》,刘少奇的《论共产党员的修养》《中国共产党章程》《中国人民解放军布告》等重要文献,供南昌各级地下党组织学习宣传之用。南昌地下党组织建立后,根据中共关于党在白区工作要"隐蔽精干,长期埋伏,积蓄力量,以待时机"的方针和"有理,有利,有节"的斗争策略,先后派人到萍乡、宜春、清江、丰城、临川、进贤、崇仁、宜黄、新干、武宁、安义、黎川、泰和、兴国、吉安、于都等地区建立和发展党组织,在以上各地分别成立了党的特别支部、支部或小组,不断扩大了党的影响,积极领导开展了学生运动和工农运动。到1949年5月南昌解放前夕,地下党组织正式成立了南昌城工部,积极开展工人运动。

在闽浙赣省委加强对江西解放运动领导的同时,中共湘赣边工委也派人来江西开展领导工作。1948年12月,为更好配合中国人民解放军夺取全国胜利,中共湘赣边工委(又称江西工委)负责人蔡敏委派俞百巍为南昌特派员,从广丰来到南昌筹建"南昌特委"。1949年2月,蔡敏来到南昌,他指示中共南昌特委的工作主要是为农村革命根据地的斗争服务,不进行公开的城市工作,不参与进步面貌的社会活动,以避免暴露身份。同月,原在上海的地下党员吴怀书、朱立亚奉党组织派遣来到南昌,进入《自由报》报社工作,由蔡敏直接单线领导。1949年7月,中共湘赣边工委在江西泰和、吉水、永丰、吉安市、安福、遂川、永新、新余、兴国、于都、赣县、上高、上饶、横峰、广丰、弋阳、铅山、玉山、临川、南昌等县市建立了35个基层组织。吴怀书、朱立亚在南昌发展党员的同时建立了党小组。

在中共闽浙赣区委、中共湘赣边工委派人领导江西工人运动的同时,中共湖南省工作委员会也派过人来领导江西工人运动。1947年8月,中共湖南省工作委员会派人到江西萍乡恢复、重建党组织。1948年7月,中共湖南省工作委员会派人到安源重建党的组织,1949年5月,正式成立中共萍乡煤矿矿区工作委员会,隶属中共湖南工委,童树德任书记,下辖3个总支、20个支部、137个小组,党员人数997人。萍矿工委积极领导工人开展反拆迁、反遣散、反破坏和护厂、护矿、护路的斗争,为争取江南最大煤矿回到人民手中作出了重要贡献。

通过党组织的有力领导,党组织在江西工人中很快发展了新党员、建立了新的党组织。这些党员、党组织积极开展同国民党反动派展开斗争,使工人斗争不断高涨,以实际行动有效支援和配合了人民解放军作战。

二、强化舆论宣传

随着中国人民解放军革命胜利的迅速发展,国民党反动派加紧了针对中国共产党的造谣,什么"共产党杀人放火"呀,"共产共妻"呀,导致有些不明真相的人说,"国民党不好,共产党也不见得就好",部分人对时局发展感到忧虑。为此,党在解放进程中注重加强舆论宣传,引导包括工人在内的江西广大人民群众对党和解放军形成正确的认识。

1949年4月23日,人民解放军解放了国民党反动统治中心南京。中共萍乡煤矿地下党组织获此消息后,即以"中国人民解放军湘赣边区先遣支队政治部"的名义,发表了《告赣西煤矿局全体员工书》,号召全体员工团结起来,反对疏散和破坏,保护矿山,将矿山完整地交给人民接管。同时,还发表了《警告矿山当局的公开信》,向矿山当局交待党的政策,要他们丢掉幻想、转变立场、靠拢人民,在保护矿山中立功赎罪。《告员工书》和《公开信》的发表,震慑了矿山当局,鼓舞了群众,安定了人心,为护厂护矿争的胜利奠定了群众基础。

1949年5月9日,国民党江西省府逃亡至赣州。国民党不甘失败,加紧造谣中国共产党,于5月13日在《正气报》联合版第三版刊登了一则造谣党"乱点鸳鸯谱"的荒谬新闻。当时赣州有些群众惶惶不安起来,加上化装的女特务在街头哭诉,现身说法,有的人竟信以为真。于是,赣州许多民众催促已许配人家的女儿上轿完婚;没有对象的男子,纷纷用闪电战术完成婚事,赣州城里有时候一天结婚几百对。针对这种情况,赣州地下青年团除了利用亲朋等各种社会关系采取各种形式进行宣传教育和揭露谣言外,还以彭健的名义张贴和散发了"致赣南父老兄弟书",揭露国民党特务的造谣,提醒大家不要受骗。至此,群众的疑虑才逐渐消除,赣州的"结婚热"渐渐褪去。1949年8月,解放军进入赣州后,组织人员高唱《解放区的天是明朗的天》《咱们工人有力量》等解放区的革命歌曲,相互拉歌,有说有笑,有的还扭起秧歌舞;用通俗语言宣传我党我军的政策,宣传中国共产党是解放被压迫、被剥削的劳苦大众的,是为人民服务的;解放军是消灭国民党反动派的人民子弟兵,是解放全中国、保护人民的军队;宣传《人民解放军三大纪律八项注意》《约法八章》,进一步消除了工人群众对党和解放军的疑虑。

第二节 与国民党当局开展斗争

抗战期间,江西经济备受摧残。即使这样,抗战胜利后国民党政府并没有把解决民生问题放在心上,反而变本加厉地剥削人民、压迫人民,造成江西全省76%以上的城市和农村一片破败景象:"没有吃!没有住!种子没有!耕牛没有,连耕地的家伙也完了!还要征购余粮!唉,叫我们怎样活动下!"①这种悲惨的生存状况迫使包括工人在内的江西人民起来反抗国民党统治,掀起了针对国民党的反饥饿、反内战、反迫害的爱国民主运动。针对工人反抗运动,国民党采取了许多反制措施。1946年7月,国民党为加强对工人运动的控制,反对工人罢工斗争,暗地颁发了国民党中央制定的《复员期间领导工人运动办法》,制定了"运动党团,组织力量,配合政府措施,制止非法罢工怠工及越轨行为"的方针,采用"公开与秘密相结合的领导",实行所谓的"打击异党暴乱阴谋"。1947年,国民党政府公布了《工会法》,明确规定政府主管官署有解散工会的权力。国民党农工部工运计划委员刘某按照《工会法》,协助江西当局组织成立了各市、县工会,并于1948年3月中旬成立了官办的江西省总工会,目的就是为控制工人运动,镇压工人罢工斗争。然而,从抗战胜利到解放前,国民党的镇压和控制并没有使工人屈服,反而激发了工人抗争的斗志,为行将覆灭的国民党敲

---

① 《一笔血写的数字,江西同胞渴求救济》,《申报》1946年4月24日,第5版。

响了丧钟。

一、反对低薪欠薪

江西省会南昌1946年2月的物价总指数为1945年同期的3倍,是抗战以来物价上涨最多的一年,与1937年比较,物价指数上涨2662倍。为此,南昌爆发了诸多要求上调工资的斗争。

1946年2月18日至3月8日期间,南昌电信局全体职工举行了一次影响全国、坚持时间半月之久的罢工斗争。原本在抗战期间,电信和邮政同属交通部邮电司管辖,邮电职工除工资收入之外,还享有生活津贴、以米代金等补助。抗战胜利后,电信局职工待遇不如邮政局职工,在通货迅速膨胀、物价飞涨的情况下,南昌电信局职工的生活日益窘迫。为了反饥饿、争生存,南昌电信局全体职工于1946年2月18日联名电请国民政府行政院交通部,提出六项要求:(一)邮、电原同一司,应按照邮局例,以物价指数发给生活津贴费;(二)保留以米代金的工资补助办法;(三)按每月所得,每人发给胜利金三个月;(四)年奖金按一月所得发放;(五)按当地物价指数增加夜班津贴;(六)按当地房租标准发给房贴费。由于上述六项合理要求未获答复,该局全体职工便在2月22日3时59分开始实行罢工,南昌市与全国各地来往之军、官、商电全部宣告停止,长途电话也同时宣告中止接转。罢工初期,南昌电信局局长邓某以所谓国内局势紧张、恐有误重要公事为借口,一再与职工商洽,并允诺全局职工可以透支薪津,俾资救济。罢工职工对邓某的威吓和诱惑置之不理,仍坚持已提出的六项合理要求,继续坚持罢工斗争。

南昌电信职工坚决罢工的消息,迅速传到全国各地,得到许多大中城市电信职工的响应和声援。上海市电信职工5000余人要求改善待遇,遭当局拒绝,于1946年2月21日实行全体怠工,要求当局限期答复,同时通电全国各局请予支援。2月23日,国民党交通部所属21个大电信局员20万人举行了全国性的大罢工,要求国民党当局统一待遇、改善工人生活。2月26日,国民党中央社消息供称:"电信工人罢工,已扩展至全中国","继江西省会局南昌之电报工人开始罢工之后,北京、天津、广州、汉口、上海、成都、西安、昆明……涉及华北、华南及西南各地之工人纷纷响应,举行全国总罢工"。当时,上海是全国通信枢纽,上海电信工人罢工对国民党反动统治威胁很大,所以,国民党政府交通部邮电司司长陶凤山急忙亲自乘专机飞抵上海,与电信局罢工职工代表会谈,允诺各地电信职工与邮局职工同样待遇,即按照物价增长指数,发给生活补助费。可是,国民党政府交通部部长俞飞鹏却拒绝这个解决办法。重庆电信局职工得知此消息后,立即电告全国各电信局,激起了全国20万罢工电信工人的极大气愤,纷纷表示要坚持罢工斗争以示抗议。后来,俞飞鹏见罢工工人态度坚决,恐怕事件继续扩大,只得亲自飞抵上海,再次与罢工职工代表谈判协商,答应了上海电信职工的要求。3月2日,上海电信职工宣布复工。接着,各地电信局罢工员工陆续复工,南昌市电信局职工在此情况下也于3月8日复工。南昌市电信局全体员工点燃的这次大罢工迫使当局答应了电信职工的部分要求,在一定程度上改善了职工的生活状况,同时给了国民党反动派以较大打击,对整个解放战争时期江西工人运动的开展有较大影响,在全国解放战争运动中也具有一定的作用。

1946年3月,南昌市铅印业400多工人,为反对饥饿和迫害,在体育场召集大会,举行示威游行,向国民党南昌市政府请愿。工人们高呼"反对迫害!""不达目的决不复工!"等口号,情绪甚为激昂。反动政府派出大批特务警察,企图用武力驱散游行队伍。由于工人团结一致,进行不屈的斗争,终于迫使资本家答应了工人提出的要求,取得了罢工的胜利。

1947年6月14日,南昌锡业工人为了维持生存,要求资方每日增加工资3000元,资方不同意,全体工人当即罢工,最终资方答应每人每日增加工资1500元。同一天,九江十里铺飞机场200多名修筑工人,为反对建筑公司贪污和克扣工人的工资而举行罢工,罢工持续了半个月之久。这场九江市建筑部门泥工、木工、锯板工、油漆工等共计300多人参与的大罢工,经过1个多月的斗争,终于达到了增加工资的目的。

1947年7月,宜春烟业工人为要求增加工资,罢工21天,迫使资方按件计工,增加工资30%。9月14日,大余县西华山钨矿工人向矿方提出增加工资的要求,遭到拒绝。第二天,全矿工人举行总罢工,罢工斗争坚持了两个星期,迫使矿方答应了工人提出的条件,并将半个月发一次工资改为10天发一次工资。12月,由于物价上涨幅度达80%以上导致生活难以为继,宜春刨烟工人为了反饥饿、发迫害,举行大罢工,要求增加工资,并提出将工钱折为大米发放,不许虐待工人,不许开除工人等条件。罢工斗争坚持了一个星期,最终使资方答应增加工人工资40%,并用大米支付工人的工资。

1948年8月,南昌水电厂工人因物价不断上涨,货币贬值,厂方又拖欠工资,造成工人每月工资仅能买到5升米的困难境地。困境下,该厂全场员工300多人举行了3天的罢工,强烈要求厂方按时发放工资,最终获得胜利。11月,赣州市于都县银坑、马安烟丝厂的工人,在苏区老党员肖仁和刨烟工会的领导下,提出"反对饥饿,增加工资"的斗争口号,资本家反而以不开饭威胁工人,于是600多名工人进行了罢工斗争。后来,工人代表与资方进行谈判,谈判的工人代表被资方扣押,工人们继续罢工,一直坚持4个月。最后,资方被迫增加工人工资,放鞭炮送工人代表出狱。

1949年1月18日,九江铁路局4个月未发放工资,铁路机务段100多名修车工人聚集在铁轨上,拦阻从九江站开出的12次列车,提出"我们要吃饭""不给钱不开车"等口号,并捣毁了车上的车灯。这场罢工斗争影响了南浔铁路沿线的工人,他们纷纷进行罢工。铁路当局在不得已的情况下,第二天答应发给工务段职工每人大洋2元,机务段职工每人大洋10元。2月18日,南昌车站至樟树机务段工务工人抗议当局不按时发放工资而举行罢工,致使南昌至杭州的41次列车停驶。南浔铁路工人闻讯后,积极响应罢工斗争,由牛行车站开往九江的91次列车也停止运行。两处罢工工人达1000多名。4月2日,南昌市邮政局员工5000余人领不到工资,饥饿难忍,自发来到会计出纳室、局长室要求发薪,罢工坚持2个多小时。局长刘耀庭恐事件扩大,紧急用电话向省政府警备司令部求援。省长方天亲自驱车来到邮局,警备司令部、警察局、宪兵队均派武装前来镇压,工人顽强反抗。当局在迫不得已的情况下,由警备司令部、警察局、市政府等单位出面,向南昌市大商号、钱庄用利息购龙洋上千元发给职工,这场反饥饿的罢工斗争才告结束。7月8日,在全国反内战、反饥饿、反迫害的爱国民主运动鼓舞下,萍乡煤矿1000余工人从高坑白马庙集体奔向高坑工程处。萍乡煤矿当局急忙从萍乡请来武装警察,企图武力镇压。罢工群众更加愤怒,冲进工程处,击伤警长一人,警察惊慌失措匆忙撤走。7月9日,全矿已停工两天,各地催煤甚急,矿局派代表与工人谈判,答应工人提出的条件。工人于7月10日复工,取得斗争胜利。

解放前夕,国民党江西省政府和省法院相继离开南昌。前江西公路局长过守正、总工程师胡美璜等高级职员也随同撤离。江西公路局的多数员工仍然坚守岗位。尽管某些高级人士巧舌如簧,通过大会、小会以及个别谈话游说工人撤走,但员工们仍坚定地表示:他们决不走,要留下来保护工厂、维持交通。坚守岗位的江西公路员工面临的处境十分艰难。从前方溃退下来的国民党军队天天扣车抓夫,毁桥毁路。国民党党政大员撤离更是强征车辆,大抓公差。交通秩序一片混乱,运输生产基本上陷于瘫痪。而物价飞涨,民不聊生,当局欠饷数月,不少员工的家庭已经到了揭不开锅的地步。在这种情况下,江西公路局南昌修车厂的工人发起了一场索薪请愿的斗争。1949年5月初,从系马桩到算子桥、从羊子巷到顺化门,员工们汇成一股人流,列队向当局递交请愿书。他们声泪俱下地痛陈疾苦,他们理直气壮地索要薪饷。他们还提出了"做工要吃饭、全家要活命"的口号。国民党当局企图镇压,并威胁说"要查出请愿队伍的后台,看是不是共党捣乱"。但员工们毫不动摇,处变不惊地组织"应变委员会",坚持团结斗争,终于迫使当局答应了部分要求:"每人暂发银元15块,维持生活,其余欠饷待时局平靖一齐结清"。

二、反对暴力关押

针对工人的罢工活动,国民党当局通过逮捕、关押工人的方式进行镇压。然而,广大工人团结一致,共同反抗这种暴力关押,取得了一次又一次的胜利。

1947年2月17日,九江兴中纱厂全体工人举行罢工,要求增加工资,反对资本家迫害。2月18日,厂方派出10多名武装人员,逮捕了柳枝儿等3名女工,全厂工人愤怒,推选出24名女工为代表与资本家进行谈判,提出了释放被捕女工、增加工人工资等条件。罢工斗争坚持了9天,资本家被迫答应了工人的要求。7月中旬,修水县城以工资维持生活的米业工人因提出工资以实物结算未果,相约同时离开米店,开始罢工斗争。县政府闻讯后即密令警察局派出警士逮捕了帅道文等工人代表。工人们绝不屈服,更加紧密团结,主动凑钱给难友并送上等饭菜。帅道文等对送饭的家属说:"请告诉大家,如果要求得不到满足,我们愿坐穿牢底。"工人罢工后,市上无米出售,军粮民食发生困难,县城工人、学生以及各界民众一致同情和支持米业工人斗争,呼吁县政府尽快合理解决工人要求。县政府怯于各界人士社会舆论压力答应了工人要求,历时一个星期的罢工斗争终于取得了胜利。8月,大余县漂塘钨矿全体工人因反对矿警打伤10多名工人,扣押3名矿工而举行罢工,同时派出人员到南康、大余县城及主要圩镇呼吁募捐,扩大声势,最后迫使资方接受了工人提出的3个条件:(1)立即释放被扣押的3名工人,并放鞭炮送回工棚、赔礼道歉;(2)赔偿未上班工人的工资,而且一天要发一天半的工钱;(3)负责治好被打伤的工人,医治期间,一天要发一天半的工资。

1948年8月国民党政府实行币制改革,发行金圆券,规定了各种物价和职工工资的指数即"八·一九"限价指数线。当初,建筑业资方规定工人待遇为:伙食自备者,每人每天工资为金圆券1.10元(或金圆券0.80元,食米2升);老板供伙食者,每人每天工资为金圆券0.85元。不久,金圆券不断贬值,国民党政府又取消"八·一九"限价指数线,导致物价上涨更加猛涨。10月,物价涨了4、5倍之多,但建筑业工人工资仍限在"八·一九"指数线,工人生活急剧恶化。建筑业工人要求加薪,组织数次劳资双方谈判。谈判中,工人要求以米代金计算工资,自备伙食者每人每日工资为食米9升,老板供膳者每人每日工资为食米7升。当时资方代表在原则上曾表示同意,但不同意以米代金发食米,只答应照市政府公卖米价折算发给金圆券,其中工人自备伙食者,每日工资为金圆券3.20元;老板供膳者,每日工资为金圆券2.40元。对此,工人不肯接受。10月29日,建筑业职业工会理事长违背广大工人要求,表示同意资方提出的方案,准备在10月31日发出行规议单。工人获悉行规议单消息后极为不满,认为建筑业职业工会理事长与资方所定工资标准过低,于是自行串连组织,重新提出工人的要求,即每人每日工资应以食米计算,每日为7升,另加伙食米2升,共9升,可建筑业职业工会理事长以违反政府政令为由没有答应这些要求。广大工人很气愤,于11月2日实行全行业总罢工,以示抗议。当天晚上,工人们决定于11月3日上午9时请建筑业职业工会理监事到花园角下鲁班庙(在佑民寺旁)喝酒,重申建筑业广大工人的一致要求,要求其转变态度。该业工会理监事们自知理屈,不敢前去,只有理事长涂某自恃有政府撑腰,单独赴会。当时,有200余工人在下鲁班庙内等候,涂某进门后,工人将门关闭,门外也留有200余工人。庙内的工人将涂某团团包围,与他辩论,要涂某说明与资方接洽经过,严正地质问他为什么要向资方妥协退让,有的工人则大声喊打。涂某见情势不妙,奋力冲出包围人群,开门夺路逃走,愤怒的工人群众在后面追着叫打。当涂某跑至省警四分局附近时,另一部分建筑工人正好从干家前巷、系马桩迎面赶来。涂某见去路被阻,进退两难,急忙躲进省警四分局。省警四分局保护涂某,并当场捕工人二名,拘押在该局。工人群众见警局捕去工人,更加激愤,迅速赶到四分局,要求放出被拘押的工人。警局不但不放出被拘押的工人,反而要警察总局派巡警队镇压请愿工人群众,再捉拿四名工人。罢工工人见资方和警方蛮不讲理,立即发动全业工人准备将南昌市区全部营造厂的招牌捣毁。当即有数百工人成群结队,手执铁棍,沿街警告妥协分子。他们打掉了木匠店及营造厂60余家的招牌,并与警察发生冲突,在冲突中又有两名工人被拘押。罢工斗争震动全市。省警总局监察长、四分局局长、市政府代表和市职业总工会主席,都赶到现场,召集工人在干家前巷一茶店训话,表示此次劳资纠纷当谋合理解决。这时,工人们不肯散去,坚决要求释放被捕工人并交出该业理事长涂某。后来,城防司令部、保安六团调来大批队伍,用武力将工人驱散,还把被拘捕的八名工人解送到省警总局。11月3日下午3时,在市府会议室召集建筑业同业公会、建筑业职业工会理监事代表、社会部、省警局、市职业工会总工会代表共20余人开会。会议由市府代表陈业焜主持。谈判结果达成以下协议,即要求罢工工人即日复工;工资数额,自备伙食者每日9升米,老板供膳者每日7升米;每月工资分两次发,在旧历初二、十六两天,按照市价折合金圆券发放。当时,工人要求先发给半个月工资才开工;资方坚持先做工半个月才发放半个月的工资,双方未获协议,因而罢工工人不同意立即复工。后来,经过再三谈判斗争,确定每月发放的工资是2日、16日两天,上半月工资按每月8日米的市价折算发放,下半月工资按每月23日的米价折合发放,基本上满足了工人提出的要求。被羁押的工人也不予追究,全部释放。11月6日起,罢工工人陆续复工。至此,南昌市建筑业工人取得最终胜利。

第三节　迎接全国解放的斗争

1949年年初,中国人民解放军继辽沈战役之后,连续取得了平津战役、淮海战役的伟大胜利,长江以北的广大地区基本解放,根据中央军委指示,第二、第三、第四野战军开始向长江北岸进军。4月20日,由于国民党反动派拒绝在和平协定上签字,4月21日晨,毛泽东、朱德一声令下,百万雄师立即开始渡江作战。其中,第二野战军第四军团执行从安徽境内渡江进军江西的任务,兵团司令员陈赓向全团作出了"打过长江去,进军江西省"的作战命令。在这场进军江西省的解放斗争中,江西广大工人全力支援人民解放军作战,为迎接江西全省的解放作出了英勇的斗争。

一、保护设施资源

1949年2月,中华全国总工会在关于纪念"二七"26周年的通知中指出:纪念"二七"要与目前反对国民党假和平,争取真正的民主的永久和平密切联系起来;国民党统治区各民主工会,在客观条件许可的条件下,组织公开或半公开的纪念会,宣传继承"二七"斗争的英勇精神,拥护人民解放军解放全中国和毛泽东提出的八项和平条件,反对国民党转移和破坏工厂,保护机器和工厂,迎接全国解放。在这种情况下,保护厂矿设备以及资源便成为包括江西在内的全国各地工人运动的一份重要使命。

1949年1月,江西公路职工组织的"应变委员会"对护车护厂采取了一系列措施:一是对运行途中被拦截的车辆要求驾驶员做到人不离车、身不离位,一有机会随时驾车回厂;二是将停厂的完好汽车,拆去总成部件,形成待修状态,并把这些车辆隐蔽到厂后的废车库去;三是把汽油、轮胎和汽车配件统统"坚壁"起来,有的藏在铁屑废料堆下面,外人无法找到;四是在厂房车队四周挖壕沟、筑栅栏,组织员工轮流值班,日夜巡逻警卫。通过这些措施,江西公路局保住了14辆完好汽车,二运处南昌分处保住了24辆基本完好的汽车。这期间,江西公路局的一辆125号长头福特客车在运行途中被国民党保安团扣住,强行装载他们的官兵开到广福圩,司机瞅准官兵下车的机会,立即调转车头疾驶回厂,一到厂后即拆下后桥部件,将车辆停放到厂后废车库"坚壁"起来。

1949年3月,国民党南昌电信局局长邓荣惠指使电信局职业工会的方志仁、饶英杰、熊承芝等人成立"应变会",妄图转移人员、档案和资产等。他们不仅搬迁、疏散局内重要器材,还在职工宿舍、长途电话室、电报收发处派出公开或秘密的特务,严密监视职工的言行,并且利用同乡、同学、同事和师生等关系进行多方面的控制。中共南昌城市工作部为了在电信局内部开展革命工作,在4月份经袁孝鹈(中正大学助教,中国共产党员)介绍,发展电信局无线电报房报务员袁永明为中国共产党员。袁永明入党后,在电信局内部争取团结广大职工,培养积极分子,引导开展"索薪"斗争、扣留电信总局第三管理局局长、组织护厂队和抵制国民党军进驻等激烈斗争。5月14日,随着中国人民解放军在南昌附近地区向国民党军队发起进攻,广大职工预计南昌快要解放,因此斗志更加高昂,进一步加强了保护设施的工作。他们灌了几十个麻袋沙包,堆放在电信局大门两侧,以备急需之用。5月19日,人民解放军与国民党军在武阳和茌港一带激战,敌军大败溃逃,南昌市即将解放。这时,电信局局长邓荣惠突然从家里打电话到市话台,叫值班长要袁永明接电话,袁没有接,邓荣惠便叫值班长转告袁说:"国军马上要进驻民德路电信局,准备打巷战,由你们带领全局职工向潮王洲撤!"袁永明对值班长回答说:"他是局长,要撤就叫他到局里来带队撤!"接着,袁永明又向职工们表示:"我们坚决不撤!"他带领职工们用早已堆放在门旁的沙包把电信局大门封闭起来,又派人在电信局后门架设了高压电网,把护厂队员安排在各守护岗位上。邓荣惠等见职工们保护电信局的态度坚决,众志成城,只得放弃撤迁的打算,躲藏起来不敢露面。广大职工怀着高度的革命责任感,三天三夜始终坚守在电信局,直至南昌市解放,终于将电信局完好地交给人民解放军。

1949年4月下旬,新华社广播要求非解放区人民积极主动组织起来护厂、护矿、护店,保护国家财产,等候人民解放军接管。九江招商分局工人听到消息后,心情久久不能平静,决定展开对九江港的护港工作。原招商分局总务股长谷源增召集留浔的职员胡忠民、彭明伟、秦楒、邵昌宗以及一码头水手方俊喜,三码头水手长张良臣,国兴轮老大周自本,飞开轮老大崔臣银等人,组成了护港委员会。护港委员会派人对电台、仓库、码头、囤船、拖轮进行守护,每个人手执梭镖,日夜巡逻守卫以防国民党军队破坏,确保国家财产安全。那时,招商局仓库剩下六七千吨食盐,货场有六百吨煤炭,码头工人同水手、招商局职员一起精心保护,谁也未动一两。彼时,由于招商局属官僚资本,加之码头工人身强力壮,个个手持梭镖巡逻,一般特务、流氓、地痞不敢来码头破坏。5月13日晚,国民党逃跑时,在仓库边的一棵大枯树浇了煤油放上一把火,打算烧毁招商局仓库,破坏码头。幸好护港队员闻讯赶到,国民党兵仓皇逃走,仅是这棵枯树被烧,仓库、码头、囤船、拖轮、电台都完好无损。5月14日,打着"革命军"招牌的王公霸一伙人进了九江,到处抢钱夺物,搞得九江人心惶惶,街市大乱。他们也窜到招商码头,看到护港队的人在码头上手持梭镖来回守护着,也不敢过来,只问问"你们经理呢?""跑了。""钱呢?""带走了。"一个护港队员说:"要钱没有,梭镖有一根，要钱找商会要去吧！"于是这伙人一窝蜂地到商会去了。5月17日真正的解放军来了，护港队员到九江东门外迎接解放军进城，他们手里拿着小红旗，喊着"热烈欢迎解放军""庆祝九江胜利解放"等口号。5月20日，解放军进驻九江分局，九江港完好无损地回到了人民的怀抱。

1949年5月，人民解放军逼近南昌地区，国民党军队准备西逃，在逃走前预谋破坏南昌水电厂。在中共南昌市地下党组织领导下，南昌水电公司职工经过协商，推选出有威信的工人、技术人员和政治人员共同组建了护厂指挥所，组织工人在工厂周围架起铁丝网，在水泵房边挖掘护厂壕沟，在要害岗位安装内部电话。工人们佩戴红袖章，组编纠察队，实行轮流上工、轮流巡查，在工厂各主要进出口、河边、机房、煤仓等处都设置巡察岗哨，在厂房的房顶上设置瞭望哨。为了准备护厂武器，机修工人利用废铁自制了几十把红缨枪作为护厂武器。面对全厂工人的严密护厂行为，原伪厂警队人员陆续溜走，丢下的8支步枪成了工人护厂的武器。为避免家属被国民党胁迫，指挥所让全厂职工、家属1000多人搬进厂内集体住宿，购买500担大米供职工家属食用，解除了全体职工的后顾之忧。最终，在护厂指挥所的指导下，全厂职工和家属1000多人团结一致，全力投入保护电厂机器设备的战斗，挫败了敌人的多次阴谋，完好地保护了厂里的一切设施。1949年5月中旬，人民解放军渡过长江进逼九江。一时九江城处于混乱的"真空时期"，以王公霸为首的土匪组织所谓"中国人民革命军皖、鄂、赣边区前线指挥部"，妄想冲击九江映庐水公司、久兴纱厂（兴中纱厂）与商会，抢夺武器和财产。兴中纱厂电力200多名工人积极组成护厂队与土匪展开斗争。5月16日晚，以王公霸为首的30余人来抢劫电厂财产，他们到厂门口朝天放枪想吓跑工人。护厂队的队员听到枪声，也朝天开了数枪，迫使匪徒撤走。5月17日，100多名土匪乘坐一辆大卡车来到电厂。由于他们身穿伪装的解放军军服，工人以为他们是解放军便打开厂门让他们进入。这些人进入后先把工人的枪支收缴，紧接着从工厂一连扛了50包大米装上车，另外还从厂办公室抢走钞票和大量财物。当工人发现上当受骗，手执棍棒紧追不放。所幸，这伙伪装的土匪在火车站被渡江而来的人民解放军截住，所抢枪支、大米及财物最终被解放军送回兴中沙厂。

1949年6月下旬，中国人民解放军进入江西，逼近樟树，萍乡解放指日可待。国民党军队准备破坏泉江电厂。当时地处浙赣铁路的泉江电厂，有发电机

3台,总装机容量4000千瓦,不但是当时江南煤矿一个较大的发电厂,而且是萍乡煤矿的总动脉。泉江电厂一旦被敌人破坏,一切机器设备都要停摆,矿井就会被水淹没,后果不堪设想。因此,为防止敌人溃逃时破坏矿山以及泉江电厂,萍矿工委动员矿厂全体员工保护好机电设备和器材物资,严防拆迁和破坏,并提出保护矿厂的三条措施:1. 如遇国民党军队的破坏,即向他们申述利弊,进行和平谈判,利用金钱收买,采取掩人耳目的办法搞假破坏;2. 立即组织工人拆卸重要机器设备的关键零件,转移隐藏;3. 在上述两点无法实现时,立即组织武装护矿。7月18日上午,国民党四十六军工兵营第三连连长赖在民到泉江电厂,口头通知协理陈帮枢:"奉令于即日二十四小时左右破坏电厂。"并要陈帮枢转嘱"电厂各员工及员工眷属立即疏散,以免无谓牺牲。"赖走后,陈帮枢立即电话知矿局和高坑工程处负责人,并转告萍矿工委负责人郭昌荣,一场反破坏的斗争就此展开。郭昌荣召集部分地下党员开紧急会议,决定一面组织员工组成谈判代表团,向矿局总经理郭象豫申述保护电厂事宜;一面由罗新民负责从高坑一、三分井及王家源矿、安源矿护矿团的地下党员和工人积极分子中抽出80名年轻力壮、不怕牺牲的工人,组成武装便衣护厂队,埋伏在电厂;由城关中共支部书记周以存率领300多名携带枪支的工人,潜伏在电厂四周以武力护厂。郭昌荣坐镇电厂,统一指挥并组织破路队,准备破坏铁路,阻止敌人铁甲车通行,切断敌人的增援之路。郭昌荣又利用已被争取过来的萍矿警总队副总队长刘葆国做郭象豫的转化工作;并告知矿警队,必要时可派人化装与工人代表一道参与谈判。与此同时,留下少量的护厂队员和矿警在厂内巡逻放哨,监视敌人动向。以罗新民为首的80名工人便衣护厂武装和周以存指挥的300名工人武装、矿警分头进入埋伏地点,破路队也从高坑赶到芦溪车站,整个矿区严阵以待。员工谈判代表团警告郭象豫:你是总经理,解放军来了有半个螺丝钉遭到破坏都由你负责!迫于形势,郭象豫只得同意由局方支出银元1200元,由工人代表带至电厂,作为谈判经费。面对工人群众严阵以待和人民解放军大军压境的气势,工兵营三连连长赖在民不敢轻举妄动,收下1200块银元后于7月19日下午5时率队乘坐列车离开泉江电厂。7月26日,人民解放军挺进萍乡,泉江电厂完整无损地回到人民的手中。

1949年7月,中共赣州地下组织青年工委给赣州电厂投去两封信:一封给经理傅文元,宣传党的政策,指出赣州即将解放,要他支持工人的护厂行动,防止特务破坏和散兵游勇的抢劫;一封给全厂工人,讲明工厂是工人的家,机器是工人的生命,电厂是全市的眼睛,要求工人组织起来保护工厂,保护机器,迎接解放。中共赣州地下组织的秘密信,鼓舞了赣州电厂工人护厂斗争的信心。锅炉房工人谢某找到几名工人组成工人纠察队,管理股职员陈清环随之响应。随后,参加纠察队的工人不断增多。7月中旬,由40名年轻工人组成的工人纠察队正式成立。纠察队昼夜在厂区巡逻,维护电厂的正常工作。为配合和协助工人纠察队的护厂行动,单身职工悉数搬进工厂住宿,并规定发电车间除当班工人外任何人不得进入,厂区四周防卫高压电网都接上电源。工厂还购进一批生活物资,边生产边护厂。7月下旬至8月上旬,国民党军刘仲狄部的两艘舰艇停在北大门河边,妄图窃走电厂机器。由于工人纠察队防卫严密,他们的阴谋未能得逞。工人纠察在护厂期间,经常会看到一些散兵、特务在电厂四周溜达,他们在窥测时机,企图进厂抢夺财物。有一天,10多个穿着破烂军衣的国民党散兵借口要在电厂洗澡,直接向厂内冲,被工人纠察队据理阻拦。

二、抓好生产支援

1949年4月,人民解放军渡江后,江西各地陆续解放。为了支援全中国的斗争,江西工人在党、政、工会的组织领导下,积极投入到恢复生产、支援前线的战斗中,日夜赶修机器设备和交通设施,全力支援了人民解放军作战。

1949年5月开始,江西铁路部门积极组织工人抢修铁路,在两个月内,实现车辆运送4895辆,并把19万解放军、2000多吨军用物资、8496匹骡马及1722辆军车全部运送到前方,有力地支援了人民解放战争。其中,南浔铁路九江机务段工人经过一个多星期的日夜奋战,修复了一台报废的机车和十几节车厢。国民党军队炸毁德安铁路大桥,工人们奋战40多天后成功修复。上饶铁路机务段工人夜以继日地抢修954号机车,命名为"南昌一号";玉山机务厂员工抢修809号机车,命名为"南昌二号",投入铁路运输。5月20日零时,国民党炸毁了樟树赣江铁路大桥,妄图阻止人民解放军渡河。我军在河东激战4个小时,击败敌人2个营,剩下敌军直往西逃窜。在樟树铁路工人的帮助下,我军迅速渡河直追国民党的残兵败将。

1949年5月21日,解放军先头部队在谢埠渡过抚河。国民党军队穿城而过撤往昌北。撤退时他们炸毁了南昌中正桥,爆破了牛行弹药库,最后来不及破坏铁路就仓皇逃遁。1949年5月22日凌晨,南昌市宣告解放。南昌解放的当天,公路员工一个个早早地来到工厂车队。公路局南晶修车厂的工人很快就将原来隐藏下来的车辆装修完毕;工运处南昌分处当天工作13小时,抢修了11部汽车。这样,5月22日那天,公路部门就有20多部汽车投入了支前运输。江西公路局机器厂、工运处昌修配厂的工人则夜以继日地赶制桥梁铁件,并为解放军修枪、修炮、修军马鞍架,还修好了10余台汽车引擎,用以装配汽艇,支援解放军开赴鄱阳剿匪。

1949年6月初,军管会派驻江西省公路局的军代表武蕴藻等正式到职。他们不仅接管了公路局,连同二运处南昌分处、全万工程处等单位都一同接管。军代表提出,公路部门的头等重要任务就是迅速全面恢复交通、抢修交通工具、支援大军南下。公路局、工运处、全万工程处等单位驻南昌地区的员工有1200多人。当时运输业务尚未开展,既无营业进款,也无养路费收入,工人们就靠军管会发放的微薄生活费维持最低水平生活。然而,翻身的幸福、胜利的喜悦给广大职工以巨大的鼓舞,他们以冲天的干劲投入了火热的生产竞赛。修理工王云程、养路工杨光锋、驾驶员周明清等由于勋劳卓著,年终被评为交通系统解放后最初一批的特等劳动模范。可以说,南昌解放后,足足有半年多的时间是江西公路部门全力支前的阶段。在这半年中,共调派汽车1872辆次,运输军事物资4159吨,运输人员2539人。其中规模较大的一次支前行动是8月下旬南下广东的支前运输。根据江西支前司令部的命令,公路部门组织了货运汽车42辆,客运汽车1辆,派出工程技术人员45名,满载工程器材浩浩荡荡,随军挺进广东。任务完成后,人民解放军某部授给江西公路部门"支前英雄"锦旗一面。

1949年7月5日,江西省总工会筹备委员会成立,推选郭光洲为主任。江西省总工会筹委会成立以后,根据中共江西省委和省职工运动委员会的指示,确定当前全省工人运动的两大任务,就是团结全体职工,"恢复生产,支援前线"。广大职工积极响应省总工会筹委会的号召,投入支前运动。景德镇是江西先行解放的城镇,在短短的几个月内,全镇成立21个职工筹备委员会,复工工人达3500余人,开工生产的坯厂500余个。南昌市职工总会筹委会成立后,还起到了替刚解放的职工群众说话办事的作用。如,南昌市私营江南面粉公司为了达到剥削工人的目的,故意延长工人的工作时间,市职工总会筹委会得知这一情况后,立即对资方进行了严厉的指责,使资方不得不承认错误,并把工作时间做了调整。在市职工筹委会的领导下,南昌有 5 个码头的工人都联合成立了职工筹委会。广大公路工人在"解放军打到哪里我们便将公路修到哪里"的口号下,配合解放军工兵部队和上万民工,用 3 个月时间抢修大小桥梁 550 座以及公路 2884 公里,整修车辆 425 辆,支前调运车 1051 次,半年内行驶 627289 公里。船业工人和码头工人日夜奋战,抢修汽轮、驳船 200 余艘,使赣、抚、饶、修等主要河流及鄱阳湖畅通无阻。在官僚资本企业被没收为国有企业中,工会发动职工协助清点、接管并献纳器材,检修机械,复工生产。全省邮路也在很短的时间内恢复通邮 24447 公里,较解放前的 1949 年 4 月份增加 14559 公里。到 7 月底,九江瓷厂工人日产量超过国民党统治时期的 50%。萍乡煤矿工人产煤量逐月增长:7 月份 90 吨,8 月份 3000 吨,9 月份 5000 吨。

1949 年 8 月,省公路局成立了第二抢修队,队长是冯礼乾工程师,成员包括张天佑、洪立维、李克湘、胡延楫、胥贤义等人,任务是从南昌抢修至吉安,而后取道泰和经兴国至赣州的公路。抢修队随四十八军工兵,携带斧锯木夯和炊事用具等工具,乘坐一部雪佛兰货车前行至目的地。路上凡遇见有破坏的桥和路,抢修队就下车进行维修。抢修过程中,抢修队与解放军工兵配合默契,抢修队主要负责选定便道和便桥的位置,定桥孔、定墩台桩位,再就是选木料,量木下裁,而后与大家一道兼指导、兼操作;解放军工兵大多干打木桩等重活。由于当时是高温季节,白天炎日当空、晚上蚊虫困扰,但大家的热情都很高,与负责抢修从遂川到赣州公路的第一抢修队比赛谁抢修得快。最终,两队差不多同时于 8 月 25 日到达赣州,圆满完成任务。

可以说,江西省工人阶级在省人民政府的大力扶助和江西省总工会筹备委员会的组织领导下,加紧生产支援前线,以主人翁的姿态,以高昂的生产热情,迎来了 1949 年 10 月 1 日中华人民共和国的成立。

第七章　社会主义革命和建设时期的江西工人运动（1949—1978）

中华人民共和国的成立，开创了中国工人阶级和劳动人民在国家和社会中当家作主的新纪元。由于国家性质和工人阶级地位的改变，江西工人运动也进入了新的历史时期。社会主义革命和建设时期的江西工人运动，是在中国共产党的领导下，江西广大职工群众用鲜血、汗水、泪水写就的，充满着苦难和辉煌、曲折和胜利、付出和收获，是江西发展史上不能忘却、不容否定的壮丽篇章，也是江西经济社会发展继往开来、奋勇前进的现实基础。

第一节　生产资料所有制的社会主义改造中的江西工人①

从1949年10月中华人民共和国成立到1956年基本完成社会主义改造，在中国共产党的领导下，我国相继实现了从半殖民地半封建社会到民族独立、人民当家作主的新社会，从新民主主义到社会主义的两个历史性转变。中共江西省委严格按照中央要求，结合江西实际情况，在努力帮助手工业恢复和发展生产的同时，积极引导手工业、资本主义工商业的改造。

一、积极参加对手工业的改造

中华人民共和国成立后的头三年，党领导全国各族人民，一方面肃清国民

---

① 本节数据主要参考《江西省工会志》。

党反动派在大陆的残余武装力量,剿匪反霸,镇压反革命,建立各级人民政权,健全国家制度;另一方面,接收帝国主义在华资产,没收官僚资本企业归国家所有,对手工业实行改造,进行土地制度改革,发展社会经济。

解放初期,江西各地工会会同有关部门,把城镇失业工人和贫苦手工业劳动者组织起来,开展生产自救,并在财力、物力等方面给予支援。1950年,全省试办20个手工业生产合作社,有社员2635人,主要分布在景德镇、瑞金、宁都等少数地区。以后几年,对国计民生有利的如铁业、木业、皮鞋、缝纫等行业有一定程度的发展;手工织布、黄烟等逐步被机器所代替;迷信品等行业走向没落;城镇的篾业由于农村副业的发展而逐渐萎缩。

1953年,中国共产党根据国内经济、政治条件和国际形势的变化,提出了党在过渡时期的总路线,采取社会主义工业化和社会主义改造并举的方针,动员全党全国人民为实现总路线规定的任务而奋斗。从1953年到1956年,在进行有计划的经济建设的同时,江西省委按照中央的统一部署和过渡时期总路线的要求,结合江西省的实际情况,领导并基本完成了对个体农业、手工业和资本主义工商业的社会主义改造,在江西确立社会主义基本经济制度,实现了生产关系的深刻变革。

中共江西省委、省政府根据需要和可能,采取一系列有效措施,帮助手工业者恢复和发展生产。一是改组国民党政府时期留下来的旧有合作社,并在此基础上成立新的合作社,真正让工人来领导,实行民主管理,使这些合作社成为发展生产、改善手工业劳动者生活和服务于国民经济的合作社。如景德镇市红星瓷厂就是从只有20余名工人的小合作社发展起来的。二是由工会、妇联和民政部门及供销合作社组织事业工人和贫苦手工业劳动者开展生产自救工作。据江西省劳动局1950年的数据表示,当时共有4184个失业工人组织生产自救。广大工人和手工业劳动群众发扬自力更生,艰苦奋斗精神,利用原有技术积极恢复生产。后来,这些组织有的直接转为国营工厂,有的转为手工业生产合作社。三是政府采取国营部门收购工业产品的办法给予扶持,帮助手工业生产得到发展。

由于党和政府的正确领导,江西省手工业恢复较快,为满足城乡日益增长的需要作出了贡献。但是,这种分散的手工业生产条件十分落后,新技术难以推广。而且,手工业中存在大量的个体手工业,如果任由这种小商品经济发展,最终还是会走上资本主义的发展道路,导致少部分人发财,大部分劳动群众贫困。因此,必须采取"自愿互利、积极引导、逐步发展"的方针,引导他们走互助合作、共同富裕的道路。

随着国民经济的恢复发展和政府对手工业的支持,江西手工业生产在全省国民经济中的地位持续上升。1954年上半年,手工业的从业人员约25万人,产值约2亿元,占全省工农业总产值的9.3%,占工业总产值的17.5%,是供应城乡居民生产生活资料的重要来源。手工业生产还为国营工厂修配制造零件,培养技术后备力量。

工会在手工业合作化的过程中,主要做三项工作:区分劳资、雇佣、师徒关系;开展增产节约运动;教育、组织手工业工人,团结、带动手工业者走合作化的道路。

从1953年上半年开始,全省各市都由点到面进行手工业划分关系的工作,省总工会各分区办事处也都在重点县进行试点。9月份,中共江西省委指示,在县里停止划分关系的工作。划分关系的工作,一般是以开展增产节约运动的名义出现,采取"宁宽勿严"的原则和内部掌握的方法,分四步进行:宣传政策,组织学习;摸清行业的情况和特点,确定划分标准;在干部和积极分子中学习标准,进行内部划分;大会动员,分别签订劳资、生产(或互助)、师徒合同。各地划分关系的标准,都是根据政务院《划分农村阶级若干新规定》,结合具体情况确定的,其内容大同小异。如景德镇市的划分标准是:业主不参加劳动,但担任业务指挥,以剥削工人剩余价值为主要生活来源;业主虽参加劳动,掌握了主要技术,但雇佣工人较多,业主家庭生活主要靠剥削工人;占有大量生产工具、生产资料和作坊者为劳资关系。业主长年参加劳动,掌握该行业主要技术,雇佣与自己同等技工或辅助工为辅佐劳动者;业主过去一贯劳动,现在因年迈力衰或死亡,后由妻继承,自己不能劳动,雇少数工人维持生产或生活者为雇佣关系。店主长年参加劳动,掌握主要技术,占有少量生产工具,学徒或半做工主要是向业主学习技术者为师徒关系。

到1954年5月,南昌等6个市进行手工业划分关系的共10035户,其中劳资关系790户,占7.87%;雇佣关系2088户,占20.8%;师徒关系874户,占8.79%;独立劳动者6199户,占61.7%;其他(为失业工人生产自救等)84户,占0.84%。通过划分关系,把大多数雇佣、师徒关系的手工业者同手工业资本家区分开来,使他们成为革命的可靠同盟军,调动了他们生产、经营和走合作化道路的积极性。在划分关系的基础上,工会配合政府有关部门对手工业进行整顿、调整、安排工作,深入开展增产节约运动,按照"积极引导稳步前进"的方针,推进手工业的社会主义改造。到 1954 年年底,全省共组织手工业生产合作社(组)3329 个,占手工业总户数的 12.01%。到 1956 年年底,全省手工业生产合作社(组)达 4471 个,参加人数达 86252 人,基本上实现手工业合作化;全省镇以上手工业生产总值为 1952 年的 2 倍,年递增 19.1%。

在中共江西省委的领导下,广大手工业者的积极性不断增强,全省的手工业合作化运动总体健康稳妥。在此过程中,积累了大量经验、丰富了领导经验、培养锻炼了领导干部。

二、积极参加对资本主义工商业的改造

中华人民共和国成立之初,江西的资本主义工商业虽然弱小,但在全省国民经济中占有一定的地位。到 1952 年年底,私营工业产值占全省工业总产值的 15.8%。私营工商业在为社会提供产品,实现商品流通,培养技术、管理和销售人才,增加社会就业,促进国民经济恢复和发展等方面发挥了一定作用。但是,私营工商业自身有着不利于国计民生的消极方面。一些私营工商业主,为了牟取暴利而不顾国家和人民利益,采取种种不法手段,严重扰乱经济秩序。为此,江西省委省政府、工会组织一方面团结发动工人阶级同不法资本家和商人进行坚决斗争;一方面遵照党中央精神,结合江西实际,采取一系列措施,改组私营工商业,限制其不利于国计民生的破坏性,将其中一部分纳入国家资本主义轨道。

江西省从 1950 年起,开始进行对资本主义工商业社会主义改造的试点,南昌五福面粉厂首先实行公私合营,随之新牲纱厂、建业染织厂等企业也先后公私合营。在对资本主义工商业的社会主义改造中,各级工会组织团结教育职工加强对企业的监督和管理,配合政府有关部门,促进资本主义工商业逐步走上各种形式的国家资本主义道路。在资本主义工业公私合营的过程中,工会协同有关部门积极发动群众摸清家底,公平合理地做好清产估价工作,南昌、九江、赣州三市工会组织 1.8 万职工参加清产核资突击队;慎重处理职工股;推荐政治坚定、工作积极负责、有一定管理能力、能联系群众的工人积极分子去做企业管理工作。到1954年底,全省私营大型工业中已实现公私合营的有65户,占55.5%,10人以上私营工厂中实行加工订货、收购包销的占90%以上。私营商业已有3329户走上国家资本主义道路,占全省私营商业总数的7%。1955年12月,传达贯彻中共中央关于加快对资本主义工商业改造的指示后,各地工会按照经省委批转的省工会联合会的指示,在职工群众中广泛开展国家对资本主义工商业进行社会主义改造的宣传教育工作,发动全体职工支持和推进公私合营。

1957年2月10日,省工会联合会召开全省公私合营企业工会工作会议,传达贯彻全国公私合营企业工会基层干部大会精神,研究工会组织如何发动职工群众做好团结、教育、改造私方人员的工作,在全省公私合营企业中重点试行建立企业民主管理委员会。会后,南昌、赣州、景德镇等7个市和丰城、乐平、修水、南康、万安、南丰等17个县,选择重点公私合营企业进行试点。试点企业中有赣南火柴厂、景德镇市第五瓷厂、乐平县线袜厂以及丰城、新余、宜春、修水等县的棉布店、杂货店等。试点合营企业,在工业系统采取以厂为单位,在商业系统以行业或以店为单位,建立企业民主管理委员会,其成员包括党组织、工会、青年团的负责人,行政公方代表、私方代表和职工代表。委员中的职工代表,不能少于委员总数的50%。民管会主任,工业系统一般由工会主席担任,私方代表任副职;商业系统,一般由私方代表担任,工会负责人任副职。赣南火柴厂民管会主任,前期由厂长担任,后期改为由工会主席担任,公方厂长、党支部书记和私方副厂长为副主任;委员数开始有11人,最多时达31人。华光瓷厂民管会有19名委员,其中资本家3人,其余全部是厂内党、政、工、团负责人与职工代表。试点合营企业,对民管会的职权规范为:在不违反上级行政和贯彻国家计划的方针下,有权听取和审查厂长(经理)的工作报告;有权讨论和审查企业的生产、财务、技术计划以及其他方面的重大问题;有权讨论决定企业的奖励金、福利费、医药费的合理使用;有权对企业科(股)长以上干部提出任免意见。试点以后,行政领导反映"我们的工作比过去更好做了",职工群众反映"今天的民管会真起作用,能解决问题"。

企业建立民主管理委员会以后,密切了领导与群众的联系,调动了职工的生产积极性,推进了对私方人员的团结教育改造工作,促进了生产的发展。景德镇市第五瓷厂,1957年1—5月生产计划完成不好,厂民管会讨论认为,主要是计划措施不具体,小组没有生产指标,工人奋斗目标不明。民管会作出切实的决议,解决计划与管理脱节的问题。厂里职工还反映:工人生产的半成品(尚未烧炼的瓷坯)拿不到应得的工资,往往因争先烧炼自己生产的半成品而影响团结。民管会讨论决定,半成品可以预付工资,化解了这个矛盾。对白胎(尚未彩绘的成瓷)积压问题,民管会决定,除加强产销平衡计划外,可吸收部分生活困难职工的家属厂外加工。赣南火柴厂是1954年8月公私合营并成立工厂民主管理委员会的。民管会成立以来,抓住增产节约改善经营管理这一中心环节,调整职能机构,建立起指标分解分管、成本分析、班组核算、凭单日记账、限额领料等管理制度,开展劳动竞赛和先进生产者运动。在职工代表大会上,代表共提出100多条意见,其中属生产管理的占48.5%,属劳动保护的占7.1%,属职工福利的占35.7%,属其他方面的占8.7%,这些意见都得到及时处理,职工很满意。所有这些都鼓舞了职工的劳动热情。1956年,装盒工劳动生产率普遍提高14%,制磷工用磷量普遍降低36.4%,油药工节约药品达12715元,全厂不仅提前一个月零三天全面超额完成年度产值、产量、质量、劳动生产率、成本、利润六大计划指标,并为国家多增产4000余件火柴。该厂5名私方人员有2名安排为副厂长,3名安排为相当于股级干部,私方人员纷纷表示,感谢中国共产党和人民政府的关怀和照顾,要努力做好本职工作。

"五反"运动①以后,资本家的"五毒"行为②虽大为减少,但某些不法行为仍不断地甚至普遍地发生。从1953年自查补报情况看,偷漏税户占工商业总户数的比例,南昌市为96%;吉安市为72%;乐平县重点查39户,为100%;宜丰县抽查10户,为90%。其手段有不开发票、少报营业额、盘存不实、进货不报等36种之多,采取扩大开支、增加工薪和酬金、变生产资料为消费资料、用流动资金购买公债、利用转业或改组划走资金、埋藏现金、分散资财、拆伙下股、化名隐匿等手段抽逃资金。南昌市自力绸布店抽走资金30亿元(人民币旧币)后就申请停业。万载县西药房资本家把资金买了棺材、皮衣、布正。采用拖欠工资、停薪停伙、威胁利诱等办法解雇工人,企图摘去"资本家"帽子逃避改造。1954

---

① "五反"运动:是指1952年开始在我国各城市进行的反对行贿、反对偷税漏税、反对盗骗国家财产、反对偷工减料和反对盗窃国家经济情报的群众运动。
② "五毒"行为指的是资本家行贿、偷税漏税、盗窃国家财产、偷工减料、盗窃国家经济情报五种违法行为。

年,南昌市拖欠工资的有324户,涉及工人约2000人,欠资总额达4亿元(人民币旧币)。1955年调查:赣州、抚州、临川、波阳、遂川5个市县共欠工资53945元;鄱阳、涂家埠、李家渡、蓉江4个镇80%以上的雇工户拖欠工资,给工人生活造成很大困难。还有一些资本家心存怨恨和戒惧,产生消极情绪,不愿继续搞好生产经营。

针对这些问题,各级工会组织根据党和国家"利用、限制、改造"的方针和"有团结有斗争""发展生产,劳资两利"的原则,对职工群众进行宣传教育,说明对资改造斗争的尖锐性和复杂性,调整好劳资关系、恢复和发展私营经济的必要性,加强职工监督的重要性,以及职工的责任和前途等。工会组织还会同有关部门加强对劳资协商会、业务研究会的领导,通过劳资协商解决劳资纠纷中的一些重要问题。乐平县通过各行业的劳资协商,基本上解决拖欠工资问题;南昌市和高安、宜春等县经过协商,解决了多余人员的安置等问题。1953年,景德镇瓷业工会主席罗贤镇等25人,代表劳方与资方代表余昭华等25人签订《景德镇市瓷业生产劳资集体合同》,带动全市其他行业劳资合同的签订。学习党在过渡时期的总路线以后,职工觉悟进一步提高,对资产阶级的监督也进一步加强。1954年,南昌市联力铁工厂在承接国营单位的加工订货任务时,资本家严重虚报工价,经职工揭发后,才将虚报的2700万元(人民币旧币)退回。此后,南昌市国营商业部门向私营企业加工订货时,普遍吸收私营企业的职工参加。在私营商业中,工会组织还协助政府开展纳税储蓄工作,重点推行建账、建票制度,有效地防止了偷漏、拖欠税款的现象,保证国家税收按时入库。

1956年,和全国一样,江西生产资料私有制的社会主义改造取得了决定性胜利。手工业合作化,通过采用"生产小组到供销生产合作社再到生产合作社"的方法,把绝大多数手工业者纳入手工业集体经济组织;资本主义工商业的改造,通过多种形式的国家资本主义,采取和平赎买政策,基本上将资本主义生产资料私有制转变为社会主义所有制。这些举措,有利于发展生产、活跃经济、积累资金、培养人才,从而促进江西省经济的发展。

第二节 "大跃进"时期的江西工人运动①

社会主义生产的高速度发展,是社会主义基本经济规律所要求的。社会主义生产关系从以下几个方面推动社会生产和整个国民经济的高速度发展:一是社会主义制度为劳动群众生产积极性和创造性的发挥,提供了极大的可能性;二是社会主义制度消灭了资本主义因竞争和生产无政府状态必然出现的人力、物力和财力的巨大浪费;三是社会主义革命消灭了人剥削人的制度;四是社会主义制度为技术的迅速发展开辟了广阔的道路;五是社会主义制度消灭了资本主义所特有的那种生产增长同劳动群众购买力相对缩小的对抗性矛盾。总之,社会主义制度为社会主义生产和整个国民经济的高速度发展提供了客观可能性和必然性,但是,这种可能性和必然性的实现程度,还有待于主观上的努力。

一、积极参加社会主义劳动竞赛

1958年,毛泽东总结国内外社会主义建设的经验和教训,制定了"鼓足干劲、力争上游、多快好省地建设社会主义"的总路线。在制定总路线的过程中,毛泽东和党中央确定了以农业为基础、工业为主导,发挥中央和地方两个积极性,充分利用沿海工业,加速建设内地工业,实行工业、农业并举,土法生产和洋法生产并举,大、中、小并举等一整套两条腿走路的方针。在这条总路线的指导下,中国人民斗志昂扬,意气风发,敢想、敢说、敢做的革命精神空前高涨,比先进、学先进、赶先进、帮后进的社会主义竞赛热潮一浪高过一浪。

1958年1月15日,江西省工会联合会召开"全省职工掀起生产高潮广播大会",宣读《关于支持蔡友清、毛德芝、石桂英等先进生产者倡议,迅速组织新的生产高潮》的决定。会后,各级工会组织讨论中共中央在中国工会"八大"致词中所提出的15年在钢铁和其他重要工业产品的产量方面赶上或者超过英国的口号,响应全省先进生产者代表向全省职工提出的倡议,开展比先进、比多快好省的"双比"竞赛。3月初,中共中央发出《关于开展反浪费反保守运动的指示》

---

① 本节数据主要来源于《江西省工会志》。

后,竞赛以"双比""双反"为内容掀起高潮。一些厂矿建立突击搜查队、检查保守队、大整大改队、大字报代写队等。西华山钨矿职工代表会一天半贴出大字报1269张;三二〇厂在一天多时间里筹办起26个反浪费小型展览会;江西机械厂把原定计划年产1.9万匹马力提高为5万匹;南昌柴油机厂的生产计划比上年提高3.7倍;全国先进生产者、三二〇厂工人蔡友清1958年初已在做1963年的工作。4月,省工会组织各地、市、产业工会和部分基层工会领导干部,去上海参观"比先进、比多快好省展览会",学习上海市开展"双比"竞赛的经验,进一步推动全省的"双比""双反"①竞赛活动。

在组织新的生产高潮中,各种厂际竞赛继续深入开展。遵循"中央企业带地方企业,大中型企业带小企业,老企业带新企业"的原则,各参赛单位发扬共产主义协作精神,签订协作合同,一厂有难,各厂帮助;一厂所需,各厂支援。1958年上半年,江西造纸厂、赣南造纸厂、赣州酒厂、南昌酒厂、江西油脂厂、省印刷公司帮助新企业培训技术工人1099名;江西造纸厂为20多个小型造纸厂的兴建提供技术资料、帮助勘测厂址;波阳电力榨油厂在江西油脂厂等兄弟单位帮助下,米糠榨油出油率、枯饼残油率均进入全国先进水平;"八一"牌拖拉机也是通过江西机械厂、南昌柴油机厂等9个单位的协作而研制成功的。在造纸、油脂、酿酒、印刷、火柴5个行业厂际竞赛中签订的193项协作合同,90%以上都按期实现。1958年8月以后,在"全民大炼钢铁"运动中,江西各行各业职工在"以钢为纲,全面跃进"的口号下,围绕"支援钢帅升帐",开展"高产日""高产月""放卫星"等各种竞赛活动。

二、广泛参与企业管理

1949年9月,根据全国工会工作会议精神,中共江西省委职工运动委员会向全省发出指示:在国营工厂企业建立工厂管理委员会,作为企业的最高领导机关;在管委会内,厂长有最后的决定权;厂工会主席参加管委会;市以上工会负责人参加同级政府财政经济委员会。同年10月,全省工会工作会议作出《关于国营工厂矿山企业建立管理委员会与职工代表会议的决议》,并且制订工厂管委会与职工代表会实施办法草案,作为对国营公营工厂企业机关的建议。会

---

① 双反:指的是"大跃进"时期开展的反浪费、反保守运动。

议提出要普遍建立工人代表会,通过工人代表会团结教育工人,培养积极分子,建立工会组织,同时研究讨论如何解决多数工人迫切要求解决的问题。1950年3月,省总工会筹委会先后召开工委书记、公营企业行政干部、工会干部会议和发出通知,要求各地认真学习和贯彻中央财政经济委员会《关于国营、公营工厂建立工厂管理委员会的指示》和《人民日报》"二七"社论《学会管理企业》,提高对建立工厂管理委员会和职工代表会议的认识,在公营企业实现管理民主化。至1950年年底,全省有97个国营、公营企业建立管理委员会,其中铁路、公路、邮电、水电等省属企业35个。1954年,全省工矿企业学习和运用苏联的工业管理制度和方法,推行"一长制",给正在推行的管理委员会与职工代表会议制度以很大的冲击。

1958年,省工会联合会下发年度工作要点,明确要求各级工会在整风运动中,充分发挥职工代表大会作用,普遍推行职工代表大会制;在整风以后,要形成制度,坚持下去。1959年,宜春地区国营、公私合营企业建立职工代表大会制的共有117家。到1960年,赣州地区有20多家省、地属大中型企业和部分县市属工交企业建立起职工代表大会制。九江兴中纺织厂自1957—1960年,每年在召开会员代表大会的同时召开职工代表大会,听取和讨论党委的政治报告,讨论和审查行政工作和生活福利工作报告,以及工会工作、工会财务收支报告。大会闭幕后,厂工会发动职工群众,贯彻职工代表大会决议,掀起新的生产高潮。1961年9月,《国营工业企业工作条例(草案)》颁发以后,江西各地通过贯彻试行这个条例,积极推行职工代表大会制。已经建立职工代表大会的单位,加强职工代表大会常任制的建设,进一步发挥职工群众参加管理、监督行政和企业领导人、讨论和解决企业管理工作中的重要问题和职工群众最关心的问题的作用。

1958年4月,中共中央批转中共黑龙江省委《关于工业企业干部参动劳动,工人参加管理及实行业务改革的报告》以后,江西上饶、吉安、宜春、景德镇等地市部分工业企业、萍乡矿务局、省邮电工会、南昌铁路管理局等单位陆续推行"两参一改三结合"①的管理制度。清江县邮电局1958年6月开始推行"两参

---

① 两参一改三结合:这是鞍钢管理方法的核心思想之一,来自于毛泽东同志对鞍钢管理经验的总结概括。两参指的是干部参加劳动,工人参加管理;一改是改革不合理的规章制度;三结合是指领导干部、技术人员、工人三结合。毛泽东同志曾把鞍钢的这种管理方法称之为鞍钢宪法,其中有五条重要经验:坚持政治挂帅、加强党的领导、大搞群众运动、两参一改三结合、大搞技术革新和技术革命。

"一改三结合"以后,职工和领导干部精神面貌一新,企业管理加强,在为党的中心工作服务和完成国家计划、提高通信质量上取得显著成绩,先后被评为全省邮电企业局级竞赛先进单位、1958年度红旗单位和全县工交企业先进单位。萍乡矿务局全面推广"两参一改三结合"经验后,干部参加劳动蔚然成风,有4337名工人担任班组和区(车间)的人事考勤、安全检查、材料设备管理、生活福利及有关生产资料的统计等项管理工作,工人既是生产者,又是管理者。德兴铜矿地质队在业务改革中,在财务制度方面减少成本和余额两种账60多本、账表6种及其他一切繁杂手续;在生产管理制度方面,将生产技术、机械管理、表报编制、成本核算、安全管理、质量管理、机器维修、学习、劳动竞赛和合理化建议等10余项工作和活动,均下放给工人管理,并由有关科室帮助工人搞清楚管什么、如何管,以此充分发挥职工群众的智慧。

三、踊跃参加技术革新、技术革命

1959年,为响应党中央开展以技术革新、技术革命为中心的增产节约运动的号召,一个以技术革新、技术革命(简称"双革")为手段、增产节约为目的的各种形式竞赛活动在江西全省工人阶级中展开。南昌铁路局开展"献车、献料、献技术"运动并推广"捎脚运输"等先进经验,仅1959年5月就多完成2万吨的运输量。邮电系统实行条块结合,以条带块,以块保条,并与铁路、公路、航运等有关单位,展开协作竞赛,有效地提高工作效率和服务质量。大吉山钨矿开展"一人多艺、一物多用、一机多能"运动,全矿节约劳动力20%,采场出勤台班由129个增至180个;景德镇市东风瓷厂针对烧炼时间长、耗柴多的问题改进操作,使每次窑缩短4~6小时,节柴四五十担。在开展"双革"竞赛中,各行业、各地区、各单位通过大树标兵,使职工群众有明确的学赶对象,使先进人物更好地发挥骨干带头作用并不断提高自己。1958年,萍乡安源煤矿在采煤工刘本坤创全矿、全国采煤新纪录后,全矿开展学赶刘本坤的竞赛。当1959年4月刘本坤班产577.28吨的纪录被超过时,5月,刘本坤又创班产686吨的更高纪录。1959年,九江兴中纱厂以细纱挡车工瞿兰香为首的"八闯将"(瞿兰香、朱冬香、艾毛女、熊荣秀、闵芙蓉、叶水香、胡三妹、陈引弟等8名挡车工),响应厂党委的号召,率先驯服高速车,并在一个星期之内帮助200多人学会了驾驭高速车。"八闯将"这面红旗,使全厂纱日产量4月份比3月份提高14%以上。煤炭系统开展学赶袁佑生小组后,仅萍乡矿务局就有70个小组赶上袁佑生小组的生产水平,90个小组提前实现增产节约指标,102个小组的生产水平大幅度提高。公路运输系统的毛德芝、余棋铭,机械系统的赵长生、蔡友清,煤炭系统的郭清泗、刘本坤,纺织系统的瞿兰香、经自麟、卢香以及火柴行业的刘小娥等都成为带动全厂、全行业的标兵。

1959年10月,省总工会召开执委扩大会议,做出"进一步动员全省职工,响应党的增产节约运动的号召,坚决为提前十五天到二十天全面完成今年跃进计划而奋斗"的决议。11月6日,省总工会、省机械局、省农业厅联合组织全省各有关单位收听第一机械工业部、农业部、一机工会召开的全国机械工业、农业机械系统学赶先进、提前完成生产任务的跃进广播大会。12月,全省机械系统"双革"竞赛中评出三二〇厂、南昌轻工机械厂、萍乡联合机械厂、德安县机械厂、井冈山机械厂等5个红旗单位和南昌通用机械厂、江西船舶修造厂、景德镇市机械厂、大余县机械厂等4个受奖单位,并组织参加全国机械工业全体职工庆功广播大会。当年,全省工业生产提前15天超额完成年度计划,工业总产值比1958年增长39.5%。

1960年,根据全国总工会八届三次执委会议精神,江西各地工会在党的领导下,与各方面密切协作,动员和组织职工群众大搞机械化、半机械化和自动化、半自动化(简称"四化"),以消灭笨重体力劳动和手工操作为重点,把"双革"运动推向新的高潮。交通系统大搞装卸机械化、半机械化和土铁路;水利工地大搞"实现车子化、索道化";农垦系统和山区开展竹木采运"双革"竞赛;南昌五金厂在3个多月中革新190多项,使90%的工人摆脱手工操作和笨重体力劳动,节约120多个劳动力,还提前51天完成上半年的生产计划;景德镇红星瓷厂实现32项革新,使主要工序实现机械化。据1—7月份统计,全省参加"双革"运动的职工达90%,机械化程度由24.9%提高到44.4%,约有21万人摆脱笨重体力劳动和手工操作。同年10月30日,南昌钢铁公司二号高炉、萍乡钢铁厂一号高炉、丰城钢铁厂六号高炉向全省钢铁战线各高炉发出"大战60天,夺铁保钢"竞赛的倡议。省冶金工业厅、省总工会立即发出通知支持他们的倡议,号召全省钢铁战线职工迅速掀起一个高炉与高炉红旗竞赛的热潮。

在合理化建议方面,1950—1957年,全省合理化建议与技术革新的参与者主要是生产工人。1958年举办的全省技术革新展览会和召开的全省技术革新者代表会,展览项目中约90%是生产一线工人、农民创造的,在代表会的代表中,仅木工代表就占25%。合理化建议和技术革新的内容,绝大部分是生产工人所熟悉的工具、操作方法、工艺过程方面的小改小革。

1958年,随着"大跃进"运动在全国范围内展开,全省的合理化建议和技术革新活动空前活跃。4月,省工会联合会组织各地、市、产业和部分基层工会干部赴上海,参观"比先进、比多快好省展览会",学习上海开展技术革新和技术革命的经验。5月1日,《工人日报》发表社论,号召全体职工"开展技术革新运动""实现全面跃进"。同月,省工会联合会在三二〇厂召开有各地、市、产业和部分大厂矿工会干部参加的技术革新现场会,总结交流开展技术革新的经验。6月,全省技术革新展览会开幕。7月,全省技术革新者代表大会召开。据1958年1—6月,南昌、景德镇、吉安、萍乡、高安等市县122个工厂的统计,有17698名职工提出合理化建议与技术革新46719件,比1957年全省的建议和革新总数还多55.2%。其中:江西电机厂试验"离心浇铸"成功,使电动机上转子的成本,由62.6元降至10.51元,当年就可节约10余万元;景德镇市第九瓷厂试制高级耐酸瓷成功,耐酸性能达99.3%,超过非金属陶瓷耐酸物国家标准的1.3%。随着合理化建议数量的猛增,各单位纷纷采取措施,简化处理手续,提高实施合理化建议的效率。1959年,全省各地的劳动竞赛都以技术革新和技术革命为中心内容,合理化建议、技术革新继续大量涌现。全年实施合理化建议39万多件,占提出数的43.7%。景德镇市建国瓷厂工人,首创天青釉堆花产品注浆成型成功,使天青釉堆花木瓜耳盅的生产工效提高23倍。萍乡煤矿刘本坤小组,1959年提出并实现合理化建议140件,创造"快速流水落煤法",先后共创10次风镐采煤新纪录,成为全国煤炭战线的一面红旗。景德镇红星瓷厂,1958年创制的双刀压坯机,经部、省鉴定,正式定名为"Y-64型半自动双刀压坯机",成为全国陶瓷成型生产中的先进设备之一。

1960年,贯彻党中央指示和江西省委的部署,一个以大搞半机械化和机械化为中心的技术革新和技术革命群众运动,迅速在全省展开。5月中旬以后,运动的重点由消灭笨重体力劳动和手工操作,转到主攻原材料不足的问题,并全面推广强化器、煤气化、快速反应等10项先进经验。对于原材料、设备和技术力量不足等困难,克服的办法主要是节约代用、修旧利废、土法上马、土洋结合和开展共产主义大协作。据同年1—7月的统计,全省参加"双革"运动的职工达 90%,机械化程度由 24.9% 提高到 44.4%,出现自动化单机 3157 台、生产自动线 1506 条。

在"大跃进"中,我们应当看到一些领域存在的脱离实际的跃进计划,存在头脑发热的错误的方法,出现了盲目蛮干、盲目攀比的现象。尤其在农村中,高指标、瞎指挥、浮夸风和"共产风"为主要标志的"左"倾错误泛滥,加上特大自然灾害及不利国际形势的影响,使得我们国家在 20 世纪 50 年代末至 60 年代初经历了一段十分困难的时期,这是我们党在探索中国自己的建设社会主义道路过程中应当吸取的深刻教训。

第三节 "文化大革命"和两年徘徊时期的江西工人运动①

随着 1963 年至 1965 年三年经济调整任务的完成,国民经济出现了大好形势。《江西省 1966 年国民经济计划纲要》在分析当时形势时指出:1965 年,江西农业生产全面丰收;工业生产全面高涨;市场繁荣,人民生活改善;财政收入增长较快。整个国民经济已经进入一个新的发展时期。

一、为第三个五年计划作出的贡献

《江西省 1966 年国民经济计划纲要》要求,1966 年必须争取国民经济全面的更大发展,为第三个五年计划建设创造一个良好的开端。江西工人阶级摩拳擦掌,跃跃欲试,紧密团结在中国共产党周围,为江西经济发展作出了突出贡献。

1966 年,尽管开始了"文化大革命",但总的来看,江西省国民经济计划仍然执行较好。农业总产值虽未完成增长 7.2% 的年度指标,但仍比上年增长 5.73%;粮食和其他主要农、林、牧、渔产品大部分接近完成或超额完成生产计划;地方工业产值超额完成了原定增长 12% 的计划指标,加上部属企业,全省工

---

① 本节数据主要参考《江西省国民经济计划志》。编者查阅了大量资料,但因"文化大革命"时期有关数据比较敏感,各单位语焉不详,绝大部分单位甚至直接避开"文化大革命"这个时间段,导致此段史料残缺不全,给今天的研究者带来极大阻碍。但我们不妨从经济发展的数据管中窥豹,"文化大革命"期间江西工业经济取得了较大的发展,这与工人阶级的贡献是离不开的,和党内正确力量的领导是分不开的。也可见在当时党内正确力量的领导下,工人运动是取得了一定成绩的。

业总产值比上年增长了16.6%,列入计划的产品,除个别外都完成和超额完成年度计划;交通货运量、社会商品零售额、对外贸易收购额、地方财政收入、基本建设投资额等也都超额完成年度计划。1966年江西工业生产的全面高涨,是江西工人阶级响应党中央和省委省革委号召,发扬无产阶级主人翁精神,废寝忘食,齐心协力,用辛勤的汗水浇灌出来的。

1967年1月26日,江西"造反派"继上海"一月风暴"之后,在"文化大革命"中夺了中共江西省委和省人民委员会的权。"夺权"接着迅速扩展至各地方各单位。这一年,不仅国民经济主要指标普遍没有完成计划,而且出现了1962年以来粮食产量和整个农业生产的第一次下降;工业生产、基本建设投资和财政收入等比上年分别减少14.77%、39.82%和32.68%。

1968年1月5日,成立了江西省革命委员会,经济形势逐步有所好转。全年工农业总产值增长了9.44%,其中农业总产值增长6.53%,工业总产值虽仍未恢复到1966年水平(比1966年略低4.05%),但比上年增长了12.59%。

对于1968年计划执行情况,省革委抓促部①在当年12月9日发出的通知中作了这样的总结:"革命、生产形势大好,成果累累。……汽车、手扶拖拉机、收割机、1000吨水压机等产品在我省创造出来了;工业生产大幅度上升,不少工厂、矿山的生产创造了历史最高水平;主要工业产品产量,如煤、棉纱、布、肥皂、卷烟、万能铣、空压机、钨精矿等,都完成和超额完成了生产计划;技术革新、技术革命有了新的发展,整个工业战线出现了新的跃进局面。"根据对形势的这一分析,"通知"强调提出:"一个新的生产高潮已经到来","1969年整个国民经济生产建设将会出现一个新的飞跃"。

1969、1970年两年,虽然经济发展受到较大的影响,但从"三五"时期看,这两年是"三五"期间生产、建设发展较好的两年。工农业总产值,1966至1968年平均每年只增长3.68%,1969、1970年则平均每年增长18.72%,其中1969年增长16.62%,产值创历史最高水平,1970年达到71.97亿元(1957年不变价格),又比上年增长20.86%,从而使整个"三五"期间的年增率达到9.37%。工业总产值1966至1968年平均每年增长3.81%,1969、1970年则平均每年增长

---

① "抓促部"是抓革命促生产指挥部的简称。经中共中央批准,1968年1月5日江西省革命委员会正式成立。原中共江西省委、省人民委员会的一切权力转归省革委会。省革委会下设办公室、政治部、保卫部、抓革命促生产指挥部,实行党政合一。

31.25%,其中 1969 年增长 30.08%,1970 年为 43.57 亿元,又比上年增长 32.42%,完成计划指标 40 亿元的 108.93%,从而使整个"三五"期间的年递增率达到 14.02%,主要产品产量除化肥、汽车、拖拉机、机制糖等外,都完成和超额完成了规定的 1970 年计划指标。

1969、1970 年两年,省革委提出组织工业生产"大跃进",并大幅度增加固定资产投入,全省工业生产实现了高速发展,年增长速度连续高达 30.08% 和 32.42%,成为历史上仅次于 1958 年的高速增长年。"三五"期间,全省共增加工业产值 20.96 亿元,其中有 18.28 亿元(占 87.21%)就是在这两年中增加的。计划确定的 1970 年工业生产指标,基本得到了完成和超额完成。其中工业总产值超过计划的 8.93%,达到 43.57 亿元,列入计划的 20 种重要产品,有 14 种完成和超额完成计划,其中超过计划 10% 的有原煤、发电量、机床、化学纤维 4 种,而且除化纤外,都比 1965 年的实际产量有较大增长:生铁增长 1.73 倍,钢增长 10.61 倍,原煤增长 1.11 倍,发电量增长 1.53 倍,机床增长 20.86 倍,农药增长 2.42 倍,水泥增长 1.05 倍,硫酸增长 3.61 倍,烧碱增长 1.28 倍,棉纱增长 95.59%,机制纸及纸版增长 37.86%,卷烟增长 1.41 倍。钢材、汽车、大中型拖拉机、手扶拖拉机、化肥和机制糖虽只分别完成计划的 88.85%、80.16%、98.44%、48.02%、75.87% 和 93.89%,但除汽车、手扶拖拉机 1965 年无生产外,其他 4 种仍分别比 1965 年的实际产量增长 7.02 倍、3.17 倍、43.87% 和 35.16%、35.16%。

整个"三五"期间,计划建设的重要项目,除赣东北电厂、江西维尼纶厂属计划跨期建设项目,第二化肥厂、江西水泥厂、信丰电厂、瑞昌油嘴油泵厂未按计划投产外,其他项目,包括大、小三线建设项目,均大体按进度完成计划和投产。江西建成了洪门水电站、江西重型机床厂、为民机械厂、分宜工程塑料厂、抚州纺织厂、安福纺织厂等一批重要项目,特别是军工企业,由于上海市等地大力支持,经过建设已能独立装备团以下常规武器,使江西基本形成为华东后方基地。地方工业中重点安排的钢铁、电力、煤炭、机械、化肥等工业的生产能力在"三五"后两年也有了明显的提高。1970 年年底,全省全民所有制的钢铁生产企业增加到 54 个,其中 1965 年前投产的 5 个,1969、1970 年投产的占 39 个;铁矿山 10 座,其中 1965 年前投产的 1 座,1969、1970 年投产的占 9 座;合成氨厂 18 个,其中 1965 年前投产的 2 个,1969、1970 年投产的 12 个,在建的尚有 26 个;农药厂 55 个，其中 1965 年前投产的 3 个，1969、1970 年投产的 52 个；水泥厂 61 个，其中 1965 年前投产的 14 个，1969、1970 年投产的 44 个。

二、为第四个五年计划作出的贡献

"四五"计划时期的 5 年，江西工人阶级紧紧跟着党中央，团结在省革委周围，发扬战天斗地的主人翁精神，为"四五"计划的完成作出了伟大贡献。

1971 年工业总产值比上年增长 21.31%。22 个主要产品完成和超额完成计划的只有木材、机床、农药、棉纱、棉布、硫酸、烧碱、机制糖 8 种。虽然有 14 种主要产品没有完成计划，但比上年产量有较大增长，如钢，上年产量 16.25 万吨，1971 年计划 25 万吨，实际完成 20.12 万吨，比上年增长 23.82%；生铁，上年产量 22.25 万吨，1971 年计划 35 万吨，实际完成 28.71 万吨，比上年增长 29.03%；成品钢材，上年产量 11.55 万吨，1971 年计划 20 万吨，实际完成 15.26 万吨，比上年增长 32.12%；汽车，上年产量 2004 辆，1971 年计划 4000—6000 辆，实际完成 3905 辆，比上年增长 94.86%；拖拉机（包括手扶拖拉机），上年产量 3453 台，1971 年计划 2.9 万—4.9 万台，实际完成 6450 台，比上年增长 86.79%；其他未完成计划的产品如原煤、发电量、轮胎、化学纤维、塑料、机制纸及纸版也都有较大增产，仅化肥增产幅度较小，卷烟比上年减产。

1972 年 3 月 7 日，江西省革委在《关于 1971 年全省国民经济计划执行情况和 1972 年的计划任务》的报告中，就计划的指导思想作了如下调整：制订计划指标，必须"充分估计到群众的积极性、创造性，但又不能打得太满，绷得太紧，要留有余地"；要体现"农、轻、重的指导思想，首先注意大力发展原材料工业和支农产品，努力增产轻工、手工业品"；"在工业内部要搞好原材料工业和加工工业的平衡，优先发展原材料工业。在原材料不足的情况下，不宜再扩大加工工业的能力"，对一般机床的产量应作适当的压缩；要"在计划安排中，注意加强综合平衡"，"要通过计划去调节，使短线加长，使薄弱环节得到克服，使国民经济各部门协调地发展"；"要狠抓各个生产环节之间的配套和机械产品配套，把已经形成的生产能力充分发挥效能，把没有形成的生产能力尽快建成"。并决定："各地区汽车厂，除把现存底盘装成整车外，主要任务是生产零配件，搞好汽车大中修。县办农机厂要以修为主，修造结合，就地为农业生产服务。"按照上述计划指导思想，"四五"后 4 年（1972—1975）各年计划安排的工业基本建设规模比1971年都有所压缩。为了用好有限的投资，1972年计划确定：要加强直接为农业服务工业的建设；加强以矿山为重点的基础工业的建设；加强轻工业的建设。并规定："优先抓好收尾、措施、配套和投产工程，适当安排重要的续建工程，严格控制新开工的项目。"1974年的计划进一步规定，对基础工业要首先抓好燃料、原材料、运输和电力工业的建设。1975年的计划更明确规定，对重工业的基建投资，应主要用于为加强煤炭、电力等薄弱环节的建设。各年都在计划中强调了直接支农工业的建设和轻工业的建设。

因此，"四五"期间，全省完成工业基本建设投资23.18亿元，呈逐年递减，1975年完成的投资额为34394万元，比1971年的64128万元减少29734万元，但仍有一批重要工业项目建成或基本建成，主要有：萍乡矿区安源上煤组（50万吨）、丰城矿区东风井（23万吨）、尚庄洗煤厂（60万吨）、英岗岭矿区建山井、东村井（各15万吨）、桥二井（21万吨）、乐平矿区涌山三井、万山一井（各30万吨），八景矿区峨四井（21万吨），大光山煤矿一井（12万吨），棠浦煤矿二井（12万吨），信丰高桥一井（21万吨），分宜电厂3、4号机组（各5万千瓦），乐平电厂4号机组（2.5万千瓦），柘林水电站（4×4.5万千瓦，投产后，因工程质量不符合要求，被定为全国重点危险水库，至1983年才完成补强加固工作），良山铁矿（一期工程60万吨），新余钢铁厂第2座42孔焦炉及焦油加工（3万吨），江西钢厂（2×6吨转炉），萍乡钢铁厂（6吨转炉），德兴铜矿（一期工程），东乡铜矿，宜春钽铌矿（一期工程），江西拖拉机厂和手扶拖拉机厂（新增部分能力），瑞昌油嘴油泵厂（油嘴5万缸、偶件30万副），江西第二化肥厂（合成氨6万吨、尿素11万吨），江西水泥厂（普通水泥46万吨），江西维尼纶厂（维尼纶1万吨），江西第二造纸厂（电容器纸600吨）等。

在"三五"和"四五"期间的工业生产中，江西的广大工人阶级还大力开展了技术革新，突出表现在特种钢的研制、革新机械加工工艺、抗菌素试制等都取得了一批成果。例如：南昌钢铁厂6吨空气侧吹转炉改造为氧气侧吹工程建设成功；江西锅炉厂自行设计试制成功SHF-B型流化床（沸腾）锅炉；由铁道部、南昌铁路局、铁道兵、西南交大等单位共同研究设计的无缝线路钢轨扣件实验成功，获铁道部优秀设计奖；九江长江大桥引桥总长5870米（双线），采取288孔跨度39.6米的无渣无枕钢筋混凝土箱梁，在国内尚属首次；江西东风制药厂采取新野生型菌种4541发酵，灰黄霉素突破3万单位每毫升，处于全国领先水平;景德镇昌河机械厂和六〇二所合作,开始直八运输直升机的研制,六〇二所开始"KJ-8A 直升机自动驾驶仪"的研制,为直八-02 机首飞成功打下基础。地质系统的科技人员,除在会昌发现大盐矿,还在赣南找到了较大规模稀有金属矿床。这些成果都为后来的经济建设奠定了扎实基础。

三、两年徘徊时期的江西工人运动

1976 年 10 月,党中央粉碎"四人帮"后,在各级党委的统一领导下,全省各地工会干部和广大职工联系工会实际,全面系统地揭露和批判"四人帮"提出的所谓"工运黑线统治"论和"三会一团"①的谬论,以及在江西工运领域所犯的罪行。同时,抓紧开展各级工会组织的整顿健全工作,江西工会工作出现新的转机。

在此期间,江西省在工业生产领域集中力量抓煤炭和电力工业这两个薄弱环节。除了着重搞好计划已安排的老矿的挖潜、革新、改造和南昌等 5 个主力火电厂的生产建设外,还强调必须"突破一个关键,抓好两个改造"。突破一个关键,就是"要面对现实,解放思想,立足于省内煤质条件,从根本上解决发电燃料问题"。两个改造,就是"一个是锅炉改造。这是解决燃烧低质煤的一项根本措施。……要集中人力、物力、财力,组织几个战役,迅速改完。首先抓紧实现今年的锅炉改造计划。南昌电厂要总结改造 9 号炉的经验,继续把 7 号、8 号炉改造好。萍乡、九江、乐平 3 个 65 吨的锅炉,要抓紧在今年改造完。要组织几个战役,把主力电厂需要改造的锅炉统统改造好,普遍做到掺烧低质煤,达到设计能力的要求;再一个是煤场改造。同样采取会战的办法,争取使主力电厂卸煤、掺煤、储煤的问题基本上得到解决"。通过采取上述措施,加上广大煤矿和电力工人的奋勇当先,迅速打破了全省原煤产量 6 年徘徊于 1000 万吨上下的局面,1977 年达到 1362 万吨,比上年增 263.44 万吨;发电量也比上年增 22.67%,尤其南昌电网的发电能力,由原先的 22 万千瓦稳定上升到 32 万千瓦以上。

1977 年,在广大工人阶级的努力下,全省工业总产值超额完成计划的 12.04%,达到 61.05 亿元,比上年增长 34.71%,创造了超计划、超上年、超历史的新水平。列入计划的 30 种主要产品,有 28 种超额完成计划,其中有 26 种比上年有大幅度增产。42 项主要质量指标,比上年提高的有 29 项。59 项主要原

---

① "三会一团"是生产工会、福利工会、全民工会和工团主义的简称。这是"文化大革命"中对中国工会 1949 年—1966 年十六年工作的评价,是一种错误的观点。

材料消耗指标,比上年降低的有40项。为了强化扭亏增盈工作,省革委成立了扭亏增盈领导小组,要求:"各级财政经济部门和企业单位……要加强领导,把增收节支、扭亏增盈、增加积累,摆到重要议事日程上,订出切实可行的规划和措施,认真贯彻执行,并指定一位主要负责同志亲自抓财务工作。"1977年4月,全省扭转工业企业当月盈亏逆差的被动局面,7月底突现了盈亏相抵,转亏为盈。全年亏损企业的亏损总额由上年的30473万元减为17982万元,扭亏41%,接近完成计划指标,亏损面由上年的55.8%降为33.61%,下降22.19个百分点,全省工业企业可比产品成本平均下降12.35%,超额完成计划要求。

1978年,江西工人阶级继续以昂扬的斗志战斗在生产一线,工业生产继续以较快的速度增长,完成工业总产值70.85亿元(1970年不变价),比上年增长16%,主要产品产量也都有不同程度的增长,钢25.64万吨,比上年增长34.5%,发电量45亿度,增长14%。其他如原煤增长5.3%,水泥增长29%,化肥增长39%,棉纱增长9%,机制糖增长93%,机制纸增长22%。经济效益继续好转,如每百元产值实现的利润达到6.6元,比上年增加3.4元。重工业实现产值44.75亿元,超额完成计划的101.73%,发电量、钢、生铁、钢材、水泥、木材等主要能源、原材料产品,化肥、化学农药等主要支农产品,均超额完成生产计划,煤炭也接近完成生产计划。

1977—1978年,江西省开工和建成了一批电力、煤炭和原材料工业、轻工业项目,主要有:分宜电厂5号、6号机组,景德镇电厂2号机组,英岗岭矿区枫林一井,八景矿区峨七井,花鼓山矿区皇化一井,良山铁矿太平山矿区,赣州钨钼材料厂,朝阳机械厂,庆江化工厂,朝阳磷矿等。这些工业项目,饱含着江西工人阶级的辛勤汗水,为迎接又一个春天的到来奠定了坚实的根基。

自中华人民共和国诞生以来,工人阶级当家做了主人,他们的积极性被极大地调动了起来。江西工人阶级也不例外,无论是在社会主义三大改造时期、"大跃进"还是"文化大革命"时期,他们在党中央、江西省委和江西工会的正确领导下,发扬主人翁精神,自力更生、艰苦奋斗,在政治上当家作主、在生产中勇争上游、在管理上不断创新,为江西社会经济发展作出了突出贡献。

第八章　改革开放和社会主义现代化建设新时期的江西工人运动(1978—2012)

1978年12月召开的党的十一届三中全会,坚决批判了"两个凡是"的错误方针,从根本上冲破了长期以来"左"的错误思想的禁锢,实现了党和国家工作重心的战略转移,开启了改革开放和社会主义现代化建设新时期,成为中国共产党历史上一次具有深远意义的伟大转折。这次会议明确了新时期工人运动和工会工作的发展方向、目标和当前的中心任务,对中国工人运动和工会工作的发展产生了重大影响,标志着中国工人运动进入了新的历史阶段。此后,江西各级工会组织按照党中央和江西省委的工作部署,紧紧围绕经济建设这个中心,坚持四项基本原则,坚持改革开放,团结动员全省广大职工充分发挥工人阶级主力军作用,沿着党的正确的工运方针、路线开拓前进,各项工作呈现出勃勃生机和活力,为江西的社会主义物质文明和精神文明建设作出了新的贡献。

第一节　伟大历史转折和中国特色社会主义开创时期的江西工人运动

党的十一届三中全会以后,在党的领导下,江西省广大职工群众积极参与到经济建设和改革开放的大潮中,广大职工群众在此进程中开阔了眼界、增长了知识、增添了本领、发展了先进性,同时江西工会也在治理整顿、稳定大局中不断取得新发展、开创新局面。

一、拨乱反正中的江西工人运动

1978年10月,中国工会九大在北京隆重举行。这次会议是在粉碎"四人帮"取得胜利、国民经济开始恢复、党中央提出新时期总任务的形势下召开的,是中国工人阶级和工会工作者的一次十分重要的会议,标志着中国工人运动开始进入改革开放新时期。

1978年11月,江西省总工会召开传达中国工会九大精神的广播大会,组织全省110万职工、工会工作者和党政干部收听学习,其规模之大、影响之广是江西工会历史上的首次。1979年3月,江西省总工会召开全省地市工会主任会议,集中研究如何把工会工作的着重点转到社会主义现代化建设上来,并就此部署工作。随着工会工作指导思想的拨乱反正,江西整顿和加强了全省各级工会组织,建立健全了全省工会的各项规章制度,全面恢复了全省工会的各项活动,全省广大职工群众和工会干部积极投入四化建设、开展工会工作,以实际行动为全党和全国人民的奋斗目标书写了崭新的篇章。

(一)以四化建设为中心,广大职工积极参与增产节约和"为四化立功"社会主义劳动竞赛

江西各级工会积极响应全总的号召,开展形式多样的劳动竞赛、技术协作和技术表演交流活动等,广大职工则以高度的主人翁责任感和极大的热情投入其中。1981年,全省成立工会组织的企业参赛面达到85.7%。省委、省人民政府连续几年召开表彰大会,奖励先进企业和劳动模范,以此激励广大职工为推进江西的社会主义现代化建设发挥积极作用。

(二)恢复和发展企业民主管理,大力推行党委领导下的职工代表大会制度

按照邓小平在中国工会九大的讲话精神,全省上下开展了建立健全职工代表大会制度工作。从1980年在景德镇艺术瓷厂进行试点到全省范围内全面推开,成立江西省企业民主管理办公室(在省总工会办公),进一步加强工交企业民主管理工作。截止到1982年年底,全省92.2%的工交企业和62.3%的非工交企业建立了职工代表大会制度,并有450个企业民主选举厂长、经理,674个

车间民主选举车间主任①。

（三）恢复和加强劳动保险、劳动保护工作，保障职工身体健康和生命安全

根据省内 11 个地区和省（地）属市的统计数据，截止到 1982 年 9 月，原先实行劳动保险的 687 个企业（64 万多名职工），已有 640 个企业（53 万名职工）的劳动保险工作整顿完毕②，从而使得这项维护广大职工切身利益的群众工作重新走上正轨并得到加强。1980 年年底至 1981 年年初，在全省职工生活大检查活动中，有 1.1 万名党、政、工干部和职工代表参加，切实解决了一大批职工生活方面的问题。1980 年 5 月，在第一个全国"安全月"活动中，全省集中进行了一次安全生产教育，同时抽调 21 万多人组成 3563 个检查团（组），对各工矿企业进行安全大检查，使保障职工身体健康和生命安全的劳动保护工作重新得到重视。

（四）加强职工思想政治工作，提高职工队伍政治素质

大力加强社会主义精神文明建设，1979 年 9 月，在全省职工中深入开展真理标准问题的学习和讨论。开展"五讲四美"文明礼貌活动，制订和推行江西省《职工文明守则》，恢复职工教育和文化体育事业，以此不断提高职工的政治、文化素质。开展职工群众文化体育工作，全省各地工会对原属的文化宫、俱乐部、职工学校疗（休）养院所陆续收回并对职工开放。1980—1982 年，全省共筹集资金 1766 万元，新建、扩建、筹建市、县工人文化宫、俱乐部 77 个，建筑面积 128 万平方米③，为开展新时期工会工作以及丰富职工文化生活提供了重要保障。

在 1979—1982 年的短短几年里，全省各级工会进一步清除"左"倾错误影响，平反冤假错案，落实各项政策；工会组织在恢复和整顿中发展，全省基层工会组织从 8000 多个增加到 1.5 万多个；工会经费恢复独立管理；广大职工群众积极支持和参与改革，工会各项群众工作在恢复中前进。

二、改革开放全面展开后的江西工人运动

1982 年 9 月，党的十二大提出了"走自己的路，建设有中国特色的社会主

---

① 潘宗周编：《江西省工会志》，方志出版社，2003 年，第 13 页。
② 潘宗周编：《江西省工会志》，方志出版社，2003 年，第 13 页。
③ 潘宗周编：《江西省工会志》，方志出版社，2003 年，第 13 页。

义"的指导思想。针对新时期工人阶级的构成情况,会议提出必须大大加强党在工会中的工作,使工会成为联结党和工人群众的强大纽带;必须实行职工代表大会制度,发挥其在改善思想教育、企业管理和工人生活中的重要作用。同时,会议对新时期党的工运方针任务作了深刻阐述,为新时期中国工人运动和工会工作的发展开辟了广阔的道路。

1983年10月,中国工会十大在北京召开。会议强调为了实现党的十二大确立的目标要求,工会必须把提高广大职工的思想政治素质和科学文化素质,在两个文明建设中发扬工人阶级主人翁精神当作自己的首要职责。同时,提出了新时期工会工作的方针,即"以四化建设为中心,为职工说话、办事,维护职工的合法权益,加强对职工的思想政治教育和文化技术教育,建设一支有理想、有道德、有文化、守纪律的职工队伍,充分发挥工人阶级在社会主义物质文明和精神文明建设中的主力军作用"。

1983年8月,江西省总工会召开全省工会第六次代表大会,深入贯彻党的十二大精神和党中央书记处"3·14"指示,讨论和部署开创社会主义现代化建设新局面中的工会工作。在此后的几年里,全省各级工会根据中国工会十大和省工会六大的要求,广大工会干部和职工群众积极投身改革事业,发挥工会在经济体制改革中的作用,不断拓宽工作领域,使江西工会工作和工人运动不断取得新进展。

(一)加强职工思想政治教育和文化技术教育

全省上下陆续组织职工学习《邓小平文选》《中国近代史》《中国工人阶级》以及党和国家一系列重要会议文件,开展"振兴中华"读书自学活动、"五讲四美三热爱"活动和职业道德、劳动纪律教育,努力提高职工队伍素质,增强职工的历史使命感和主人翁责任感。全省开展对实际文化水平未达到初、高中毕业的职工和未经专业技术培训的三级工以下工人的文化、技术补课工作,使应补文化课的职工取得合格证书,应补技术课的青工达到三级工的应知水平,取得较好的反响。截至1984年年底,全国总工会宣教部向各省、市、自治区工会介绍江西省市县工会办学的情况和经验。1985年,90个县市总工会共开办职工学校91所(其中职工业余大学2所),年在校学员保持在3.5万~4万人之间,全省实现了"一县市一学校"的目标①。1987年全省90%的县市工人文化宫建成并正式开放,寓教于乐,平均每天接纳30万名职工参加各种文化活动,发挥了职工乐园和教育阵地的作用。

(二)掀起职工建功立业的高潮

坚持以经济建设为中心,动员和组织广大职工广泛参与劳动竞赛、职工技协和合理化建议等活动。自1984年起,在"为四化立功"竞赛的基础上,江西省各地工会广泛发动职工开展"三二一竞赛"②"百厂竞赛""为实现'七五'计划建功立业"等各种形式的社会主义劳动竞赛和群众性技术革新、技术协作、合理化建议活动。从1983年到1987年,全省各行各业的基层单位共涌现出先进集体23万多个次、先进生产(工作)者168万多人次;74万多名职工共提出技术革新、合理化建议15万多项次,创造价值26亿多元;职工技术协作组织发展到1010多个,攻克技术难关1.3万项次,推广新技术1.1万项次③。全省工会组织和广大职工为江西胜利完成"六五"计划、全面执行"七五"计划建树了功绩。

(三)完善企业职工民主管理

企业职工民主管理主要是通过工会代表和组织发动职工民主参与企业经济活动和管理活动,是落实人民当家作主和维护职工合法权益的重要手段。江西省各级工会把加强企业民主管理作为自己的工作重点,积极推进企业职工代表大会,实现组织制度化、活动经常化、民主程序化,并结合企业整顿发展职工民主管理、开展民主评议干部和民主选举厂长等工作。1985年,全省地市工会、省产业工会主席办公会议和省委办公厅转发省总工会党组《关于开展企业民主管理体制改革,把企业民主管理引向新阶段的请示报告》以后,企业民主管理体制改革在全省各企业陆续展开。1986年9月党中央、国务院颁布"三个条例"以后,省总工会及时制发《关于〈全民所有制工业企业职工代表大会条例〉贯彻实施的意见》,针对职代会制度发展不平衡的现状,提出开展企业民主管理达标活动。截至1987年年底,全省已有86.1%的县属以上全民企事业单位建立职代会制度,1152个单位民主选举行政领导人,4269个单位开展民主评议领导干

---

① 潘宗周编:《江西省工会志》,方志出版社,2003年,第15页。
② "三二一竞赛"主要是指,创纪录、创水平、创先进,提高经济效益、提高企业素质,在完成计划的基础上每个职工增收节支贡献一百元。
③ 潘宗周编:《江西省工会志》,方志出版社,2003年,第14页。

部活动,被评议的领导干部达2.8万多人,其中2169人受到奖励,271人被有关主管部门免职①。广大职工积极参政议政,工会在国家和社会事务管理中发挥民主参与和社会监督作用,保证了职工群众的主人翁地位,推进了全省民主政治建设的发展。

(四)大力维护职工切身利益

在实施企业领导制度、劳动制度、工资制度等改革过程中,只要是涉及到职工切身利益的事情,江西省各级工会组织都积极参与,主动反映职工的意见和正当要求,替职工说话、为职工办事。同时,通过多次深入了解企业改革劳动保险制度的情况,对任意降低或取消职工劳动保险待遇的做法提出意见,纠正一些单位罚老、罚病、罚女的不恰当做法。1983年以后,南昌市总工会和省总工会相继设立法律顾问机构,运用法律武器维护职工和工会干部的正当权益。在职工生活保障方面,坚持开展职工后勤生活工作竞赛,改善职工集体福利;截至1987年,全省共建立市、县职工物价监督总站71个、分站269个,建立退休职工管理委员会3211个。在女职工工作方面,调查反映并督促一些企业行政妥善解决富余人员中女工的安排问题,广泛开展"四室一查"②达标活动,以此维护女职工的正当权利和特殊利益。

(五)探索城市工会工作新路子

江西省总工会根据《中共中央关于经济体制改革的决定》和全国总工会的有关决议,1985年、1986年先后发布《关于充分发挥全省工会组织在经济体制改革中作用的决议》和《关于适应改革新形势,加强我省城市工会工作的意见》。秉承着支持和参与改革的原则,全省各级工会注重教育职工立志改革,积极主动宣传改革的目的、意义和各项方针、政策,引导职工提高对改革的认识,提升广大职工以主人翁态度站在改革前列的意识,推进以增强企业活力为中心的经济体制改革,支持推行厂长(经理)负责制和承包、租赁等多种形式经营责任制,支持分配方式用工制度和价格体系的改革,支持对外开放。据1986年省总工会对1.4万名职工的抽样调查,90%以上的职工肯定和拥护经济体制改革,拥护对外开放政策。

---

① 潘宗周编:《江西省工会志》,方志出版社,2003年,第14页。
② "四室一查"主要是指,淋浴室、卫生室、哺乳室、孕妇休息室,以及妇科普查。

(六)稳妥推进工会的组织建设

从1984年起,按照全国总工会的统一部署,江西省总工会狠抓整顿基层工会组织,创建"职工之家"活动。经过三年多的努力,全省基层工会共建成"职工之家"14079个,占当时应建"职工之家"基层工会总数的95.1%。已验收合格的"职工之家"的基层工会主席,全部按同级党、政副职配齐。通过整顿建家,调整充实了基层工会领导班子,增强了基层工会的活力,密切了与职工群众的联系,提高了民主管理水平,促进了企业的改革和发展。经过1983年、1984年的机构改革,在县以上工会干部的年龄、文化知识结构向"革命化、年轻化、知识化、专业化"转变。截至1987年年底,全省基层工会组织发展到19万多个,工会会员增加到243万多名,入会率由1982年的84.9%上升到88.7%①。同时,1985年前后,也陆续对工会的文化宫、俱乐部、疗(休)养院所和职工技术协作活动,以及工会的财务管理进行改革,以此更好地提高社会效益和经济效益。

三、持续推进改革中的江西工人运动

1987年10月,党的十三大明确概括了党在社会主义初级阶段的基本路线。会议阐明了工会工作的重点和自身改革方向,强调了工会等群众团体是党和政府联系工人阶级和人民群众的桥梁纽带,要充分发挥广大工人、农民、知识分子的积极性和创造性,加强对劳动者的职业教育和在职继续教育,努力建设一支素质优良、纪律严明的劳动大军。

1988年10月,中国工会十一大在北京召开。会议提出了工会在全面深化改革中的方针和任务,即以经济建设为中心,立足改革全局,把发展生产力和维护职工利益结合起来,增强基层工会活力,实现工会的群众化、民主化,团结广大职工为建设中国特色的社会主义而奋斗。同时,也对工会的社会职能提出了要求。

在党中央着力治理经济环境、整顿经济秩序、全面深化改革的新形势下,工会被赋予了新的光荣而艰巨的任务,中国工会开始进入重要的历史性转变时期。

1988年9月,江西省总工会召开全省工会第八次代表大会,深入贯彻党的

---

① 潘宗周编:《江西省工会志》,方志出版社,2003年,第15页。

十三大精神,讨论和部署工会在深化改革中如何更好地发挥作用和如何进行好工会的自身改革等工作,动员全省职工为振兴江西经济努力奋斗。全省各级工会组织,坚定不移地贯彻落实党中央的政策方针,按照中国工会十一大和省工会八大的部署,全面履行四项社会职能,坚决维护和发展团结稳定的政治局面,在江西经济持续稳定协调发展的进程中,充分发挥了党和政府联系广大职工群众的桥梁、纽带作用。

(一)坚持四项基本原则,维护社会安定

1989年春夏之交,江西省总工会和各级工会按照4月26日《人民日报》社论的精神,旗帜鲜明地反对动乱,把工作的重点立即转到稳定大局、稳定经济、稳定职工队伍上来。全省各级工会在政治上、思想上、行动上与党中央保持高度一致,坚决维护社会安定,团结带领职工群众不信谣、不传谣、不声援、不游行,反对和抵制任何串连、煽动罢工的挑唆阴谋,坚定在党的统一领导下独立自主地做好工会工作的信心和决心。各城市工会尤其是公交、基建、财贸等基层工会和大中专院校工会,深入职工群众,做了卓有成效的工作。全省广大职工坚持四项基本原则,反对动乱,坚决拥护和支持党中央、国务院为平息反革命暴乱所采取的果断措施,严守岗位,坚持生产,为维护全省社会安定团结促进经济持续稳定发展作出了重大贡献。

(二)维护职工群众的具体利益

江西省各级工会坚持把发展生产力同维护职工利益有机地结合起来,在大力支持和推进改革的同时,注意从源头上、立法上和在具体工作中维护职工的合法权益。各级工会参加同级"企业经营机制综合改革领导小组"和企业改革试点工作,省总工会组织各级工会干部、职工参与讨论、制订涉及工会和职工正当权益的法律法规和规范性文件等,如《江西省劳动保护暂行条例》《江西省女职工劳动保护实施办法》《关于工会和职工代表大会参与企业内部分配工作的规定》《江西省深化企业劳动、工资、社会保障制度改革的意见》《江西省国营企业全员劳动合同管理试行办法》等。省总工会代表职工所提出和反映的意见和建议,大部分得到省政府领导和有关部门的重视和采纳,在宏观维护上发挥了积极作用。与此同时,广泛开展"送温暖活动"和职工扶贫工作,协助解决停产半停产企业职工的生活问题和富余职工的安置问题。全省各级工会还大力宣传贯彻新《工会法》《妇女权益保障法》,积极调处劳动争议,依法维护职工的正当权益,会同党政机关妥善防止和处理突发性事件。面对多次洪涝灾害,广大职工群众捐款救灾,开展生产自救,在应对重大突发事件中作出了积极贡献、彰显了责任担当。

(三)持续发动和组织职工开展社会主义劳动竞赛

全省广大职工群众以实际行动支持和参加治理经济环境、整顿经济秩序、深化改革,发挥了独特作用。1987—1989年的"双增双节"竞赛,1990年的省重点企业竞赛,1991年质量、品牌、效益年扭亏增盈竞赛,1992年的"三创"(即岗位创一流、班组创先进、企业创效益)竞赛和百万职工岗位练兵、技术比武,以及在女职工中开展的"学先进、比奉献、为实现'八五'计划建功立业"竞赛和全省商业、粮食供销系统创最佳社会效益、最佳经济效益的"双最佳"竞赛等劳动竞赛活动,都大大调动了职工群众的生产积极性,取得明显的经济效益和良好的社会效益。特别是1990年1月成立"江西省双增双节"劳动竞赛委员会①和1991年9月成立"江西省合理化建议委员会"以后,各地市、各县市相继成立相应的领导机构,加强对劳动竞赛和合理化建议工作的领导协调和支持,增强了群众性经济技术活动的活力和效果。1988—1992年,全省有516个次企业获省级社会主义劳动竞赛优胜企业称号,106个次地、市、县和273个班组、659人次分别获省劳动竞赛先进集体和先进班组、先进个人称号;基层单位职工共有138万人次被评为先进生产(工作)者,996名有突出贡献的一线工人受到省人民政府的表彰,246名和135名职工分获省、全国"五一劳动奖章";39个集体荣获全国"五一劳动奖状",376名和69名职工分别被授予省劳动模范、全国劳动模范②。广大职工活跃在各地方、各企业,推广新技术,攻克技术难关,提出合理化建议,为企业创造了大量财富,为实现江西经济发展作出了突出贡献。

(四)加强企业民主管理

1990年江西省人民政府发布《关于在政府工作中发挥工会、共青团、妇联民主参与民主监督作用的通知》,使全省工会各方面工作尤其是参政议政工作得到明显加强,全心全意依靠工人阶级指导方针得到进一步贯彻。在组织层面,

---

① "江西省双增双节"劳动竞赛委员会,是江西省委常委决定成立的,由省党政、工、团有关方面负责人组成,由一名副省长任主任委员,办公室设在省总工会。

② 潘宗周编:《江西省工会志》,方志出版社,2003年,第17页。

工会领导人参加同级党委、人大常委和政协常委的工作,全省县以上总工会领导人被选为同级党委委员、人大常务委员、政协常务委员的比例,分别从1989年的24%、54%和50%上升到1993年的76.5%、77%和64.7%,使工会民主参与的渠道更畅通、作用更明显。在制度层面,省总工会先后同有关部门联署发出的《关于贯彻执行〈企业法〉切实加强民主管理工作的几点意见》《关于工会组织切实参与并推动新一轮企业承包工作的意见》《关于加强企业民主管理的几点意见》,省人大常委会1991年组织的对实施《企业法》落实职代会职权情况进行的专项检查,都有力地推动了企业民主管理工作的加强和职代会五项职权的贯彻落实。

(五)建设"四有"职工队伍

广大职工群众积极参加党的社会主义初级阶段理论和基本路线教育、形势任务教育、"双基"(即基本路线、基本国情)教育、党的十三届四中全会精神教育、建党70周年"三热爱"(即热爱党、热爱祖国、热爱社会主义)系列教育、邓小平南方谈话和党的十四大文件的学习,以及普法教育和"四职"(即职业责任、职业道德、职业纪律、职业技能)教育。市县工会职工学校继续抓紧对职工的文化技术教育和开展岗位培训,1988—1992年毕业结业学员累计13万人次。全省共有1450个工人文化宫、俱乐部,近6000个图书馆(室),1000多个职工体育协会,5200多个工人体育馆(场),这些都成为职工群众开展文化体育活动,丰富业余生活,建设社会主义精神文明的坚强阵地。无论是教育活动还是宣传活动,都对提高职工素质,坚定社会主义信念,建设"有理想、有道德、有文化、有纪律"的职工队伍,产生了积极的影响。

(六)加强工会自身建设

为了进一步增强基层工会活力,全省上下深入开展建设"职工之家"活动,并发展到建设模范职工之家、先进职工之家和职工小家。与此同时,还不断推进基层工会的民主化、群众化建设。1990年,省总工会首次在地市工会之间开展"创先争优双服务"(即创先进工会,争当优秀工会工作者,为基层服务、为职工服务)竞赛,促进地市工会领导机关从调查研究、总结经验、推广典型、解决困难等方面加强对基层工会的指导和服务。另外,不断加强外商投资企业、乡镇企业和党政机关组建工会工作,全省合资企业工会有所增加,1991年出现省内第一家新形势下的私营企业工会。工会兴办企事业也呈现出蓬勃发展的势头,有的县市工会办经济事业的收入已达到或超过工会经费的收入。由于工会的文化宫、职工学校、疗休养院(所)和职工技协从"封闭型"向"开放型"转变,获得了良好的社会效益和经济效益。

第二节　改革开放新阶段的江西工人运动

以邓小平南方谈话和党的十四大为标志,我国改革开放和社会主义现代化建设事业进入新的发展阶段。随着计划经济体制向市场经济体制转变,呈现出社会经济结构、经济关系和劳动关系日趋复杂化,社会利益主体日趋多元化等特点,那么如何提升职工群众的能力素质、维护各种社会保障权益、落实各种福利制度等,就成为亟待解决的问题。江西省总工会和广大职工群众迎难而上、应对挑战,力求转型以适应不断发展的形势要求,为实现国民生产总值提前翻两番和深化改革、建立完善社会主义市场经济体制的历史任务而不懈奋斗。

一、向社会主义市场经济转变中的江西工人运动

1992年10月,党的十四大作出了三项历史性决策,即确立了邓小平建设有中国特色社会主义理论在全党的指导地位,明确了中国经济体制改革的目标是建立社会主义市场经济体制,要求全党抓住机遇、集中精力把经济建设搞上去。相应地,党、工人阶级和全国人民的阶段性任务也发生了新的变化,这就为改革开放的推进和中国特色社会主义事业的发展指明了方向。

1993年10月,中国工会十二大发出了"积极探索有中国特色社会主义工会工作新路子,努力开创工会工作新局面"的号召。会议还对加强工会自身建设和改革提出明确要求,指出工会改革的中心环节是增强基层工会活力,关键是转变各级工会领导机关的运行机制和活动方式,加快工会组织群众化、民主化进程。

1993年8月24日至27日,江西省总工会召开全省工会第九次代表大会,深入贯彻党的十四大和邓小平南方谈话精神,动员和团结全省职工,为建立社会主义市场经济体制,加快江西改革开放和现代化建设步伐作出新贡献。统计数据显示,截至1993年年底,全省共有职工412万人,其中国有单位职工326.9

万人,城镇集体所有制单位职工80.4万人,其他各种经济类型单位职工4.7万人;在职工总数中,全省共有工会会员272.3万人①。在这种新形势下,江西省总工会始终坚持以党的基本理论、基本路线和基本方针为指导,紧紧围绕全党全国工作的大局,按照中国工会十二大和省工会九大的部署开展活动,坚持党的全心全意依靠工人阶级的根本指导方针,弘扬职工主人翁精神,充分调动职工群众的积极性、主动性,全省工会各方面工作取得新突破、新起色,为全省的改革、发展和稳定作出了新的贡献。

(一)加强理论学习,形成适应市场经济体制的职工队伍

江西省各级工会积极响应党中央号召,把学习建设有中国特色社会主义理论作为一项战略任务来抓。通过采取举办读书班、辅导讲座、座谈讨论等形式,组织广大职工学习《邓小平文选》第三卷和《邓小平同志论工人阶级与工会》。1995年,江西省总工会机关党委制定了《开展建设有中国特色社会主义理论和党章学习活动的3年规划》。通过学习提高了广大工会干部和职工把握大局、服务大局的自觉性,使他们在政治上、思想上、行动上与党中央保持高度一致。同时,为了适应建立现代企业制度的需要,抓紧推进市场经济知识教育。开展《劳动法》宣传咨询活动、举办《劳动法》培训班,1994年组织50多万职工参加《劳动法》知识竞赛,组织12万职工、37310个班组参加"全国班组社会主义市场经济知识竞赛"并获得较好成绩②。

(二)加强社会主义精神文明建设

对广大职工进行多内容、多形式、多层次的思想教育,制定切实可行的具体措施,以提高思想道德和科学文化技术素质为重点,努力建设"四有"职工队伍。一是深入开展爱国主义教育。认真贯彻党中央颁布的《爱国主义教育实施纲要》,制定《江西省总工会爱国主义教育实施意见》,1995年组织千名青年教师上井冈山学习革命传统。1997年围绕党的十五大、香港回归和省总工会成立70周年,开展系列庆祝和宣传教育活动,使广大职工深受爱国主义、集体主义、社会主义教育和工人阶级历史使命与优良传统教育。二是进行职业道德教育。1994年提出了《关于加强社会主义职业道德建设的实施意见》,组织全省行业

---

① 潘宗周编:《江西省工会志》,方志出版社,2003年,第18页。
② 肖振邦主编:《中国工会年鉴》(1995),中国工人出版社,1995年,第165页。

职业道德十佳标兵活动。根据不同行业和单位的特点开展精神文明创建活动,促进职业道德建设,广大职工群众树立了"厂衰我耻、厂兴我荣"的观念,做到在岗敬业、尽心尽力。三是加大对工人阶级和工会的宣传和激励力度。召开劳模座谈会,表彰省五一劳动奖章获得者,号召全省各行各业、各条战线的广大工人、农民、知识分子和各级干部向全省劳动模范学习。1994年,江西省总工会起草了《关于评选表彰全省劳动模范、先进工作者和推荐全国劳动模范、先进工作者的通知》。1995—1997年,持续开展全省"五一"好新闻评选活动,讴歌全省各条战线的先进模范人物,弘扬工人阶级的风貌和时代主旋律,用工人阶级的先进思想和精神风貌影响社会。

(三)广泛开展群众性经济技术创新活动

围绕全省改革开放和经济建设中心工作,广大职工群众积极投身改革和现代化建设,以极大的热情参与各项劳动竞赛。1994年,江西省总工会开展以工业企业为主要对象的"强化企业管理小指标百日竞赛"、"全省十大重点工程"劳动竞赛;1995年,与省经委联合组织以全省112家耗能大户为主要对象的"节能降耗百厂竞赛",开展"技术月"活动,通过优秀技工现场表演、科技学术报告会、科技咨询和"双保杯"知识竞赛等活动,这些都大大激发了广大职工立足本职,学先进、比贡献、创一流、增效益的积极性和创造性。1996—1997年,持续开展以"双增双节"为主要内容,以节能降耗、扭亏增盈为重点的"争创一流业绩、争当九五英模"立功竞赛活动。各级工会通过多层次、多形式地开展合理化建议、技术革新、技术协作、发明创造活动,使得广大职工主动为实现"九五"计划和2010年远景目标献计出力。

(四)继续巩固平等协商和签订集体合同制度,构建和谐稳定劳动关系

1995年,江西省总工会与江西省劳动厅联合下发《关于对当前试行集体协商和集体合同制度意见》,专门成立了建立平等协商、签订集体合同制度的协调领导小组,并建立了专项工作定期汇报和通报制度,带头抓各类企业试点,培育引路典型。同时,全省各级工会加强同外部的联系和协调,共同推动这项重点工作。有的地市县以党委和政府的名义召开推行平等协商和签订集体合同制度的动员会、工作协调会和经验交流会,形成了党政工共同推行这项制度的格局。截至1995、1996、1997年年底,全省分别有441、2806、5854家企业签订了集

体合同。从1997年上半年开始,全省对建立这项制度的企业建立了档案。不少企业通过建立平等协商制度、签订单项集体合同,有效维护了职工的合法权益,促进了劳动关系的协调稳定。

(五)加强工会保障工作,解决职工关心忧心的热点难点问题

1. "送温暖工程"向经常化、制度化、社会化方向发展。广泛扎实地开展元旦、春节期间的送温暖活动,并把节假日的慰问与平时帮困有机结合。1994年6月,江西省总工会制发了《关于贯彻全总"送温暖工程"的实施意见》。1994—1997年元旦、春节期间,全省筹集资金共10022.6万元,慰问补助共62.6万户困难职工家庭。1995年省政府转发了省总工会起草的《关于切实做好困难企业的职工基本生活保障工作的通知》,从源头上帮助职工解决经济困难。1996年,省送温暖基金委员会、省养老保险监督委员会成立并开始运作。同时,各级工会继续抓好抓牢职工扶贫工作、建立职业介绍所、建立与困难企业定时联系制度、督促企业行政按时足额发放离退休职工的离退休费、建立困难职工档案制度、兴办职工消费合作社等工作。这些都是认真落实省委和全总关于帮助困难职工和困难企业指示精神的举措,有利于密切党群干群关系,稳定职工队伍。

2. 职工保险互助事业稳步发展。1997年3月,江西省职工保险互助会第一届理事会在南昌召开,会议审议通过了《江西省职工保险互助会章程》等规章制度,明确其主要工作内容,包括积极抓好基层建设,完善组织机构;提高认识,抓好宣传教育;健全各项规章制度,实现制度化、规范化管理;全心全意为职工群众服务,及时足额抓好理赔工作[①]。省职工保险互助会先后推出了团体人身意外、特种重病团体互助、住院津贴、大病住院自负保障、团体人身意外伤害住院、女职工幸福互助保险、在职职工住院补充医疗互助保障计划等保障计划,基本覆盖了职工生、老、病、死、伤、残或意外伤害等方方面面。

3. 积极参与制定涉及职工切身利益的改革措施。针对建立社会主义市场经济体制为目标的改革和新旧体制交替过程中出现的新情况、新问题,江西省各级工会及时贯彻全总领导有关讲话精神,研究改革过程中的深层次矛盾,提前介入立法、政策和决策参与,从源头上积极维护职工和工会组织合法权益。1994年8月,出台了《江西省实施〈中华人民共和国工会法〉办法》;主动参与有

[①] 肖振邦主编:《中国工会年鉴》(1998),中国工人出版社,1998年,第152页。

关改革方案、政策的制定,参与省政府有关会议和有关决策的研究讨论,加大了有关法律法规的宣传和检查。同时,健全各级劳动争议机构,截至1995年12月,全省各地市县均建立了劳动争议仲裁委员会,3875个企业建立了劳动争议调解委员会,占应建企业的53%①。

4. 活跃职工文化生活。为加快工会文化事业发展,1994年省总制发了《关于深化工会文化宫、俱乐部改革的意见》,指导全省职工文化工作健康发展。各地工人文化宫坚持社会效益与经济效益同抓,组织职工参加健康向上的文体活动。通过举办全省职工中国象棋比赛、职工文艺汇演等示范活动,推动基层职工文体活动广泛开展,丰富了职工文化生活。为了贯彻落实国务院颁布实施的《全国健身计划纲要》,江西广大职工积极参加全总组织的大众体育编创项目比赛,在1996年举办的全国工人运动会中取得了较好成绩,展示了江西工人阶级的风采,全省体育活动蓬勃发展。

(六) 着力推进工会组织的自身建设和改革

为适应形势需要,工会切实发挥维权功能成为赢得职工群众认可、增强吸引力的重要前提。为此,各级工会主要从组织、思想、作风等方面加强工会自身建设。

1. 加强工会组织建设。加快外商投资企业组建工会步伐。改革开放以来,外商投资企业在江西已有相当发展规模,外商投资企业组建工会工作变得尤为重要,省总工会建立了领导定期到企业检查和每季通报情况的制度。1997年年底,全省外商投资企业组建工会523家。各地方工会继续在基层工会开展"建设职工之家"活动,加强对新经济组织工会工作的指导和服务。积极开展对产业工会的探索,1997年下发《关于建立健全全省产业工会委员会意见》,大力推进各项工作。狠抓信息上台阶为工运事业、为基层服务。1994年制定了信息工作竞赛方案,完善了信息网络,及时编报重大动态信息和对全局工作有影响的信息。工会企事业稳定发展。基层工会特别是大中型企业工会积极兴办企事业,工会企事业增长方式开始由数量型向质量型转变。截至1996年年底,全省工会企事业有895个,营业收入1.26亿元,利润1270万元②。工会企事业收入

---

① 肖振邦主编:《中国工会年鉴》(1996),中国工人出版社,1996年,第133页。
② 肖振邦主编:《中国工会年鉴》(1997),中国工人出版社,1997年,第162页。

成为补充工会经费的重要来源。

2. 加强工会领导班子和干部队伍建设。工会干部教育培训工作趋于经常化、规范化。江西省各级工会坚持以邓小平理论武装工会干部的头脑,开展讲学习、讲政治、讲正气等多种形式的争创活动,提升工会干部素质。省总工会联合有关地市工会举办工会干部岗位培训班,1994年12月召开全省工会干部教育工作会议,成立"江西省工会职工中等专业学校";1996年选送一批工会干部到中国工运学院和党校学习,将工会干部培训和调训工作列入地市、产业工会工作目标责任制考核范围。

3. 转变工会领导机关的运行机制和活动方式。1996年先后制定了《省总机关部门职责和职位说明书》《机关工作人员日常工作考核办法》《对地市工会工作实行目标管理》等文件,建立健全以坚持民主集中制为中心内容的各项工作制度,有利于提高工会机关工作效率。根据全总《关于职工代表大会民主评议企业领导干部的实施意见》,全省各级工会结合企业领导班子的考核与建设,开展职代会民主评议企业领导干部工作,1997年底制定《职代会民主评议企业领导干部的实施意见》。通过加强内部协调,初步形成了集中力量抓重点工作的工作格局。

4. 工会财务工作取得显著成绩。各级工会根据实际情况,加大工作力度、采取得力措施、深化财务改革,强化激励制约机制,实现了工会经费稳中有升,适度增长的目标任务。制定《1994年工会经费收缴奖励办法》和《工会经审工作议事规则》,解决工会经费收缴难的问题。1996年,通过积极疏通政策渠道,解决了多年未解决的省工会干部离退休费列入省财政预算问题,在收好、管好、用好工会经费方面取得明显成效。

二、跨入新世纪的江西工人运动

1997年9月,党的十五大在世纪之交的关键时刻召开。在邓小平理论的指导下,大会明确回答了中国改革开放和现代化建设继续发展的一系列重大理论和实践问题,这对引领中国工人运动和工会工作跨入新世纪具有重要作用。

1998年10月,中国工会十三大在北京召开。会议明确了工人阶级面向21世纪的神圣使命,提出了工运事业跨世纪发展的指导方针,指明了世纪之交中国工人运动和工会工作的方向,对团结动员全国各族职工为实现中国跨世纪宏伟目标而奋斗,把中国工运事业全面推向21世纪产生了重大而深远的影响。

1998年8月召开了江西省工会第十次代表大会,认真学习贯彻党的十五大精神,总结省工会九大以来全省工人运动和工会工作的实践经验,确定将工运事业全面推向二十一世纪的指导思想和主要任务。在此之后,江西省各级工会按照"五突破一加强"①的要求部署工会工作,广大职工坚定信心,积极支持和推进改革开放和现代化建设,研究新情况、解决新问题,努力实现重点工作的创新与突破,江西工人运动在新世纪之初再次显现出新的勃勃生机。

（一）提高职工的思想道德和科学文化技术素质,加强职工队伍建设

1.广泛深入开展群众性经济技术创新工程系列活动。开展以劳动竞赛、合理化建议、技术革新、技术协作、发明创造等为主要内容的"九五"双争、"八个一"创新立功竞赛,选树一批示范单位和个人。1999年,全省有8327个企业开展了立功竞赛活动,收到地（市）和产业工会推荐申报的重大合理化建议成果93项②。为激励广大职工学习掌握现代科学知识和技能,增强岗位竞争和自主择业能力,2000年在全省职工中开展学习、普及、应用计算机知识,提高计算机操作技能的大奖赛活动,取得了较好成效。

2.思想政治工作和精神文明建设取得成效。充分发挥工会文化宫、俱乐部、图书馆、职工学校等阵地优势,开展多种形式的宣传教育活动,广大职工思想政治觉悟得到提高,建设有中国特色社会主义的信念得以坚定。广大职工还积极参与各级工会开展的新中国成立五十周年和澳门回归系列活动等,以此不断提高其爱国主义、集体主义和社会主义思想。此外,省总工会还认真组织全省职工参加全国职工学习邓小平理论知识竞赛,评选和表彰职工自学成才者、全省职工职业道德"双十佳""五一"好新闻评选和女职工文明标兵岗。1999

---

① "五突破一加强"是全总十三届二次执委会议提出的,具体内容是:一是积极协助党政做好国有企业减员增效、下岗职工基本生活保障和再就业工作,深入实施送温暖工程,对特困职工承担"第一责任人"职责的工作要有新的突破;二是坚决维护职工的经济利益,进一步理顺劳动关系,推行平等协商和集体合同制度的工作要有新的突破;三是切实保障职工的民主权利,坚持和完善以职工代表大会为基本形式的企业民主管理制度,实行厂务公开和民主评议企业领导人的工作要有新的突破;四是推动国有独资和国有控股公司的董事会、监事会中都要有职工代表参加的工作要有新的突破;五是加快新建企业工会组建步伐,最大限度地把职工组织到工会中来的工作要有新的突破。一加强是,以改革的精神加强工会自身建设。

② 周玉清主编:《中国工会年鉴》(2000),中国工人出版社,2000年,第163页。

年,首次评选表彰江西省十大能工巧匠。2002年省总工会编写《精彩人生》图书,用百名再就业先进典型的生动事迹,鼓励下岗失业人员走自谋职业、自主创业的再就业之路。

(二)建立健全维护职工和工会权益的体制机制

1. 民主管理和民主监督制度进一步加强。全省各级工会坚持以职代会为基本形式的企事业民主管理和民主监督制度,坚持依靠职工办好企业,贯彻落实和完善党的全心全意依靠工人阶级的方针。1998年全省共有124个地(市)、县、企业制定了《全心全意依靠职工办好企业实施细则》。同时,评选表彰全心全意依靠职工办好企业的十佳党政领导干部,并将典型经验在全省进行推广。大力探索和推行职工代表大会等各种与非公有制企业相适应的民主管理形式,将推行职代会制度与职工董事、职工监事制度有机结合起来。2002年省总工会下发《关于在企业安全生产工作中加强职工民主决策、民主管理和民主监督的意见》。职代会民主评议企业领导干部、企业改制方案经职代会审议等工作有了新的进展。

2. 依法维权迈上新台阶。1999年,省总工会成立了江西省工会法律援助中心,全省有9645个企业建立了劳动争议调解委员会,6635个企业建立了劳动法律监督委员会[①]。2001年各级工会加强督促和指导企业劳动争议调解机制和工会劳动法律监督机构的建设及人员培训考核。2002年成立了省级劳动争议仲裁委员会,形成了省、市、县(区)三级网络,还建立了省级协调劳动关系三方会议制度,这都使得工会劳动争议处理工作得到进一步加强。同时,工会还积极向省委省政府反映职工的意见和要求,参政议政力度进一步加大,渠道进一步拓宽,1999年省总工会接待和处理职工来信来访1208件(次),使大量矛盾化解在基层、解决在萌芽状态。

3. 推行厂务公开卓有成效。在全省范围内加大推行厂务公开工作的力度,让职工知厂情、议厂政、务厂事。1999年11月下发《中共江西省委关于实行厂务公开的决定》,要求2000年7月1日前,全省国有、集体及国有、集体控股企业都必须实行厂务公开,并及时总结经验,适时加以规范、不断提高质量。其中,厂务公开的内容主要包括企业经营管理和改革发展、涉及职工切身利益、企

---

① 周玉清主编:《中国工会年鉴》(2000),中国工人出版社,2000年,第164页。

业党风廉政建设三方面。2001年制定了厂务公开工作考评办法,从而充分发挥其在加强基层民主建设中的积极作用。

4. 推动平等协商和集体合同制度取得新发展。各级工会注重集体合同重签、续签工作,加强了动态管理和监督、检查与兑现,集体合同质量和履约率有了提高。此外,各级工会还积极进行了区域性、行业性集体合同的试点工作,1999、2000年签订区域性、行业性集体合同分别为98、294个。2001年,省总工会进行了集体合同抽样调查,指导和帮助各设区市工会抓好新建企业签订集体合同工作,促进了各企业劳动关系的协调稳定。当时,全省国有、集体及其控股企业集体合同建制率和职工覆盖率,以及外商投资、私营、乡镇企业建制率和职工覆盖率都有了很大的提高,这对维护职工合法权益具有十分重要的作用。

(三)关心职工生活,为职工办实事、解难事

1. 继续开展送温暖工程和促进再就业工作。全省各级工会认真做好元旦、春节期间的送温暖活动,普遍走访慰问困难职工和下岗职工。2000年省总工会下发《关于以第一责任人身份做好帮扶特困职工工作的实施意见》《江西省特困职工登记表》等,推动建立领导干部联系帮扶特困职工制度,进一步规范对特困职工的动态管理。健全基金筹措、帮困救助、职工培训、再就业、保险互助等"五个机制",做到"两节"帮扶与经常性帮扶相结合、工会帮扶与社会帮扶相结合。同时,积极发展职工互助保险、职工消费合作社、职工住宅合作社等职工劳福事业,加快建立职工互助合作保障体系步伐。并且从资金、技术等方面,多渠道、多形式地帮助下岗职工兴办企业、开发荒山荒地、从事个体经营等,大批下岗职工掌握了新的劳动技能,提高了再就业竞争能力。

2. 建立职工生活补充保障体系。1999年省总工会制定了《关于建立江西省职工补充保障体系的意见》,提出了1998—2002年以"帮困救助、互助互济、促进再就业"为主要内容的职工补充保障体系的发展目标。省总工会和各地工会积极参与政府劳动、工资、医疗等社会保障制度的改革,推动涉及职工利益的政策法规出台。协助企业规范职工下岗程序,办好再就业服务中心,吸纳下岗、失业职工,督促有关方面认真落实"三条保障线"制度等。

3. 建立健全帮困救助机制。各级工会对困难职工的生活和生产自救给予扶助;大力发展职业介绍机构,利用工会的各类学校和文化技术活动阵地,加强职工技能培训,为下岗职工再就业做好事、做实事;积极办好工会企事业,不断

增强工会经济实力和帮困能力;加大宏观参与研究制定有关再就业和职工解困的政策措施;各级工会干部深入到职工中去,发现问题及时反映,把问题解决在基层。职工消费合作社稳步发展,销售网点、销售品种、销售额都不断增加。

(四)加强工会自身建设

1. 提高工会干部队伍素质。通过党组中心组学习、举办学习研讨班、座谈会、知识竞赛等形式深入学习党中央的政策,加强思想政治建设。认真开展"三讲"教育,1999年省总工会和部分地(市)工会领导机关深入开展了以"讲学习、讲政治、讲正气"为主要内容的党性党风教育活动,增强了领导班子的战斗力,提高了工会工作的整体水平。同时,省总工会每年举办工会主席规范化岗位培训班和工会干部专业培训班,调训、培训工会干部。

2. 加大新建企业工会组建工作力度。针对江西省新建企业规模小、人数少、较分散的特点,积极拓展建会形式,把建会的重点放在乡镇、街道、社区、开发区、工业区,采取不同组织形式,多层次、全方位进行组建。在省委、省政府的重视支持下,省总工会把新建企业建会工作列为2000年重中之重的工作,并将2000年定为全省基层工会组织建设年,2001年研究制定了《江西省新建企业工会组建工作领导小组成员单位工作职责和考评办法》。总结推广了南昌汇仁集团等一批新建企业工会工作的经验,形成了党委领导、政府支持、工会运作、各方配合的领导体制和工作格局。

3. 源头参与机制成效显著。在省委省政府的高度重视和大力支持下,各级工会组织积极推动建立健全源头参与的工作机制,完善工会与政府及有关部门的联席会议制度。1999年省政府与省总工会首次召开联席座谈会,作出以下决定:一是县以上各级人民政府也要尽快建立健全联席座谈会议制度;二是认真做好三条社会保障线的衔接工作,切实保障职工群众的基本生活;三是积极支持和协助工会加强组织建设,纠正和防止擅自撤并工会组织、取消工会组织编制的错误做法。截至2002年,共召开三次省政府与省总工会的联席座谈会。

4. 推进工会经费收缴工作。针对工会经费收缴难的问题,1999年省总工会与省财政厅联合下发《关于加强工会经费拨交与管理的通知》,并制定了有关"筹备金收缴""一票否决"等文件,加大依法收缴工会经费的力度,通过抓住重点、克服难点、强化新的增长点,工会经费收缴略有增长。同时,工会经费收缴工作建立利益机制、竞争机制、激励机制和监督机制,各级工会为完成经费收缴任务付出了不懈努力。

第三节　坚持和发展中国特色社会主义新时期的江西工人运动

进入21世纪,中国社会主义市场经济体制得以初步确立,改革开放逐步进入攻坚时期,困难与机遇并存。面对复杂的国内外形势,江西省总工会从党和国家的工作大局出发,全面履行职责、积极应变创新,坚持走中国特色社会主义工会发展道路,致力于创建社会主义和谐劳动关系,广大职工群众也以更强的主人翁精神,积极主动地投身于经济建设和社会发展的历史潮流中,呈现出站前列、争一流的新气象。

一、加快推进社会主义现代化建设新阶段的江西工人运动

随着我国社会生活和社会结构的深刻变化,特别是所有制结构和产业结构的调整,新的社会阶层出现,作为党的阶级基础的工人阶级队伍本身也发生巨大的变化。工人运动和工会工作面临着新的任务、机遇和挑战,这对工人阶级的素质建设也提出了新要求,对创新工会组织体制、运行机制和活动方式提出了新部署。

2002年11月召开的党的十六大提出全面建设小康社会的奋斗目标、总体规划,提出了工人运动和工会工作新的历史任务。2003年9月召开的中国工会十四大,进一步强调了中国工会在新世纪新阶段,必须准确把握自己的定位,要以"三个代表"重要思想统领工会工作全局,围绕中心、服务大局,全面履行各项社会职能,突出维护职工合法权益的职能;要以改革的精神加强自身建设,推动工会工作的群众化、民主化、法制化。这对团结动员全国工人阶级在全面建设小康社会、加快推进社会主义现代化的历史进程中充分发挥主力军作用,开创新世纪新阶段工会工作的新局面,具有深远的意义。

2003年8月13日,江西省工会第十一次代表大会在南昌召开。大会提出了"讲大局、创特色、进活力、争一流"的工作思路。在思想理论、方针任务和组织领导确立后,江西工会以抓基层、抓维权、抓活动、抓队伍为重点,坚定不移地

沿着中国特色社会主义工会发展道路前进,积极探索和大胆实践"三个三"的工会工作新思路,广大职工在推进全面建设小康社会中充分发挥工人阶级主力军作用,使新世纪的江西工会工作展现出蓬勃发展的新局面。

(一)源头参与取得了新成果

各级工会自觉接受党对工会工作的领导,建立健全了工会工作汇报、通报制度,主动取得党政对工会工作的重视和支持。2005年8月,省委召开第一次全省工会工作会议,出台《关于进一步加强和改进新时期工会工作的意见》,各级人大、政府、政协更加重视和支持工会工作,提振了全省广大工会干部的精神。王兆国同志对省委《意见》作出了"这个文件很好"的重要批示,全总专门将江西会议文件编辑成册印发全国。省、市、县(区)坚持了每年一次的政府与工会的联席座谈会制度,取得明显实效,处于全国前列。江西省总工会组织各级工会干部、职工参与讨论、制定涉及工会和职工正当权益的法律、法规和有关"规定""细则""办法""条例"等。2006年,省总工会推动省人大常委会审议通过《江西省职工代表大会条例》,参与了10部涉及职工切身利益的法律法规的修改制定。同时,省总工会和各级工会领导机关坚持深入基层、深入职工,加大调查研究力度,及时反映职工的呼声和要求,一批重点调研成果和重要信息被中央、省委和全国总工会采用,促进了有关问题的解决。

(二)职工队伍素质有了新提高

紧紧围绕省委、省政府制定的"十一五"规划和江西崛起新跨越的奋斗目标,在全省职工中组织开展了以"当好主力军、建功'十一五'、和谐奔小康"为主题,以"增强创新意识、提高创新能力、争当创新能手"为主要内容,以提高广大职工择业能力、竞争能力、学习能力和发展能力为宗旨的群众性经济技术创新活动。如2003年的全省车、钳、铣、焊四大主要职业技术工种比赛,2004年的全省职工技能大赛,2007年的创建"工人先锋号"等富有特色的活动,广大职工积极投身这些自主创新、合理化建议、技术创新、技术协作、发明创造等活动中,为企业创造了良好的经济效益。围绕保护职工生命安全和身体健康,连续3年开展"安康杯"竞赛,2003年共有429家企业、近50万职工参加竞赛活动,对江西安全生产工作起到了推动作用[①]。同时,坚持用科学理论武装职工,加强职工

---

① 何士坤主编:《中国工会年鉴》(2004),中国工人出版社,2004年,第198页。

思想政治工作,积极开展"创建学习型组织、争做知识型职工、勇为创业型人才"、职工职业道德"双十佳"、职工读书自学成才和百万职工迎奥运等群众性精神文明创建活动,提高了职工队伍素质。加强职工教育培训工作,组织开展女职工双文明建功立业和"四个一"素质达标学习活动①,选树素质达标、学习成才标兵,在维护女职工特殊权益的工作中发挥了积极作用。

(三)劳模精神得到进一步弘扬

每年开展组织推荐评选全国、全省劳动模范和先进工作者工作,在2003—2007年中共有768名职工获得全国、省劳动模范和先进工作者称号;有492名职工获得全国、省五一劳动奖章;有146个单位(班组)获得全国、省五一劳动奖状。及时总结和大力宣传劳动模范的先进事迹,2004年广泛开展向新时期产业工人杰出代表许振超、李斌学习,掀起了立足本职、学赶先进、争创一流的热潮;2005年承办了省劳模大会,激发全省职工建功立业精神;2007年,首次推出全国先进典型"袁政海班组",受到中央领导的接见和新闻媒体的重点宣传。2006年,首次举办了全省百名劳模话创业讲坛活动,用劳模和创业典型的先进事迹激励职工的创新创业激情。另外,还认真做好生活困难劳模的帮扶工作。2003年,正式出台《江西省劳模管理办法》,开展省级以上劳模重新登记调查,使劳模管理工作法制化、规范化。五年内,省总共筹集2200多万元专项资金对劳模进行了困难补助,全省职工全国劳模的贫困问题得到解决,营造了一种尊重劳模、爱护劳模、学习劳模、争当劳模的时代新风。

(四)组建工作实现了新突破

按照"扩大覆盖面、增强凝聚力"的要求和"组织起来、切实维权"的工作方针,坚持"党建带动工建、工建服务党建",省总工会在大力进行工会组建的同时,加强了基层工会工作,形成了"党委领导、政府支持、工会运作、各方配合"的工会组建领导体制和工作格局。围绕建立建会的长效机制和创新建会工作方式,逐步由原来集中化建会向常规化、制度化建会转变,传统建会方式向灵活创新建会方式转变。2003年,提出了加强乡镇、街道和工业园区工会组织建设的建议;2005年探索了板车行业工会、市场工会、楼宇工会、驻京农民工工会等各

---

① "四个一"素质达标学习成才活动,即:组织10万名以上女职工参加学习成才活动,鼓励1万名以上女职工实现素质达标,促成1千名女职工技能、学历上一个档次。

具特色的组建形式。特别是 2006 年 8 月,沃尔玛南昌八一广场分店工会的成立,为全国突破沃尔玛公司建会工作作出了重要贡献,受到全总表扬。同时,通过建立健全目标管理、蹲点试点、督查通报、奖惩激励等制度,指导帮助基层强化建会工作机制和规范工会工作建设。截至 2007 年,全省共有基层工会 45978 家,比 2002 年增长 2 倍;工会会员 495.92 万人,比 2002 年增长 1.9 倍;全省乡镇全部建立工会组织。2006 年,经全国总工会考核荣获工会组建一等奖,并被评为"全国工会组建工作先进单位"。

(五)维权帮扶拓展了新领域

各级工会坚持和完善职代会、集体合同、厂务公开、职工董事职工监事等制度,积极参与国有企业改制工作。按照全国总工会的部署,2003 年将工资集体协商作为推行集体合同工作的重点及切入点,2006 年下发《江西省劳动合同制度三年行动计划实施方案》。截至 2007 年,全省签订集体合同的企业 23051 家,其中进行工资集体协商的企业 6701 家①。全省 90% 以上的国有、集体及其控股企业普遍建立了职代会制度,4806 家非公有制企业也建立职代会制度。全省劳动关系协调和预警机制初步形成,劳动争议调解和仲裁工作日益增强,省、市、县(区)和 260 个乡镇(街道、工业园区)建立了协调劳动关系三方会议制度。建立健全工会领导干部信访接待和职工法律援助制度,及时了解和处理群众反映的利益诉求,维护职工权益,工会维权工作得到进一步加强。

着力推进建立健全维护农民工合法权益十项工作机制,帮助农民工追讨欠薪,如 2006 年帮助 3.52 万名农民工追回被拖欠的工资 2302 万元;维护农民工劳动安全卫生权益,对农民工进行基本的劳动安全、卫生健康和职业病防治知识的教育;为农民工提供法律援助,各市、县(区)工会设立了维护农民工合法权益投诉中心或帮扶窗口,让农民工有困难找工会落到实处。

各设区市和部分县工会成立了特困职工帮扶中心,广泛开展帮扶困难职工"连心联动,温暖七助"②、金秋助学等活动,建立省职工保险互助会、职工互助补充保险和职工互助储金会,推动和监督"两个确保"、"三条保障线"、下岗失

---

① 范继英主编:《中国工会年鉴》(2008),中国工人出版社,2008 年,第 162 页。
② "连心联动,温暖七助"活动主题是:体现党心民心的血肉联系,体现社会联动的关爱之情,对困难职工进行生活救助、就业扶助、医疗帮助、入学资助、心灵扶助、法律援助、结对互助的"温暖七助",受助对象主要是特困职工,患重大疾病、伤残、遭受意外灾害的职工、下岗失业人员等。

业人员再就业等政策的落实,基本形成了以特困职工帮扶中心为平台的市、县、基层三级工会帮扶网络,把党和政府的温暖送到了广大职工的心坎上。

(六)自身建设呈现了新面貌

着力推进地方工会领导班子建设,江西省总工会积极协助地方党委着力抓好市、县(区)工会主席按同级党政副职级干部配备工作,工会干部队伍建设取得新突破。加大工会干部教育培训工作力度,开展了全省工会学习月活动,保持共产党员先进性教育活动等,全面完成了工会干部"十五"培训计划,激发做好新形势下工会工作的责任感和使命感。在 2004—2007 年中,共举办培训班 62 期、培训 3688 人次,特别是省总举办的高规格、大规模的全省市县工会主席培训班,取得了良好效果。开展重点调研活动和调研自查工作,坚持深入基层、深入职工,省总工会组织开展"1+3"挂点调研工作①,各级地方工会开展职工生产生活状况调研,积极推动涉及职工切身利益问题的解决。深化工会经费改革,依法加大经费收缴力度,提高审查审计质量,全省地方工会、基层工会经济实力得到保障,为工会履行职能和开展活动奠定了经济基础。

二、夺取全面建设小康社会新胜利中的江西工人运动

进入 21 世纪,工人阶级队伍日益壮大,整体素质不断提高,同时内部结构更加复杂,用工方式逐渐多样,劳动关系领域的冲突和矛盾也日益常态化。与此同时,工会组织取得了较大发展,会员人数稳步增加,覆盖面大大拓展,在构建社会主义和谐劳动关系中的作用越来越大。面对这些新形势,如何激发广大职工的工作热情、如何维护职工队伍和社会政治稳定、如何加强工会自身建设等问题就成为当前的紧迫课题。

2007 年 10 月,党的十七大在北京召开。会议强调要全心全意依靠工人阶级,完善以职工代表大会为基本形式的企事业单位民主管理制度,推进厂务公开,支持职工参与管理,维护职工合法权益。

2008 年 10 月,中国工会十五大围绕"建设什么样的工会、怎样建设工会"这一重大时代课题,明确了今后 5 年工会发展的方向和任务。指出在新的历史

---

① "1+3"挂点调研,即一家国有企业、一个社区、一家非公有制企业。深入一家国有企业,重点了解职工生产生活状况;深入一个社区,重点调研如何开展工会工作;深入一家非公有制企业,重点指导帮助工会组建。

起点上,各级工会组织要高举中国特色社会主义伟大旗帜,以邓小平理论和"三个代表"重要思想为指导,深入贯彻落实科学发展观,更加自觉地围绕中心、服务大局、团结动员全国广大职工为夺取全面建设小康社会新胜利而不懈奋斗。

2008年5月28日,江西省工会第十二次代表大会在南昌召开,会议提出要充分发挥工会组织的职能作用,充分发挥工人阶级在实现江西崛起中的主力军作用。站在新起点上的江西工会,坚定不移地贯彻落实党的十七大精神和工会十五大精神,坚持走中国特色社会主义工会发展道路,审时度势、锐意进取、着力创新,不断研究新情况、解决新问题,充分调动广大职工群众支持参与改革的热情,形成强大的改革合力和"动车组"效应。在促进全省改革发展稳定的大局中,在夺取全面建设小康社会新胜利的大局中,江西工运事业取得全面发展,江西工会工作取得重大成就。

(一)围绕大局,努力建功立业

1. 广泛开展劳动竞赛。全面落实全省劳动竞赛五年规划,深入开展职工经济技术创新,紧紧围绕经济建设重点工程、重点项目开展经济技术创新劳动竞赛,以"当好主力军、建功'十一五'、和谐奔小康"为主体,以创建"工人先锋号"为载体,开展"技能大培训、岗位大练兵、劳动大竞赛""建成小康社会同富裕,建功立业做模范"等主题竞赛活动。2008—2012年间,全省共有35万家企事业单位、2600万人次职工参加了各种形式的劳动竞赛,这些系列举措都使得广大职工在推进项目建设、做大经济总量和优化经济结构中展示了更大的作为。

2. 不断提高职工队伍整体素质。2010年,省总工会联合其他部门制定了《全省职工素质建设工程五年规划(2010—2014年)》,大力开展企业文化和职工文化建设。推进职工书屋建设,建立了149个全国示范点、1500个省级示范点、3000个市级示范点。推行校企联合办学模式,开展订单培训和定向培养,2008—2012年间,与有关部门联合举办了16次省级职业技能竞赛,参赛工种60多个,近250万职工提升了技术等级。广泛开展合理化建议、技术攻关、节能减排等群众性经济技术创新活动,全省职工提出合理化建议共240多万条,实施技术革新18.5万项,发明创造6万多项,专利发明1万多项,以职工名字命名了500多项先进操作法,这些都为企业创造了良好的经济效益。

3. 大力弘扬劳模精神。高度重视劳模的导向力量,积极选树劳模、广泛宣传劳模,举办"劳模年宣传活动""新中国60年来江西60位最具影响力的劳动模范表彰大会"等,在全社会形成工人伟大、劳动光荣的浓厚氛围。加强劳模服务工作,建立全国劳模个人银行账号。省政府在安排帮扶专项资金、送温暖资金和劳模春节慰问金的同时,2009年初新增省劳模困难帮扶专项资金500万元,这是江西省首次向省劳模发放困难帮扶专项资金。劳模管理更加规范,进一步完善和规范了取消劳模称号的有关规章制度,完成了省级劳模基本情况摸底报表工作,组织了500多名全国劳模、2000多名省劳模疗休养。

(二)情系职工,创新群众工作

1. 加强困难职工帮扶工作制度化建设。全省各级工会健全了省、市、县(市、区)、街道(乡镇)和社区五级帮扶工作网络,推进困难职工帮扶中心向职工服务中心转变,困难职工帮扶中心拓展为服务中心的比例达97.3%,打造职工服务中心品牌。对特殊困难职工开展"大救助",将有就业愿望的困难职工和困难会员全部纳入工会的培训帮扶范围。开展大病职工救助行动、"金秋助学""面对面、心贴心、实打实服务职工在基层"等活动,使深入基层开展职工群众工作常态化、制度化。2008—2012年间,全省工会共筹措帮扶资金17亿元,帮扶困难职工187.9万户,筹措金秋助学金1.8亿元,资助11.7万名困难职工子女上学。

2. 深入开展农民工帮扶工作。多渠道了解农民工的思想动态和变化,引导他们全面融入江西的经济建设中,充分利用带回的先进管理经验和技术为江西经济和社会发展服务。与铁路、交通、民航等部门加强配合,继续开展农民工平安返乡行动。联合举办大型的招聘会,安排合适的岗位安置农民工就业。开展百万农民工援助行动,在全省各县(区)召开返乡农民工座谈会,积极吸收返乡农民工加入工会,并与广东省、深圳市总工会联合开展农民工跨省免费技能培训活动。截至2012年底,全省已建工会基层单位职工总人数约为736.8万人,其中农民工154.5万人;工会会员人数约为714.6万人,其中农民工148.4万人①。为了确保农民工维权的有效性,充分运用全国工会帮扶中心的跨区域维权服务网络,为其提供便捷高效的服务。2009年与8个省市区工会签订省际间农民工维权合作协议,与江苏、四川省总工会跨省联动维权,加强了省际工会维权合作。

---

① 李守镇、李庆堂主编:《中国工会年鉴》(2013),中国工人出版社,2013年,第577页。

3. 加大促进就业力度。省总工会参与《工商保险条例》《就业促进条例》等法律法规的修改制定;参与全省最低工资标准、企业工资增长指导线、因工致残人员伤残津贴待遇调整等政策制定,以及江西农民工工资支付保证金制度实施办法等研究,积极维护职工工资收入权益。坚持促进充分就业、稳定就业岗位、改善就业环境、提高就业质量,连续五年协助政府有关部门开展"春风行动"和"民营企业招聘周"等活动,同时协助政府做好就业培训工作,通过"技能培训促就业"和"工会就业援助月"等活动,对就业困难群体开展了24.2万人次的职业技能培训,帮助59.6万人实现了就业。

4. 高度重视舆情研判工作。建立了舆情信息处理快速反应机制,组建了覆盖全省工会系统的网络舆情监测研判小组和3000余人的网络宣传队伍,舆情处置成效突出。加强舆情信息监控,2008—2012年间省总工会共核查、处理1000余起舆情信息,协助党政妥善处置了268起苗头事件,得到了省委、全总的高度肯定;认真做好职工信访工作,坚持主席信访接待日和工作部门日常信访接访制度,保持工会"12351"职工维权热线24小时畅通,维护了职工队伍和社会稳定。

(三)维权维稳,履行维护职责

1. 积极应对金融危机。2009年7月,省总工会下发《江西省总工会应对金融危机,服务职工十大措施实施意见》,筹措资金3.4亿元,出台服务职工的十大举措。全省各级工会以"同舟共济保增长、建功立业促发展"为主题,实现了全省国有、集体及其控股企业"共同约定行动"全覆盖,其他类型企业达到70%以上,全省约定不裁员人数145.8万人,减少裁员人数67.3万人①,得到了党政部门和社会各界的充分肯定。

2. 稳妥推进国企改革。全省各级工会主动融入,加强对七个系统国企改制企业厂务公开、职代会等工作的业务指导,推动企业改制方案和职工安置方案都必须要职代会审议和表决,做到"两会三高"②。全省工会发放改制企业帮扶资金1992万元,帮助困难职工2.9万人,确保了国企改革的平稳顺利完成,省总工会两次在全国工会系统介绍经验,并获全省七个系统国企改革先进单位。

---

① 谷常生主编:《中国工会年鉴》(2010),中国工人出版社,2010年,第190页。
② "两会三高"是指,改制的方案全部交职代会审议、全部实行无记名表决,改制企业职代会的总通过率高(超过80%)、方案总得票率高(超过80%)、职工签约率高(超过97%)。

3. 深入推进企业工资集体协商。开展工资集体协商五年覆盖计划,积极推进工资集体协商示范点建设。2011年召开全省工资集体协商工作交流会,制定《江西省工资集体协商三年实施计划(2011—2013年)》等,全省建会企业开展工资集体协商达90%。2012年,下发《江西省总工会关于加强集体协商指导员队伍专业化建设的意见》,工资集体协商指导员人数达1.9万人。目前全省覆盖企业数达8.7万家;签订女职工专项集体合同3.8万份,签订率96.9%。

4. 健全完善企事业单位民主管理。深入实施《江西省职工代表大会条例》和《江西省厂务公开条例》,推动厂务公开民主管理工作向纵深化、规范化发展。2012年全省公有制企业厂务公开建制率达94.6%,非公有制企业厂务公开建制率达97.6%①,省总工会被评为全国推动厂务公开民主管理工作先进单位。出台《关于进一步加强建设职工之家工作发挥基层工会作用的意见》,加强企业特别是改制企业、非公企业职代会建设,严格履行职代会各项程序,2009年企业改制方案、职工安置方案获高票通过,2012年全省建立职代会企事业单位9.7万家。

(四)改革创新,推进自身建设

1. 工会组建稳步推进。以改革创新精神加强基层工会建设,特别是企业工会的组建工作,扩大覆盖面,增强影响力。全力推进"两个普遍"②重点工作,2011年出台《江西省总工会2011—2013年推动企业普遍建立工会组织工作规划》,召开工会组建工作现场会议,开展全省工会组建工作大检查活动。截至2010、2011、2012年,全省共组建基层工会5.9万、6.48万、7.37万家,工会会员611万、646.85万、715万人。健全改制企业工会组织,2009年景德镇市总工会创新工会组建发展模式,实现改制国企"家属区"移交"社区"后工会组织的无缝对接。江西工会的组建工作,连续多年被评为全国工会组建工作一等奖。

2. 工会工作者职业化、社会化初具规模。省总工会出台《关于加强工会工作者队伍建设的指导意见》,建立包括企业改制指导员、工会工作协理员、法律援助志愿者、劳动争议调解仲裁员、劳动法律监督员、集体协商指导员和劳动保护监督员"七大员"队伍,截至2012年,已累计组建和培养了58.2万人次,为开

---

① 李守镇、李庆堂 主编,《中国工会年鉴》(2013),中国工人出版社,2013年,第199页。
② "两个普遍"是指,要依法推动企业普遍建立工会组织,要依法推动企业普遍开展工资集体协商。

展工会工作提供了人才保证。2012年,全省各级工会组建一支3000余人的网络宣传员队伍,及时对舆情信息进行核查处置。同时,进一步加强干部教育培训工作,省总干校共举办培训班72期、培训5873人次,取得了良好效果。

3.工会事业创新跨越。工会资产不断壮大,工会办事场所、活动场所和办公场所建设长足发展。全省工会经费拨交收入由2008年的3.8亿元增加到2012年的10亿元,工会资产总额(不含划拨土地)从2008年的10.5亿元发展到2012年的21.4亿元,职工互助保费总量由2008年的1098万元增加到2012年的7531万元。省总工会本级企事业创新发展,10项改扩建工程全面启动。2012年正式启动江西省总工会干部学校重建工程,这将成为全省工会干部教育培训基地和工运理论研究的重要阵地。工会调研、信息、统计工作水平不断提升,进一步增进同港澳台工会与劳动界的交流合作,对外交流工作成绩显著。

第九章 中国特色社会主义新时代的江西工人运动（2012—2020）

党的十八大以来，以习近平同志为核心的党中央团结带领全党全国各族人民，统筹推进"五位一体"总体布局、协调推进"四个全面"战略布局，党和国家事业取得历史性成就、发生历史性变革，中国特色社会主义进入了新时代。新时代，新使命，新作为。面对新时代工人阶级所要解决的根本问题和中心任务，江西省各级工会组织始终把学习贯彻习近平新时代中国特色社会主义思想作为首要政治任务，认真学习贯彻习近平总书记关于工人阶级和工会工作的重要论述，坚持走中国特色社会主义工会发展道路，牢牢把握为实现中华民族伟大复兴的中国梦而奋斗的工人运动时代主题，围绕中心、履职尽责、改革创新，广大职工群众汇聚起磅礴力量，充分展示了新时代主人翁的风采和巨大力量，谱写出了新时代江西工人运动的精彩华章。

第一节 中华民族伟大复兴新征程开启中的江西工人运动

2012年11月，党的十八大描绘了全面建成小康社会、实现"两个一百年"奋斗目标的宏伟蓝图，对在新的时代条件下坚持和发展中国特色社会主义作出了全面部署，开启了中华民族伟大复兴的新征程。党中央的重大决策部署和习近平总书记关于工人阶级和工会工作的系列重要讲话精神，进一步明确了我国工人阶级的奋斗目标，为新时代工人运动指明了前进方向。

2013年10月，中国工会十六大明确了今后五年工人运动的主题和工会工作的指导思想、方针任务和工作目标,提出为实现中华民族伟大复兴的中国梦而奋斗,是我国工人运动的时代主题。强调工人阶级是全面建成小康社会、坚持和发展中国特色社会主义、实现中国梦的主力军,工会作为党领导的重要人民团体,担负着团结动员广大职工为实现中国梦而奋斗的庄严历史使命。2013年10月23日,习近平总书记在同全总第十六届领导班子成员集体谈话时,充分肯定了中国工会十六大确定的为实现中华民族伟大复兴的中国梦而奋斗的工人运动时代主题。

2013年6月,江西省工会第十三次代表大会在南昌召开。会议强调要高举中国特色社会主义伟大旗帜,深入贯彻党的十八大精神,坚定不移地走中国特色社会主义工会发展道路,充分发挥工人阶级在实现中国梦中的主力军作用,为建设富裕和谐秀美江西而奋斗。

调查数据显示,至2017年底,江西省就业人数达2645.6万人,在总量持续增加的同时,职工队伍结构呈现出新变化新特征,非公有制单位就业职工不断增加,农民工作为职工队伍的重要成员继续壮大,职工产业、行业分布结构持续优化。职工队伍素质大幅度提升,高层次、高技能人才不断涌现;职工权益得到有效实现,知情权、参与权、表达权、监督权得到有效保障。同时,也存在一些需要关注的问题:职工队伍内部分层明显,并且阶层流动性减弱;互联网催生职工"原子化"现象,改变了职工就业生态;职工面临更加复杂多样的劳动关系;职工队伍思想观念发生变化,利益诉求日益多元。面对这些新形势,江西省各级工会突出重点、真抓实干,各项工作取得积极进展,广大职工群众忠诚履职、积极作为,在服务全省发展升级、推进全面深化改革工作大局中发挥了积极作用。

一、坚定正确政治方向,践行新思想

习近平总书记指出,"工人阶级是我国的领导阶级,是我国先进生产力和生产关系的代表,是我们党最坚实最可靠的阶级基础,是全面建成小康社会、坚持和发展中国特色社会主义的主力军。"[①]同时强调,引导职工群众听党话、跟党走,巩固党执政的阶级基础和群众基础,是工会组织的政治责任。在实际工作中,江西省各级工会组织坚定不移走中国特色社会主义工会发展道路,努力把

---

① 《习近平谈治国理政》(第一卷),外文出版社,2018年,第45页。

工会组织建设成为党的职工群众工作的坚强阵地。

（一）深入开展学习贯彻活动

全省各级工会把深入学习贯彻党的十八大精神和中国工会十六大精神作为首要政治任务，通过召开党组会、座谈会、报告会、电视电话会、专题培训班、研修班、知识竞赛、学习论坛、演讲比赛、组建宣讲团、编排文艺节目、微电影等形式，充分发挥工会报刊、网站、"草根谈"微信公众号等平台，深入开展"大学习、大宣讲、大培训、大落实、大督查"活动，带动全省各级工会强化理论学习。"草根谈"微信平台影响力扩大，荣获"全国最具影响力工会新媒体""全国工会宣传十佳新媒体"称号。深化思想教育活动，组织专家学者、劳动模范进企业、进社区、进院校巡回宣讲，团结引导全省广大职工在政治立场、政治方向、政治原则、政治道路上同党中央保持高度一致，自觉践行社会主义核心价值观。这些举措，一方面提振了广大职工的信心与斗志；另一方面，也激励了广大职工在生产生活中自觉运用理论，不断提升自己的综合水平。

（二）不断强化思想政治引领

职工思想政治工作是工会工作的主要内容，必须充分发挥工会组织的政治优势、组织优势和工作优势，加强和改进新时代职工思想政治工作。为此，江西省总工会在全国首创"中国梦·劳动美"主题教育实践活动，创作和策划了许多有深度、有高度的文化活动和文艺作品，被全总作为全国工会系统职工思想教育主题。举办了规模空前的"江西省首届'中国梦·劳动美'职工网上艺术节"活动，展现江西美好生态与深厚文化底蕴，累计浏览量达到275万人次，投票量达到166万；承办了全总和央视"中国梦·劳动美——五一特别节目"；举办了"江西省庆五一中国梦·劳动美主题慰问晚会"，唱响了"中国梦·劳动美"主旋律。同时，每年组织400多万人次职工群众参加到"劳动传奇微博微信微视频微电影征集大晒"、主题论坛活动、"工间 Style"、读书征文比赛、主题演讲比赛、法律知识竞赛、书画摄影展等一系列接地气的活动中，弘扬主旋律、凝聚正能量，讴歌职工群众的劳动之美、追梦之美、信仰之美、崇高之美，引导全省职工激发创造力。

（三）全面落实党的领导

党的十八大以来，习近平总书记多次强调，"工会工作是党的群团工作、群众工作的重要组成部分,是党治国理政的一项经常性、基础性工作①这充分说明,坚持党的领导是做好工会工作的政治原则和根本保证。江西省总工会把党的领导贯穿于工会工作各方面和全过程,健全向同级党委和上级工会请示、报告工作制度,形成了"党建带工建、工建服务党建、党工共建"的良好工作格局。2012—2017年间,江西省总工会就召开重要会议、推进重要工作及重要问题,及时向省委、全总请示、汇报70多次,主动接受各级人大、政协的定期监督检查和调研视察,坚决做到令行禁止。2015年7月6日,在党的历史上第一次由党中央召开了中央党的群团工作会议,习近平总书记强调各级党委必须从党和国家工作大局出发,切实加强和改进对党的群团工作的领导,强化管好用好群团组织的责任担当,坚持党委统一领导、党政齐抓共管、部门各负其责、党员干部带头示范、群团履职尽责的工作格局。因此,江西省建立健全了常委会研究工会工作制度,听取和研究工会工作,积极解决涉及职工利益和工会工作的重大问题,研究解决工会工作的重大问题。各级政府每年召开一次与工会的联席会议,各级工会组织认真落实省委群团工作会议精神和《关于加强和改进党的群团工作的实施意见》,为工会工作创造了良好的环境。认真落实工会意识形态工作责任制,加强对工会系统的报刊、网络、学校等意识形态阵地建设,从政治上、内容上、程序上和技术上进行全方位把关,坚持了正确的舆论导向。

二、服务党政工作大局,彰显新作为

"工人阶级和广大劳动群众始终是推动我国经济社会发展、维护社会安定团结的根本力量。"②为了确保其地位和作用得以实现,就必须提升其素质和能力。因此,江西省各级工会大力弘扬工人阶级伟大品格和劳模精神,广大职工群众则秉承着辛勤劳动、诚实劳动、创造性劳动的原则,不断提高自身的技术技能水平和创新能力,打造了一支知识型、技术型、创新型的职工队伍,为加快江西产业结构转型升级、推进经济发展方式转变贡献了智慧和力量,用劳动为实现中国梦添砖加瓦。

---

① 全国总工会课题组编:《深入学习贯彻习近平总书记关于工人阶级和工会工作的重要论述》,中国工人出版社,2021年,第2页。
② 中共中央文献研究室编:《习近平关于社会主义政治建设论述摘编》,中央文献出版社,2017年,第185页。

(一)大力参与劳动竞赛

习近平总书记指出,实现中华民族伟大复兴的中国梦,根本上要靠包括工人阶级在内的全体人民的劳动、创造、奉献。① 在新的历史条件下,面向重大项目、重点产业和新经济新业态,省总工会紧紧围绕全省创新发展战略,以提升职工素质、提升经济发展能力为主线,深入开展"当好主力军、建功'十二五'"主题劳动和技能竞赛。2013、2014、2015 年,共有 550 万、590 万、597 万职工参加了各种形式的劳动竞赛,提升技术等级。每年举办省级一类竞赛一项,二类、三类竞赛数十项,涉及竞赛职业(工种)上百种,直接参赛职工 10 万人次以上,带动岗位练兵 150 余万人次。开展全国"安康杯"安全生产知识竞赛,参赛班组达 28.6 万个,参赛职工 433 万人次。

(二)大力弘扬劳模精神

习近平总书记指出,劳动模范是民族的精英、人民的楷模,是共和国的功臣。② 同时,习近平总书记还对劳模精神的内涵进行了概括,指出在长期实践中,广大劳模铸就了"爱岗就业、争创一流,艰苦奋斗、勇于创新,淡泊名利、甘于奉献"的劳模精神,必须大力弘扬。为此,江西省总工会率先在全国开展劳模创新工作室创建活动,打造全国、省、市三级劳模创新示范工作室,带动更多职工参与技术创新、提升技能素质。2013 年制定《江西省劳模创新工作管理办法》,命名了首批 20 家劳模创新工作室,在基层一线搭建由劳模领军、职工自愿参与的创新平台。截至 2017 年底,已经培育出全国示范型劳模创新工作室 6 家,省级工作室 119 家,市、县级工作室 2000 多家③。大力宣传报道劳模精神。开展劳模进企业、进校园、进社区(农村)等活动,运用报刊、网站、微博等多种方式宣传劳动模范和先进职工的典型事迹,开通"江西劳模"实名认证微博,在省内主要媒体上集中报道基层劳模。举办全省职工(劳模)创新成果展,吸引了大批职工群众观展及众多主流媒体跟踪报道。认真落实劳模待遇,切实关心劳模生活,2014 年省总工会出台了《江西省劳模专项补助资金发放管理办法(试行)》,对各级劳模资金的发放对象、补助标准、困难申报、发放方式等内容作出了明确

---

① 全国总工会课题组编:《深入学习贯彻习近平总书记关于工人阶级和工会工作的重要论述》,中国工人出版社,2021 年,第 40 页。
② 习近平:《在全国劳动模范和先进工作者表彰大会上的讲话》,人民出版社,2020 年,第 2 页。
③ 王娇萍,董宽主编:《中国工会年鉴》(2018),中国工人出版社,2018 年,第 204 页。

规定。全省各级工会还广泛组织开展了劳模疗休养活动,深受广大劳模欢迎和称赞,2015年省总工会把劳模疗休养工作列入考核范围,形成了关爱劳模的良好风尚。

（三）大力推进技术创新

动员职工开展群众性经济技术创新,是激发职工队伍活力的有效形式,能够有力地推动经济社会发展、企业经营管理、职工素质提升,是工会工作的一个响亮品牌。江西省积极开展"小革新、小发明、小设计、小建议、小改造"等活动,2012—2017年间全省职工共提合理化建议156万条,技术革新8.27万件,选树技能带头人9.76万名,为企业增效20%以上,有效激发了全省广大职工的创新创造活力。结合全省经济社会发展实际,江西省总工会以产业结构转型升级对技术工人的需求为导向,以增强职工技能素质和创新能力为着力点,从2017年起开始实施"赣鄱工匠"培养选树计划,每两年选树一批具有示范引领作用的"赣鄱工匠"①,着力建设一支高素质的产业工人队伍,积极培养选树一批技艺精湛、品格高尚、善于创新、追求卓越、热心传授的能工巧匠。

三、构建和谐劳动关系,展现新担当

党的十八以来,江西省各级工会始终坚持从协调推进"四个全面"战略布局的高度来认识构建和谐劳动关系的重大意义,明确工作抓手,创新方式方法,坚持做到两个维护的统一,努力保障全省广大职工共享经济社会发展成果,在构建和谐劳动关系中充分展现了工会担当。

（一）维权力度持续加大

习近平总书记高度重视工会维权服务工作,多次就此作出重要指示,提出明确要求。2015年4月28日,在庆祝"五一"国际劳动节暨表彰全国劳动模范和先进工作者大会上,习近平总书记强调要坚决履行维护职工合法权益的基本职责,把竭诚为职工群众服务作为工会一切工作的出发点和落脚点。② 2015年

---

① "赣鄱工匠"重点聚焦的是先进制造业、现代服务业和战略性新兴产业中的能工巧匠、省级以上职业技能竞赛优胜选手、各级劳模创新工作室核心成员、企事业单位"师带徒"活动中涌现的优秀导师以及民间工艺大师等长期以来为江西经济社会发展做出突出贡献的优秀技术工人。

② 习近平:《在庆祝"五一"国际劳动节暨表彰全国劳动模范和先进工作者大会上的讲话》,人民出版社,2015年,第12页。

8月,江西省总工会在全省工业园区独创性地开展"三师一室"(法律援助律师、劳动关系协调师、健康工程师,沙龙茶叙室)工作模式并持续推进规范化建设,全省109个工业园区和45个乡镇、街道先后建立了"三师一室"维权平台,1186名"三师"为职工提供服务。作为化解劳动纠纷的新模式,"三师一室"通过"走下去",有效解决了服务职工"最后一公里"的问题,获得了全国总工会"点赞",同时也入选了2017年度法治江西建设典型经验。坚持和完善以职工代表大会为基本形式的企事业单位民主管理制度,开展集体协商攻坚行动。截至2017年底,全省已建工会的公有制企业和非公有制企业厂务公开的建制率分别为100%和85.8%,职代会的建制率分别100%和82.6%[①]。妥善处置舆情信息,五年间江西省、市两级工会共受理职工信访和维权热线共计26284件次,绝大多数信访案件都得到了妥善解决,全省信访结案率达94%以上,维护了职工队伍和社会稳定。

(二)服务实效日益彰显

认真落实精准帮扶,做强"春送岗位、夏送清凉、金秋助学、冬送温暖"四大品牌帮扶活动。党的十八大以来的五年间,江西各级工会共筹措帮扶资金5.41亿元,帮扶困难职工76.82万人次;各级工会年均筹集助学资金4500万元,资助困难职工子女1.5万人次,筹集助学资金2亿元,叫响和做实了"娘家人"的品牌。广泛开展"技能培训促就业"专项行动,提供职业介绍、技能培训等就业创业服务,使得共计11.8万人成功实现就业;开展家政服务、月嫂培训,共培训月嫂2000多名。这些都构建了社会化帮扶困难职工的新格局,实现了送温暖活动向经常化、制度化和社会化的多元化发展,帮扶内容向就业服务、医疗救助、子女就学、法律援助等多功能延伸,帮扶对象向困难职工和农民工等多受众拓展。2016年江西省总工会制定下发了《关于联合发行工会普惠服务卡的指导意见》,推动各设区市总工会开展普惠制工作。召开了全省工会普惠龙卡工作现场推进会,以工会会员信息管理平台、江西工会普惠龙卡服务网站、江西工会普惠卡微信公众号等三大平台为载体,推广会员身份识别、工会特色服务、银行金融服务、商业消费优惠等功能于一体的工会普惠龙卡。全面创新和完善服务体系,实现各设区市工会普惠龙卡在全省范围内"信息整合、资源共享、标识统一、

---

① 王娇萍,董宽主编:《中国工会年鉴》(2018),中国工人出版社,2018年,第204页。

一卡互通"的目标,构建普惠促组建、入会推普惠的良性互动格局。截至2017年,全省共发放工会普惠龙卡108万张,职工持卡消费累计近19亿元,普惠服务初步形成体系和规模。

（三）源头参与成果丰硕

习近平总书记多次强调,要推动发展和谐劳动关系,代表职工群众主动参与立法和政策制定,从制度上源头上保障职工群众权益、发展职工群众权益。[①] 为此,江西省总工会大力加强源头参与,推动制定了《江西省企业工资集体协商条例》《江西省工会劳动法律监督条例》《江西省女职工劳动保护特别规定》等地方法规,江西工会立法规模达到"一办法五条例一规定",位居全国工会前列,维护职工合法权益的法律体系基本形成。积极参与了全国婚假规定、全省工资指导线、全省最低工资标准等30多项国家和地方劳动领域政策法规的制定和修改,从依法依规的源头上维护了职工群众权益,提升了职工群众的获得感幸福感安全感。

四、着力推进改革创新,激发新活力

改革创新是时代发展的最强音,也是工运事业蓬勃发展的不竭动力。党的十八大以来,江西省各级工会紧紧围绕增"三性"、去"四化"的目标,坚持问题导向,进一步优化工会的组织体制、运行机制、管理模式和工作方式,着力做强基层,不断推进改革创新,江西工会组织的吸引力、凝聚力、战斗力明显增强。

（一）稳步推进工会改革

习近平总书记指出,工会改革是全面深化改革的重要组成部分。2018年9月25日,全总印发了《深化工会改革创新实施方案》,对如何深化工会改革提出了具体举措。江西省总工会不断优化领导体制,破除行政化,实行专挂兼相结合,专职成员原则上不超过50%。实施《江西省总工会改革方案》,省总工会机关配备了4名兼职、挂职副主席,调减3个内设机构,精简机关编制10%,充实了全省7个国家级经济开发区或高新区的工会工作力量。党的十八大以来,习近平总书记多次就推进产业工人队伍建设改革发表重要讲话、作出重要指

---

① 全国总工会课题组编:《深入学习贯彻习近平总书记关于工人阶级和工会工作的重要论述》,中国工人出版社,2021年,第153页。

示，内容涉及产业工人队伍建设改革的意义、目标、原则、方向和重点等方面，提出了一系列新思想新观点新要求。习近平总书记指出，要把产业工人队伍建设作为实施科教兴国战略、人才强国战略、创新驱动发展战略的重要支撑和基础保障，纳入国家和地方经济社会发展规划。① 为此，江西省总工会扎实推进新时代产业工人队伍建设改革，2017年首次召开了全省产业工会工作会议，会议围绕落实《新时期产业工人队伍建设改革方案》和全国产业工会工作会议精神，总结交流了产业工会工作经验。会后，正式出台了《江西省总工会关于深入推进产业工会创新发展的实施意见》。

（二）积极建设网上工会

随着互联网技术的发展，互联网逐渐渗透到每一个工作领域当中，"互联网＋"的全新工作模式已经成为一股无法阻挡的时代大潮。习近平总书记指出，要把网上工作作为工会联系职工、服务职工的重要平台，走好网上群众路线，在网上亮出工会旗帜、发出工会声音，做好正面引导。② 江西省各级工会顺应时代潮流，通过在工作模式上实现"互联网＋"工会的转变，实现了新时代工会工作的创新发展。2016年底，江西省总工会启动"互联网＋工会"平台建设，出台《"互联网＋工会"建设方案》，并成立"互联网＋工会"项目建设领导小组，稳步推进网上工会工作建设项目。全省各级工会积极搭建网上服务平台，通过"一网一微一端"的立体架构为职工提供网上法律咨询、就业信息查询、会员管理等多项服务，实现了工会大网络、大服务、大宣传的新工作格局。截至2017年底，全省工会网上服务平台主体构建基本完成，以工会会员实名制为基础的工会动态数据库初步建成，"互联网＋"工会在线服务模式基本形成雏形，"互联网＋"工会服务思维及服务技能全面增强。

（三）持续加强基层组建

中国工会十七大报告指出，坚持加强基层工会建设是工会工作彰显活力的

---

① 新华月报编：《新中国70年大事记（1949.10.1—2019.10.1）（下）》，人民出版社，2020年，第1789页。

② 中共中央党史和文献研究院编：《习近平关于网络强国论述摘编》，中央文献出版社，2021年，第80页。

基础和关键。为了认真贯彻落实习近平总书记关于加强基层工会建设"三个着力"①的重要批示精神,江西省总工会深入推动重点领域的组建工作,推进基层工会规范化建设,各项工作取得积极成效。2014年下发《江西省工会基层组织建设工作2014—2016年规划》《江西省总工会新形势下加强基层工会工作的实施意见》等。之后,在全省先后开展了以农民工集中入会和服务工作为重点的"农民工入会和服务"专项行动,以降成本、优环境行动为重点的"进园区、强基层、惠职工、促发展"专项行动,以全面加强基层工会组织建设为重点的"建家、强家、暖家"专项行动等,极大地推动了工业园区、非公企业建会和农民工、劳务派遣工入会,强有力地扩大了工会组织的覆盖面。2012—2017年间,实现全省新增工会组织5000余家,新增工会会员83.4万人,全省职工入会率达96.5%,全省工业园区基层工会组织建会率达90.5%,在全总执委会和全国工会经验交流会上4次作典型经验介绍。加大基层工会干部队伍建设和经费投入,通过争取机构编制、干部兼职、下派干部挂职、招聘工会协理员等途径,增强基层工会工作力量。

(四)巩固强化阵地建设

全省各级工会坚持重心下移、资金下移、服务下移,工会经费收缴力度加大,2017年工会经费收缴达8.13亿元,工会总资产47.8亿元,行政性资产36.3亿元,企事业总资产11.5亿元,全省工会综合实力明显增强。服务职工场所扩容提质,省总每年直接补助市、县(区)工会场馆所的建设资金都达到1300万元,仅2017年省、市两级总工会投入2000余万元兴建园区职工活动场所。截至2017年底,全省工会共投入4.1亿元,建成职工之家71个,占地总面积23.5万㎡,覆盖职工81.7万人,形成了布局合理、功能多样、服务周全的新格局②。大力推动工人文化宫等工会阵地建设,推动将工人文化宫等工会阵地建设纳入地方公共事业发展规划和民生工程。

五、加强党建工作,树立新形象

习近平总书记强调,坚持全面从严治党,要从政治上认识和抓好全面从严

---

① 即着力扩大覆盖面、增强代表性,着力强化服务意识、提高维权能力,着力加强队伍建设、提升保障水平。

② 王娇萍,董宽主编:《中国工会年鉴》(2018),中国工人出版社,2018年,第205页。

治党,把党的政治建设摆在首位,确保党始终成为中国特色社会主义的坚强领导核心。全省各级工会组织以党的政治建设为统领,以深入开展党建主题教育和专项工作为载体,带动工会全面从严治党,积极营造工会系统风清气正的良好政治生态,牢固树立工会组织和工会干部的良好形象。

(一)深入推进党建工作

牢固树立"抓好党建是最大政绩"的理念,健全了党组、机关党委、党支部、党员"四位一体"的机关党建工作机制,形成党组抓、书记抓、层层抓的党建工作格局。严肃党内政治生活,严格执行"三会一课"、民主生活会、组织生活会、主题党日活动等制度,努力保持共产党员的先进性,净化党内政治生态。规范基层党支部建设,完善了"党员之家"和"党员活动室"的规范化建设。落实党建政治责任,认真执行民主集中制,建立完善《江西省总工会领导干部家访制度》,抓实工会领导班子自身建设、工会机关和直属单位基层党组织建设,选齐配强基层工会领导班子,加强工会工作协理员配备管理,确保中央和省委、全总决策部署得到不折不扣落实。

(二)持续深化廉政建设

用好监督执纪"四种形态",让知敬畏、存戒惧、守底线,成为工会党员干部的高度自觉。积极开展廉政教育,举办各级工会干部培训班,主要领导带头讲廉政党课,扎实推进"三严三实"专题教育,建立"七个一"联系点制度。加强廉政风险防控,积极支持派驻纪检监察组工作,构建工会内部审计、国家审计、社会审计、职工会员监督相结合的立体经审监督体系,对苗头性问题早发现、早提醒、早纠正。严格落实廉政责任,将党风廉政建设列为全委会工作报告的重要内容,签订年度党风廉政建设责任书,与重点工作同部署同落实;制订下发并修订完善《江西省总工会廉政约谈制度》等10项制度,建立了党员干部廉政档案,着力把党风廉政建设主体责任和监督责任落到实处。

(三)全面加强作风建设

扎实推进教育常态化制度化,开展党的群众路线教育实践活动、"三严三实"专题教育和"两学一做"学习教育,深入推进"连心、强基、模范"三大工程,加强作风建设、提升服务水平。重视机关文化建设,丰富文体活动,营造健康向上、干事创业的良好氛围。大兴调查研究之风,开展"集中调研、征求意见周"活动,针对"四风"方面的问题剖析原因、提出对策,进一步提高机关效能,改进干部作风;开展"下基层、进企业、学劳模、访职工"活动,建立了省总领导联系市、县工作点和工会干部联系职工制度,做到对困难和问题集中的企业和职工"必访",对企业生产发展和职工权益实现情况"必清",继承和发扬工会密切联系职工群众的优良传统,以更高标准、更高质量、更高效率巩固作风建设成果。

第二节　全面建成小康社会决胜期的江西工人运动

2017年10月,党的十九大在北京召开。这是在全面建成小康社会决胜阶段、中国特色社会主义进入新时代的关键时期召开的一次十分重要的大会。习近平总书记就坚持以人民为中心、工人阶级的历史使命、健全人民当家作主制度体系、产业工人队伍建设改革、构建和谐劳动关系、加强预防和化解社会矛盾机制建设、工会组织改革创新、提升各级领导干部的专业素质和能力等方面,作出了重要阐述,赋予了工会组织新的使命。在以习近平同志为核心的党中央坚强领导下,我国工人阶级以高度的主人翁使命感、责任感,积极投身进行伟大斗争、建设伟大工程、推进伟大事业、实现伟大梦想的实践中,用劳动筑梦,以实干圆梦,为实现中华民族伟大复兴的中国梦而不懈奋斗。

2018年10月,中国工会十七大在北京召开。大会对习近平总书记关于工人阶级和工会工作重要论述的基本内涵,进行了系统深刻的阐述,明确其基本内涵是"八个坚持"①,这也成为新时代工运事业和工会工作创新发展的理论指导和行动指南。同时,提出了今后五年工会工作的主要任务,即"一个全面四个

---

① "八个坚持"就是,坚持党对工会工作的领导,坚持全心全意依靠工人阶级,坚持为实现中华民族伟大复兴的中国梦而奋斗,坚持中国特色社会主义工会发展道路,坚持弘扬劳模精神、劳动精神、工匠精神,坚持高举维护职工合法权益旗帜,坚持增强政治性、先进性、群众性的工会改革方向,坚持加强基层工会建设。

着力"①。会议把习近平新时代中国特色社会主义思想确立为中国工会的指导思想,强调中国工会必须坚持自觉接受中国共产党的领导,把党的领导和党的意志贯彻落实到工会工作的各方面和全过程,始终坚持工会工作正确政治方向,为开创新时代工会工作新局面提供了行动指南。2018年10月29日,习近平总书记在同全总第十七届领导班子成员集体谈话时强调,我国广大职工要牢牢把握为实现中国梦而奋斗的时代主题,把自身前途命运同国家和民族前途命运、个人梦同中国梦紧密联系在一起,将实现党和国家确立的发展目标变成自己的自觉行动,爱岗敬业、争创一流,以不懈奋斗书写新时代华章。

2018年6月27日,江西省工会第十四次代表大会在南昌召开。江西省委书记、省长刘奇出席会议并讲话,指出全省广大职工要深入学习贯彻习近平新时代中国特色社会主义思想和党的十九大精神,从更高层次贯彻落实习近平总书记对江西工作的重要要求,大力弘扬主人翁精神,充分发挥主力军作用,积极投身经济社会发展的火热实践,奏响"劳动光荣、创造伟大"的时代强音,为建设富裕美丽幸福现代化江西建功立业。会议强调,未来五年是江西全面建成小康社会的决胜期,也是推动我省工会工作创新发展的关键期。各级工会组织要更有力地弘扬劳模精神、工匠精神,更坚决地把实现广大职工群众对美好生活的向往作为必尽职责,更准确地把握政治性、先进性、群众性要求,更深入地推进全面从严治党管会,努力向省委、全总和广大职工群众交上优异的时代答卷。

当前,我们也要看到随着江西在更大范围、更深程度上参与国际竞争,工会工作也处于更加开放的经济社会环境,国际形势的复杂多变,使得江西发展的外部环境呈现出趋紧的态势;随着江西经济体制的深刻变革、利益格局的深刻调整,社会经济成分、组织形式、就业方式、利益关系和分配方式更为多样化,使得江西经济关系、劳动关系日益复杂化,职工队伍思想也发生了深刻变化;随着江西工业化、城镇化步伐进一步加快,外资企业和民营企业等各类新经济组织大量涌现,农民工和新兴产业职工已经成为产业工人的重要力量等等。面对新

---

① "一个全面"是指全面贯彻党的十九大精神,以习近平新时代中国特色社会主义思想为指导,深入学习贯彻习近平总书记关于工人阶级和工会工作的重要论述,坚持走中国特色社会主义工会发展道路,坚定政治方向,凝聚奋进力量;"四个着力"是指着力推进产业工人队伍建设改革,充分激发职工劳动热情和创造活力;着力做好工会维权服务工作,切实提升职工群众获得感、幸福感、安全感;着力深化工会改革创新,全面增强政治性、先进性、群众性;着力提高工会系统党的建设质量,把工会组织建设得更加充满活力、更加坚强有力。

的机遇和挑战,江西工会始终坚持以习近平新时代中国特色社会主义思想为指导,坚持党对工会工作的领导,团结广大职工群众在服务大局中提高政治站位,在聚焦主业中明确职责定位,在稳中求进中积极建功立业,在改革创新中主动担当作为,奋力开创江西工会工作的新局面,为决胜全面建成小康社会、建设富裕美丽幸福现代化江西、描绘好新时代江西改革发展新画卷而不懈奋斗。

一、坚持服务大局,打赢防控复工战役

新冠肺炎疫情发生以来,广大职工和社会各界都伸出援助之手,为疫情防控、复工复产和经济社会秩序的恢复作出重大贡献,充分体现了"生命至上、举国同心、舍生忘死、尊重科学、命运与共"的伟大抗疫精神,彰显了工人阶级和广大人民群众的伟大力量。各级工会组织迅速行动,以上率下、履职尽责,将统筹推进疫情防控和经济社会发展作为一项重大政治任务,切实发挥"大后方"的作用,在疫情防控和复工复产工作中展现了"娘家人"的担当作为。

(一)多渠道开展送温暖与解心结活动

筹集资金用于疫情防控工作的走访慰问、购买物资和专项服务等,截至2020年5月18日,各级工会共筹措下拨资金约6841.7万元,省总工会共筹措疫情防控资金和"送温暖"资金695.1万元,对援助湖北医务人员按人均3000元的标准发放慰问金;为全省32422名防疫一线医务人员赠送新冠肺炎保障计划。积极发挥工会"三师"团队作用,针对疫情防控期间职工心理压力、身心健康等问题通过开通心理咨询热线、举办心理危机干预线上讲座等方式,在线为职工提供疫期心理咨询等服务3000余件次。

(二)大力度宣传防疫防控知识

省总工会整合工会新闻媒体,加强与省内外主流媒体合作,开设了"抗击新冠肺炎专题",联合超星、微医提供"防疫专题""防疫公益课"和"抗击疫情实时救助"服务,大力宣传疫情防控常识,教育引导广大职工群众正确认识、科学预防和应对疫情。广泛宣传报道疫情防控工作中涌现出的先进个人、先进集体的模范事迹,编辑出版江西省第二批101名援鄂医疗队员《战疫家书》特刊,遴选我省援鄂医疗队员260篇家书编辑出版《战疫信力量》书籍,均被省档案馆永久收藏。同时,在开展2020年"五一"表彰等活动时,对疫情防控一线工作人员给予重点倾斜。

(三）全方位助力企业复工复产

减轻企业负担、统筹各方力量加大指导服务力度等，推动构建和谐劳动关系；继续在全省开展免担保无抵押零利息的"赣工贷"业务，扶持小微企业发展，积极配合政府相关部门做好促就业保稳定工作。开设"江西工匠大讲堂"线上培训专题，邀请劳模工匠授课，开展线上职业技能培训，注重发挥劳动模范、能工巧匠的示范引领作用，以提高职工的技能水平。联合省人社部门开展"春风行动"，从线下延伸到了线上，推荐江西招工企业300余家，收集和推送江西企业就业岗位信息约2000余条，助力解决企业用工荒、职工就业难问题，为党委、政府分忧，为企业解困，为职工解难，助力打赢疫情防控的人民战争、总体战、阻击战。

二、坚持综合施策，助力决胜脱贫攻坚

到2020年底，城镇困难职工全部解困脱困，这是工会对党中央、对广大职工许下的庄严承诺，是必须要完成的政治任务。江西省总工会始终把城镇困难职工解困脱困工作作为一件头等大事，举全省工会之力将这项工作抓紧抓好。

（一）健全帮扶脱贫工作制度

推进困难职工帮扶与政府救助、公益慈善力量有机结合，推动建立低保与扶贫有序衔接机制，使帮扶送温暖常态化、经常化、日常化。多次召开由省市总工会主要领导参加的全省工会困难职工解困脱困工作推进会和座谈会，出台了《关于建立健全工会干部结对帮扶城镇困难职工制度的意见》，实现了结对帮扶全覆盖。与有关部门联合出台《关于开展困难职工家庭信息共享比对工作的通知》《江西省工会困难职工解困脱困三年行动计划（2018—2020年）》《困难职工帮扶资金管理使用办法》《送温暖资金管理使用实施细则》，使得工作举措更精准、资金使用更精准、帮扶服务更精准。省总工会制定的工会送温暖资金管理制度、工会干部结对帮扶制度，进入省委、省政府脱贫解困工会制度政策汇编并在全省学习推广，广西等地工会专程来江西学习交流。

（二）扩大内需鼓励消费扶贫

鼓励职工提前消费，开展面向广大职工、工会会员的专场优惠消费促销活动，鼓励广大职工、工会会员利用服务卡福利专用账户进行购物消费、饮食消

费、旅游消费等。联合省扶贫办出台《江西省消费扶贫活动实施方案》,鼓励基层工会踊跃助力消费扶贫工作,使用工会经费和支出职工集体福利费优先采购消费扶贫产品,自行访乡情、住民宿、吃土菜、购买农副产品等,让职工群众在积极消费中享受到看得见、摸得着、感觉到的实惠。

（三）多措并举实现解困脱困

2018年,推动省委、省政府出台了《关于加大城镇贫困群众脱贫解困力度的意见》,目前全省共有9000多户城镇困难职工家庭纳入城镇贫困群众范畴,这部分困难职工在接受工会帮扶的同时,可以同时享受到社会救助、医保、就业、住房等多方面政策资源,生活困境有较大程度的缓解。自2019年以来,帮助近2万户城镇困难职工家庭实现了解困脱困。调动市、县工会资源,连续两年开展"工会技能培训助推困难职工解困脱困"专项行动,每年筹措资金200多万元开展各类技能培训,帮助困难职工家庭成员增强就业能力,实现"一人就业、全家脱困",让困难职工同步迈入全面小康社会,充分发挥工会在打赢脱贫攻坚战中的重要作用。

三、坚持人民情怀,竭诚服务职工群众

群众路线是党的生命线和根本工作线,也应该成为工会工作的生命线和根本工作线。① 习近平总书记强调,要把竭诚为职工群众服务作为工会一切工作的出发点和落脚点,全心全意为广大职工群众服务,认真倾听职工群众呼声,维护好广大职工群众包括农民工合法权益,扎扎实实为职工群众做好事、办实事、解难事,不断促进社会主义和谐劳动关系。② 为此,江西省总工会坚决贯彻落实中央、省委和全总的决策部署,主动围绕中心、服务大局,积极履行竭诚服务职工群众的基本职责,始终把人民群众的小事当作头等大事,不断提升职工群众的获得感、幸福感、安全感,充分展现了工会的责任和担当。

党的十九届三中全会提出,深化群团组织改革,要构建联系广泛、服务群众的群团工作体系,增强群团组织团结教育、维护权益、服务群众功能。2019年2月,江西省工会首次提出办好"十件实事",不断健全工会服务职工工作体系,丰

---

① 全国总工会课题组编：《深入学习贯彻习近平总书记关于工人阶级和工会工作的重要论述》,中国工人出版社,2021年,第166页。

② 《习近平谈治国理政(第一卷)》,外文出版社,2018年,第47页。

富提升送温暖、帮扶援助、劳模服务等品牌项目,从多方面、多层次、多角度地服务和满足不同职工群众的不同需求,力争让更多、更广泛的职工群众参与其中、享受政策、获得帮扶、得到实惠。截至2019年底,"十件实事"全面完成。全省各级工会组织共贴息2000多万元,为小微企业放款2.59亿元,带动和稳定就业2.5万多人;为城镇困难职工赠送职工医疗互助保障计划36600份,超额完成2万户目标任务;通过开展"求学圆梦"行动,累计帮助和支持1.6万名农民工参加学历和技能提升;为24379名民营企业女职工进行了免费妇科检查,超额14379人;举办了146场未婚青年联谊活动,为2.37万余名未婚青年职工牵线搭桥;各级工会以"金秋助学·铸魂圆梦"为主题,组织了1000余名农民工家庭留守儿童开展夏令营活动;对符合条件的"江西英才"提供家政服务支持,给予服务对象每人每月1000元家政服务补贴;建设"农民工散工服务点"125个,目前全省已建成冠名为"爱心驿站""劳动者港湾""邮爱驿站"等户外劳动者服务站点共1051家;开展"求学圆梦"行动,累计帮助和支持1.6万名农民工参加学历和技能提升;举办江西省第四届职工运动会带动了全省100余万职工参加各类体育活动;组织开展了20场示范性文艺演出下基层活动,带动全省各地各产业工会组织文艺下基层活动超过1000场。

2020年,省总工会立足工会职责,坚持服务导向,回应职工关切,展现工会担当,继续组织开展服务职工"十件实事"。活动取得了良好的社会效果,使广大职工群众收获满满、幸福满满:"赣工贷"业务为1721家初创企业和小微企业提供贷款4.04亿元,带动就业3.31万人;组织1000名疫情防控一线工作人员和脱贫攻坚一线工作人员疗休养;向全省5785户困难职工家庭赠送职工医疗互助保障;为16334名民营企业女职工进行了免费妇科检查,为19名"两癌"女职工患者发放专项帮扶资金8.1万元;帮助1万多名困难职工实现"微心愿";向1433户全国级建档城镇困难职工家庭赠送有线电视节目;工会会员服务卡累计发放191.12万张,消费额达118.5亿元;举办联谊活动176场,2.2万余名青年职工参加;为297名江西英才提供家政服务;深入开展了"我们的小康"第二届职工网上艺术节活动。

四、坚持示范引领,练就职工过硬本领

2020年11月24日,习近平总书记在全国劳动模范和先进工作者表彰大会

上指出,劳模精神、劳动精神、工匠精神是以爱国主义为核心的民族精神和以改革创新为核心的时代精神的生动体现,是鼓舞全党全国各族人民风雨无阻、勇敢前进的强大精神动力。① 江西省始终以劳动竞赛为抓手、以劳模先进为榜样,挖掘培育出了一批新时代工匠,展现了江西职工的时代风貌和创新精神,为江西打造高素质的产业工人队伍凝聚力量,为江西推动技术创新、提高产业综合实力贡献力量。

(一)扎实开展职工职业技能大赛

习近平总书记指出,劳动和技能竞赛是工会的传统优势、工作品牌,新时代要注入新内涵。围绕高质量发展深化劳动和技能竞赛,这是工会组织围绕中心、服务大局的重要体现,也是凸显价值、发挥作用的重要载体。2019年江西省总工会命名和打造了"天工杯"竞赛品牌,组织十大示范性劳动和技能竞赛集中开赛,《工人日报》头版头条报道。虚拟现实(VR)设计、生态环境监测综合比武、辐射监测专项比武、工业机器人技术应用、稀土萃取等一批新兴产业和高新产业工种竞赛项目,首次出现在江西职工技能大赛的舞台上。如此多的省级赛事开赛,在全省营造了崇尚职业技能、重视技能提升、尊重技能人才的浓厚氛围。

2020年7月江西省第二届"天工杯"十大示范性技能大赛同时在全省六个赛区拉开帷幕,包括江西省首届新发传染病医疗救治技能竞赛、第二届虚拟(增强)现实(VR)职工职业技能竞赛、服装行业职工职业技能竞赛、中医药行业职工职业技能竞赛、5G知识暨网络信息安全技能竞赛、第二届电子行业职工职业技能竞赛等。"天工杯"竞赛始终坚持紧密联系省情、紧跟行业热点、紧贴时代脉搏,面向重大项目、重点产业和新经济新业态,大力弘扬了劳模精神和工匠精神,切实提升了产业工人劳动素养和技能素质。同时,通过这些重点行业领域的劳动竞赛,积极搭建竞技平台、努力挖掘优秀人才,为推进江西供给侧结构性改革,振兴和提升实体经济做出了努力,充分体现了工会组织的责任与担当。

(二)挖掘培养"赣鄱工匠""能工巧匠"

习近平总书记指出,大国工匠是职工队伍中的高技能人才,并精辟阐释了工匠精神的科学内涵,即执着专注、精益求精、一丝不苟、追求卓越。通过开展

---

① 习近平:《在全国劳动模范和先进工作者表彰大会上的讲话》,人民出版社,2020年,第4页。

"赣鄱工匠"选树活动,2018年江西省总工会向省政府推荐了16名"赣鄱工匠"和31名"能工巧匠"候选人。以此活动为契机,各设区市总工会也开展了形式多样的工匠选树活动,激发了江西全省广大职工群众创新创造的热情与潜能,增强了广大职工群众参与经济建设的责任感、使命感和积极性,为建设富裕美丽幸福江西提供了有力的人才支撑。江西省各级工会还通过各种媒体平台,采用各种宣传形式和手段,广泛宣传工匠的事迹,宣传工匠精神的时代意义,在全社会唱响精益求精、追求卓越的最强音,营造崇尚工匠精神的浓厚社会氛围。

(三)持续做好劳模选树工作

2020年,江西省总工会向全国总工会推荐了全国劳动模范44人,全国先进工作者22人,并积极开展了2020年江西省劳动模范和先进工作者评选活动,评选表彰了800名省劳动模范和先进工作者。江西省总工会还评选表彰了一批"江西省五一巾帼标兵",命名了一批"江西省女创业带头人"。习近平总书记强调,全社会要崇尚劳动、见贤思齐,加大对劳动模范和先进工作者的宣传力度。为了更好地传承劳模精神,江西省总工会组建了赣鄱劳模宣讲团及分团,并开设"江西工匠大讲堂"线上培训专题,邀请劳模工匠采用视频直播的方式授课,观看总人数突破百万。

五、坚持深化改革,永葆工会组织活力

党的十九大提出了包括工会等群团改革在内的一大批力度更大、要求更高、举措更实的改革任务。新形势、新任务、新征程,江西工会组织站在新的历史起点上,不断将工会改革创新向纵深推进。

(一)基层工会队伍"百花齐放"

习近平总书记关于产业工人队伍建设改革的重要论述,为加快建设一支有理想守信念、懂技术会创新、敢担当讲奉献的宏大的产业工人队伍明确了"路线图""时间表",是推进产业工人队伍建设改革的根本遵循和行动指南。江西省总工会紧紧抓住新时代产业工人队伍建设改革这条主线,坚持真抓实干,担当自身责任。随着新业态从业人员不断涌现,针对新经济领域、新社会组织建会入会难的问题,下发《关于推进我省物流货运司机等群体入会的通知》,明确要求在整体推进工会组建和会员发展工作基础上,以开展"物流货运司机入会集中行动"为牵引,以"九大员"(即物流货运司机、快递员、护工护理员、家政服务

员、商场信息员、网约送餐员、房产中介员、保安员、创客等)入会为重点,突出本地特色。如南昌西湖区农民工(散工)联合工会、新余快递行业联合工会、上饶物流与采购工会联合会等成为新业态工会组建的"样板间"。截至2019年4月,全省新建基层工会组织1244家,"九大员"入会17.7万人,有效扩大了工会组织和工会工作的覆盖面。

(二)工人文化宫"涅槃回归"

近几年来,作为职工活动重要阵地的工人文化宫,得到了长足的发展。一是支持力度明显加大。2018年,江西省总出台《关于推进全省工人文化宫建设的实施方案》,明确新建、改造、扩建工人文化宫项目均可进行补助,市级单个项目补助最高1000万元,县级单个项目补助最高300万元。2019年8月,省政府与省总工会第15次联席会明确,当地政府要以项目补贴、购买服务、以奖代补等方式,对工人文化宫提供公共文化服务给予支持。二是发展势头明显提速。贯彻落实《江西省人民政府办公厅关于进一步加强全省工人文化宫建设与管理的意见》精神,在推进全省工人文化宫建设的同时,还加大对清理整改工作的跟踪问效。截至2020年6月,江西已有7个设区市、29个县(市、区)总工会工人文化宫建成并投入使用。建成并投入使用面积达20.56万平方米,在建26.26万平方米(其中包括改扩建2.57万平方米、新建23.69万平方米)[1]。三是主题功能明显优化。文化宫都是围绕着"教育中心""文化中心""健康中心""服务中心"等功能,提供困难帮扶、互助保障、"三师一室"和文化艺术培训等服务,推出职工喜闻乐见的活动,基本上做到了"周周有活动,月月有主题",不断丰富全省广大职工的文化生活,提升劳动者的幸福指数。

(三)互联网+工会"星罗棋布"

党的十九届四中全会通过的《中共中央关于坚持和完善中国特色社会主义制度 推进国家治理体系和治理能力现代化若干重大问题的决定》中指出,要"贯彻党的群众路线,完善党员、干部联系群众制度,创新互联网时代群众工作机制,始终做到为了群众、相信群众、依靠群众、引领群众,深入群众、深入基

---

[1] 卢翔:《回归中的工人文化宫——江西已有7个设区市、29个县(市、区)工人文化宫建成并投入使用,力争2022年实现"全覆盖"》,《工人日报》,2020年6月28日。

层"。① 江西工会构筑起了全方位、立体化、高效互动式的组织、教育、引导、服务职工群众的网络平台,开通了工会组织联系服务职工群众的"直通车"。2018年6月26日,江西省工会网上平台正式上线开通,标志着江西"互联网+工会"建设迈入了一个新阶段。江西各地工会都推出了网站、微信公众号、"赣工惠"手机 APP 等网上工会平台,依托平台了解职工需求、办理职工事项、解决职工问题,叫响"互联网+工会"的江西品牌。截至2020年底,全省工会网上工作平台全面建成,工会各项网上业务应用系统构建完善,工会工作和会员信息基础数据库全面建成。通过努力打造网上工会工作升级版,江西工会的网上组织、网上宣传、网上服务、网上维权的作用不断凸显,广大职工享受到全天候、零距离、指尖上的娘家温暖。

六、坚持从严从实,加强工会系统党的建设

领导各级工会组织是各级党委的重要政治责任,也是实现和坚持党的领导的重要制度。江西省总工会始终牢记初心使命、推进自我革命,全面加强党的建设,从永葆党的先进性纯洁性、加强党的长期执政能力建设的战略高度,紧密结合工会工作实际,突出工作重点、强化实际效果,推动学习贯彻习近平新时代中国特色社会主义思想往深里走、往心里走、往实里走,团结动员全省广大职工为建设富裕美丽幸福现代化江西作出新的更大贡献。

(一)加强党建带工建、工建服务党建

2018年10月29日,习近平总书记在同中华全国总工会第十七届领导班子成员集体谈话中指出,"要加强和改进党对工会工作的领导,研究解决工会工作中的重大问题,推动建设一支高素质专业化的工会干部队伍,支持工会依法依章程创造性开展工作"。② 为认真贯彻新时代党的建设总要求,持续加强党对工会工作的领导,不断提升党组织和工会组织建设的科学化水平,省委组织部、省总工会党组、省"两新"组织党工委2020年联合出台《关于进一步加强党建带工建、工建服务党建工作的意见》,这是指导和推动江西党工共建工作不断开创

---

① 《中共中央关于坚持和完善中国特色社会主义制度 推进国家治理体系和治理能力现代化若干重大问题的决定》,人民出版社,2019年,第8页。
② 全国总工会课题组编:《深入学习贯彻习近平总书记关于工人阶级和工会工作的重要论述》,中国工人出版社,2021年,第23页。

新局面的重要文件。注重在力量统筹上聚合力、在优势互补上下功夫、在共建共享中促发展,推动党工共建取得了显著成效,总体呈现出党建工作与工会工作互融共建的良好趋势。

(二)扎实开展"不忘初心,牢记使命"主题教育活动

坚持以党章为根本遵循,把党的政治建设摆在首位,严格遵守政治纪律和政治规矩,深入学习贯彻习近平总书记视察江西重要讲话精神,扎实开展"不忘初心、牢记使命"主题教育,2019年7月召开省总工会"不忘初心、牢记使命"主题教育调研成果交流会,切实按照"真、深、严、实"的要求,扎实做好各级工会组织的学习教育、调查研究、检视问题、整改落实各项工作,增强了工会系统党内政治生活的政治性、时代性、原则性、战斗性。习近平总书记指出,群团干部队伍是党的干部队伍的重要组成部分,是做好党的群团工作的重要组织保证。为此,江西省总工会驰而不息地抓好工会作风建设,健全完善基层联系点、与职工结对子同劳动、代表联络、提案办理、工作评价评议等常态化联系职工群众制度,面对面、心贴心、实打实做好职工群众工作。

(三)建立健全工会系统党建工作责任制和党风廉政建设责任制

习近平总书记指出,基层工会离职工最近,联系职工最直接,服务职工最具体,是工会工作的基础和关键;要从巩固党执政的阶级基础和群众基础的高度出发,始终坚持正确方向,不断创新工作方法,着力扩大覆盖面、增强代表性,着力强化服务意识、提高维权能力,着力加强队伍建设、提升保障水平,切实增强工会组织的凝聚力。[①] 为此,必须要加强工会系统党的建设,这对于工会组织履职尽责、发挥作用,巩固党执政的阶级基础和群众基础,具有极为重要的作用。为贯彻落实习近平总书记关于工人阶级和工会工作的重要论述,全省各级工会基层党组织认真履行管党治党政治责任,深入推进工会系统党风廉政建设和反腐败工作,多次召开全省工会党风廉政建设工作会议,推动工会全面从严治党向纵深发展。持之以恒加强作风建设,坚持把纪律和规矩挺在前面,开展执行中央八项规定精神督查,始终保持整治"四风"的良好势头。自觉接受巡视监督,以政治巡视为重点,从严从实抓好巡视整改,发挥纪检组织作用,开展监督

[①] 全国总工会课题组编:《深入学习贯彻习近平总书记关于工人阶级和工会工作的重要论述》,中国工人出版社,2021年,第199—200页。

执纪问责情况专项检查。严格依法依规管理、使用工会经费和资产,探索构建工会经审、社会审计、职工会员监督相结合的经审监督体系,严防黑洞漏洞。全省各级工会组织和党员领导干部始终强化守土有责、守土担当、守土尽责的政治担当,切实增强履行党建工作责任的思想自觉、政治自觉、行动自觉,以全面从严治党新成效赢得了广大职工群众的支持和信赖,推动了江西工会工作上新台阶。

结　语

中国共产党领导下的江西工人运动是中国工人运动的重要组成部分,不仅对江西产生了深刻的影响,而且对中国革命和社会主义现代化建设产生过重大而积极的影响。100年来,无论是在可歌可泣的革命战争年代、波澜壮阔的建设时期,还是在如火如荼的改革开放时期,特别是在高歌猛进的中国特色社会主义新时代,江西工会始终自觉接受党的领导,坚持全心全意依靠工人阶级的根本指导方针,动员广大职工群众,紧紧围绕党在各个时期的中心任务,艰苦奋斗,锐意进取,顽强拼搏,砥砺前行,奋发有为,精彩谱写了江西工运事业的壮丽篇章。

一、江西工运的光辉历程

(一)新民主主义革命时期的江西工人运动

在新民主主义革命时期,江西工人运动在党的领导下蓬勃开展,为全国工人运动树立了旗帜。1922年2月,中共安源路矿支部成立,这是中国产业工人的第一个党支部。1922年9月,安源路矿工人举行大罢工,这是党第一次独立领导并取得完全胜利的工人斗争,是党对我国工人运动领导的光辉典范。1927年2月23日,江西省第一次工人代表大会在南昌召开,正式成立了江西省总工会,结束了江西工人涣散无统一组织的状态,标志着江西工人阶级具有一定政治觉悟的战斗集体的形成。1931年11月7日,中华苏维埃共和国临时中央政府在江西瑞金成立。随着中央苏区日益巩固,1933年初,中华全国总工会随中共中央从上海迁入江西瑞金,江西因此成为中国工运的领导与指挥中枢。抗日战争时期,以赣南"东南工合办事处"等为代表的工运组织,成为了党领导的江西抗日救亡运动的重要力量,为巩固抗日民族统一战线、支援前方抗日、保卫江西作出了重要贡献。1946年2月至3月,南昌电信局职工的罢工斗争引发了全国性大罢工,有力地打击了国民党反动派,罢工斗争的胜利激励着全省乃至全国人民为争取和平民主、为求生存而进行的斗争,对解放战争时期的全国工人运动起着重要推动作用。

（二）社会主义革命和建设时期的江西工人运动

新中国成立后,江西工人运动进入了一个崭新的历史时期。江西工人阶级在党的领导下发扬主人翁精神,发挥主力军作用,不畏艰难,战天斗地,在社会主义革命和建设中发挥了巨大作用。1950年6月22日至7月1日,江西省首届工人代表大会召开,正式恢复江西省总工会。此后,在党的领导下,江西工人阶级参加了对手工业和资本主义工商业的改造,为社会主义基本经济制度在江西的确立以及江西经济建设作出了突出的贡献。自1953年我国进入有计划大规模的经济建设时期以后,江西工人阶级积极参加社会主义劳动竞赛和技术革新运动,广泛开展合理化建议活动,掀起了"比学赶帮超"的热潮。1954年,在"为制造祖国第一架品质优良的飞机而奋斗"的信念感召下,江西洪都机械厂的职工开展了雅克-18的整机试制工作,经过全厂职工的艰苦奋斗、顽强拼搏,当年7月,新中国第一架飞机试制成功,为我国飞机制造业的建立和国防力量的增强创造了良好的开端。在"三五"和"四五"期间的工业生产中,江西工人阶级还大力开展了技术革新,突出表现在特种钢的研制、机械加工工艺的革新、抗菌素的试制等方面。这一时期江西工人阶级在党的领导下所取得的这些丰硕成果为江西国民经济的恢复和发展奠定了扎实的基础。

（三）改革开放和社会主义现代化建设新时期的江西工人运动

进入改革开放和社会主义现代化建设新时期后,在党的领导下,江西工运事业和工会工作逐渐走上常态化、法治化、制度化和规范化的轨道。1990年,江西省人民政府发布《关于在政府工作中发挥工会、共青团、妇联民主参与民主监督作用的通知》,使全省工会各方面工作尤其是参政议政工作得到明显加强。1994年8月,《江西省实施〈中华人民共和国工会法〉办法》正式出台,为从源头上积极维护职工和工会组织合法权益提供了法律保障。1999年12月,江西省人民政府与江西省总工会首次召开联席座谈会,标志着在江西政府与工会协商解决重要问题长效工作机制的正式建立,为工会宏观参与国家治理和社会治理畅通了渠道。2003年,江西省总工会正式出台了《江西省劳模管理办法》,开展省级以上劳模重新登记调查,使劳模管理工作法制化、规范化。2005年,江西省委召开第一次全省工会工作会议,出台了《关于进一步加强和改进新时期工会工作的意见》,建立健全了全省范围内党对工会工作的领导机制以及人大、政府、政协对工会工作的支持机制,为江西工运事业和工会工作的发展提供了坚强的制度保证。

(四) 中国特色社会主义进入新时代的江西工人运动

党的十八大以后,中国特色社会主义新时代的大幕徐徐拉开。在这一伟大进程中,江西工会始终坚持走中国特色社会主义工会发展道路,牢牢把握为实现中华民族伟大复兴的中国梦而奋斗的工人运动时代主题,围绕中心,履职尽责,改革创新,争创一流。2013年,江西工会在全国首创"中国梦·劳动美"主题教育实践活动,创作和策划了许多有深度、有高度的文化活动和文艺作品,得到全总领导高度评价,并被列为全国工会系统职工思想教育主题。2015年8月,江西省总工会在全省工业园区独创性地开展"三师一室"工作,创造出调解劳动争议的新模式,获得全国总工会"点赞",同时也入选了2017年度法治江西建设典型经验。2018年,江西工会创新工作思路,积极推进全省"九大群体"入会工作,突出了本地特色。2019年江西省总工会命名和打造了"天工杯"竞赛品牌,组织十大示范性劳动和技能竞赛集中开赛,切实提升了产业工人的劳动素养和技能水平,工人日报头版头条报道。2019年和2020年,江西工会创新服务举措,首次先后推出服务职工"十件实事",其所涉及的事项富有创新性、突出多样性、更具群众性,提升了广大职工的获得感、幸福感、安全感。2020年,江西省总工会出台了《江西省女职工权益保护专项集体合同》,被中国妇女报评为年度十大女性新闻。2020年,江西省总工会配合省人大出台了《江西省企业工会工作条例》,至此江西工会立法规模达到"一办法六条例一规定",位居全国工会前列。

二、江西工运百年来所取得的突出成就

100年来,江西工人阶级在党的领导下不断发展壮大。在中国革命、建设和改革的长期历史实践中,江西工人阶级始终与党心连心、同呼吸、共命运,以无比坚定的理想信念、英勇无畏的革命气概、无私奉献的奋斗精神和舍我其谁的责任担当,在江西乃至全国追求民族独立、人民解放和国家富强、人民幸福的道路上铸就了不朽的历史功勋。

(一)江西工运为党的早期革命实践积累了宝贵经验

中国共产党成立后,即以主要精力从事工人运动,掀起了全国第一次工人运动高潮,并取得了安源工运这一"绝无仅有"的胜利。在党的坚强领导下,安源路矿工人运动一方面巩固了党的阶级基础,扩大了党的政治影响,另一方面锻炼了工人阶级的斗争能力,推动了中国工人运动的发展,为党的早期革命实践积累了宝贵经验。2018年11月,习近平总书记在纪念刘少奇同志诞辰120周年座谈会上充分肯定了安源路矿工人运动的意义,指出:"安源路矿工人大罢工,是中国共产党第一次独立领导并取得完全胜利的工人斗争;安源路矿工人俱乐部和汉冶萍总工会,是当时全国最大的产业工会组织,是全国工人运动的一面旗帜"。

(二)江西工运为革命根据地的建立与发展进行了成功探索

大革命兴起后,全国工人运动如火如荼地开展起来,有力地推动了革命的发展。然而,国民党反动派叛变革命后,全国工人运动再次跌入低谷,这说明中国的反动势力异常强大,工人阶级无法单独取得革命的胜利,必须联合广大农民阶级,走工农联盟的道路。此后,以毛泽东为代表的中国共产党人在江西将工人运动同农民运动结合起来,并逐渐将革命重心由城市转向农村,开启了工农联合武装暴动的新革命模式。由此,党在江西成功创建了中国第一个农村革命根据地——井冈山革命根据地,点燃了"工农武装割据"的星星之火,开辟了一条"农村包围城市、武装夺取政权"的中国革命的正确道路。

(三)江西工运为新中国工运进行了伟大预演

土地革命战争时期,党在中央苏区开始局部执政,首次建立了工农联盟专政性质的国家政权,开始了治国安邦的伟大实践。这一时期,发展根据地经济、开展革命战争是党的中心任务,江西工人运动也随之呈现出与大革命时期完全不同的形式和特点。在党的领导下,苏区各级工会组织不断发展壮大,职能日益加强和完善,被毛泽东称赞为"苏维埃政权的柱石""保护工人利益的堡垒""工人群众学习共产主义的学校"。作为红色政权的领导阶级,江西广大工人阶级以主人翁的姿态努力发展生产,支援革命战争,直至参军参战,为中国革命作出了巨大贡献。苏区工运的实践为中国工运事业探索了新的模式,是新中国工运的伟大预演。

(四)江西工运为中国革命事业培养了大批人才

在轰轰烈烈的江西工人运动大潮中,工人阶级的斗争觉悟日益提高,革命信仰愈发坚定,从中涌现出了大批先进分子,最终成长为革命领袖和革命骨干。党的第一代领导核心的主要成员毛泽东、刘少奇,正是由领导安源工人运动开始,在斗争中经受锻炼,逐步成长为党的领袖。毛泽东是安源路矿工人运动的开拓者和领导者,先后十次来到安源,深入农村、厂矿等地,进行社会调查,传播革命思想,开展革命活动。江西工运还培育了一大批革命骨干,其中一些人后来成长为党、政、军等方面的重要领导人,如朱少连、蒋先云、萧劲光、许建国等,他们成为了推动中国革命发展的重要力量。

(五)江西工运为全省乃至全国经济发展和现代化建设发挥了主力军作用

新中国成立后,在党的领导下,江西工人阶级始终是江西乃至全国经济发展的时代先锋,充分展现了工人阶级的奋斗伟力。1949年,全省生产总值仅为9.09亿元。70余年来,在党的领导下,全省广大职工群众同心同德,以主人翁的姿态和只争朝夕的精神,积极投身经济社会发展主战场,使江西经济总量迈上一个又一个新台阶。2020年全省生产总值为25691.5亿元,是1949年的2826倍。此外,一个个国之重器在江西的成功研制,不仅助力了中国制造的腾飞,还向世界展示了江西工人阶级的智慧和力量。从中国第一架飞机在江西诞生,到中国第一辆军用摩托车驶出了洪都机械厂;再从中国第一辆轮式拖拉机由江西拖拉机厂制造,到全球关注的中国第一代大型客机C919四分之一机身由江西制造,江西工人阶级无愧为实现中华民族伟大复兴中国梦的坚强力量。

(六)江西工运为新时代工会工作的创新发展提供了鲜活样板

进入新时代以来,江西工会通过不断创新工作思路、工作方法、工作内容,在全国率先开展了一系列具有江西特色并且产生重大影响的工作。以深入开展全国首创的"中国梦·劳动美"主题教育活动为契机,坚定正确方向,切实承担起引导广大职工群众听党话、跟党走的政治责任。以率先在全国开展劳模创新工作室创建活动为手段,组织动员职工建功立业,充分发挥工人阶级的主力军作用。以在全国独创"三师一室"维权服务模式为平台,推动构建和谐劳动关系,努力保障广大职工共享经济社会发展成果。以每年实施一项重点工作专项行动为抓手,坚持改革创新,不断激发基层组织的吸引力、凝聚力和战斗力。以创新开展"天工杯"示范性劳动和技能竞赛活动为载体,弘扬劳模精神、劳动精神、工匠精神,大力提升劳动竞赛对全省经济发展的贡献度。以成立全国首家网络直播行业工会联合会为引领,应对新时代劳动关系的新变化,积极探索零工经济就业群体建会入会的新模式。

三、江西工运百年历史孕育的基本经验与启示

作为中国共产党领导的中国工人运动的重要组成部分,江西工人运动所取得的巨大成就令我们倍感自豪,同时也备受鼓舞。更为弥足珍贵的是,江西百年工运史孕育了诸多宝贵经验,这对于江西乃至全国更好地推动新时代工运事业具有重要的启示。

(一)坚持党的领导是做好工运工作的根本保证

中国共产党的领导是中国特色社会主义最本质的特征,也是中国特色社会主义制度的最大优势。江西百年工人运动的经验充分证明,工人运动要发展、要进步、要取得成绩,只有坚持中国共产党的领导,把党的基本理论、基本路线、基本方略贯彻落实到工会工作各方面、全过程,工运事业才能牢牢把握正确的政治方向,才能在实践中不断取得成功,才能不断生机勃勃向前发展。新时代,江西工会也应该始终保持自觉接受党的领导这一优良传统,坚持用党的创新理论武装头脑、指导实践、推动工作,牢牢把握我国工人运动的时代主题,坚定不移走中国特色社会主义工会发展道路,准确把握形势要求,明确工会工作总体布局,在思想上、政治上、行动上同以习近平同志为核心的党中央保持高度一致;立足江西经济社会发展目标,切实引导全省各级工会干部和广大职工群众听党话、跟党走的政治责任,把广大职工群众紧密团结在党的周围,不断提高政治判断力、政治领悟力、政治执行力,确保群众基础日益牢靠,努力开创江西工会事业发展的新局面。

(二)坚持全心全意服务职工是做好工运工作的价值体现

以人民为中心,不断满足人民群众对美好生活的向往是我们党坚定不移的

方针。工会最大的优势是密切联系职工群众,也因此获得广大职工群众的支持和信赖。江西百年工运史表明,江西各级工会组织始终贯彻党的宗旨观念和奉献意识,以维护职工群众合法权益为重点,关心关爱职工群众的生产生活问题,与时俱进地创新领导方式、工作方法,不断满足职工群众生存生活发展的需求。通过紧紧瞄准广大职工群众普遍面临的生存困境、生活困境、发展困境,在领导职工群众解决这些问题的过程中,各级党组织成功地团结了广大职工群众、凝聚了广大职工群众,从而使广大职工群众心甘情愿跟党走。新时代,江西工会也应该把竭诚服务职工作为一切工作的出发点和落脚点,密切关注职工队伍和劳动领域的新变化、新动向、新需求,主动依法科学地维护职工合法权益,真诚解决职工群众最关心最直接最现实的问题,使职工群众充分享受改革发展成果,让职工群众真正感受到工会是职工之家,工会干部是最可信赖的娘家人、贴心人。

(三)坚持服务党和国家工作大局是做好工运工作的现实要求

习近平总书记指出,实现中华民族伟大复兴的中国梦,根本上要靠包括工人阶级在内的全体人民的劳动、创造、奉献。江西工运百年历史充分证明,江西工会组织始终紧贴中心、服务大局,将党的奋斗目标与自己的奋斗目标、将领导的伟大事业与自己的工作有机结合起来,充分发挥工会组织作为党联系职工群众的桥梁和纽带作用,在经济、政治、文化和社会建设中找准位置、体现价值、发挥作用,团结动员广大职工群众在推动党和国家事业发展的进程中贡献自身力量,在改革发展稳定的最前线建功立业。新时代,江西工会要紧紧围绕发展这个党执政兴国的第一要务,立足工会组织的优势,围绕江西经济社会发展建设的重点,把工会工作融入党和政府工作大局中,在大局下思考、在大局下行动,切实增强做好新时代工会工作的责任感和使命感,团结引导广大职工群众在推动江西经济高质量跨越式发展中发挥主力军作用,在实现国家富强、民族复兴、人民幸福的历史任务中贡献智慧和力量。

(四)坚持加强工会自身建设是做好工运工作的重要基础

工会是联结党组织和工人的重要组织,起着把党的意志与工人行动统一起来的重要桥梁作用。江西百年工运史充分显示,江西工会在宣传党的主张、服务工人利益、动员工人运动等方面发挥了重要的、积极的作用。特别是中华人民共和国成立以来,江西工会组织不断适应新形势新任务的要求,以扩大工会工作覆盖面、增强工会组织凝聚力为目标,从人力、财力、物力等方面着力加强基层工会组织建设,通过不断加强干部队伍建设,持之以恒抓好作风建设和党风廉政建设,努力提高自身素质,团结引导广大职工不断增强主人翁意识和责任感,构建了科学完备、务实管用的工会工作制度体系和联系广泛、服务职工的工会工作运行体系,工会工作科学化、法治化、规范化水平不断提高,充分发挥了工会在维护稳定、促进和谐、推动发展中的重要作用。新时代,江西工会也应该始终与时俱进,以高度的政治自觉抓好工会系统党建工作,把党的建设成果转化为江西工会工作的坚实保证;围绕着"建机制、强功能、增实效"的目标,不断创新工会的组织体制、运行机制、工作方法,使基层工会组织建起来、转起来、活起来、强起来,切实将工会组织建设得更加坚强有力、充满活力,不断推动工会工作再上新台阶。

四、弘扬优秀传统,奋力开创江西工运事业的新局面

在新的历史起点上,江西工会要坚持以习近平新时代中国特色社会主义思想为强大精神武器,坚决贯彻落实党中央、省委的各项重要决策部署,胸怀理想、坚定信念,锐意进取、竭诚奉献,在坚持和发展中国特色社会主义的宏大进程中把握,在实现中华民族伟大复兴的战略高度上谋划,在实现工人阶级和广大劳动群众根本利益的现实目标上思考,在推动党的工运事业创新发展的时代要求下深化,立足广大职工和工会干部的具体实践,深入探索工人阶级队伍发展规律、工人运动和工会工作发展规律,助推江西工运事业的繁荣和发展。

(一)要高举中国特色社会主义伟大旗帜,坚持中国特色社会主义工会发展道路

中国特色社会主义工会发展道路与中国特色社会主义道路的方向、目标一致,高度契合,深刻反映了中国工会的性质特点、职能作用,符合我国国情和历史发展趋势。坚持中国特色社会主义工会发展道路,就是工会必须要自觉接受党的领导,紧紧围绕党的奋斗目标,把握正确的政治方向,把广大职工群众紧紧团结在党和政府周围,切实将党的理论和路线方针政策贯彻到工会各项工作中。因此,江西工会要始终深入学习贯彻习近平新时代中国特色社会主义思想特别是群团改革思想和工运思想,坚持走中国特色社会主义工会发展道路,自觉接受党的领导、团结服务职工、依法依章开展工作相统一,充分发挥工会的自身优势,使各级工会组织和广大职工群众坚定理想信念,增强为江西工运事业不懈奋斗的责任感和使命感,团结组织广大职工群众坚定不移地听党话、跟党走。

(二)要积极应对国际国内形势发展变化,紧贴中心、服务大局

当今世界正经历百年未有之大变局,我国发展的内部条件和外部环境正在发生深刻复杂变化,工会工作既面临着重要机遇,也面对着诸多挑战。江西工人运动要牢牢把握为实现中华民族伟大复兴的中国梦而奋斗这个时代主题,把做好新形势下职工群众工作、调动职工群众主动性、积极性和创造性作为中心任务。要紧紧围绕加快转变经济发展方式的主线,突出把握稳中求进的工作基调,贯彻创新、协调、绿色、开放、共享的发展理念,在促进实体经济和虚拟经济、内需和外需均衡发展中发挥工人积极主力军作用。要准确把握新时代群众工作的特点和规律,不断增强职工群众工作本领,唱响"中国梦·劳动美"的时代主旋律,团结动员广大职工创新争优、建功立业,为全面建成小康社会、开启全面建设社会主义现代化国家新征程作出新贡献。

(三)要做好新形势下职工群众工作,增强党的阶级基础、扩大党的群众基础

工人阶级是我们国家的领导阶级,是我们党最坚实、最可靠的阶级基础。中国工会是党领导的工人阶级群众组织,也是党联系职工群众的桥梁和纽带,肩负着职工群众合法权益代表者和维护者的神圣职责。江西各级工会组织要全心全意依靠广大职工群众,深刻理解工会根基在职工群众、血脉在职工群众、力量在职工群众,把竭诚为职工群众服务作为一切工作的出发点和落脚点,实现好维护好发展好广大职工根本利益,增强职工群众获得感、幸福感、安全感,努力满足职工群众对美好生活的需求。要切实维护职工群众合法权益,尊重职工的主人翁地位,坚持政治上保证、制度上落实、素质上提高、权益上维护的总体思路,健全完善劳动和工会法律体系,从制度和源头上保障职工群众的利益表达、价值诉求和权益维护,推动形成规范公正、稳定有序的和谐劳动关系。要始终保持和发展职工群众的先进性,开展核心价值观引导的文化活动,通过技术学校、工人夜校、劳动竞赛、技术奖励等形式,全面提高职工队伍的文化素质、技术水平,打造一支政治强、思想好、业务精、作风硬的新时代职工队伍。

(四)要提高工会建设科学化水平,开创江西工运事业繁荣发展新局面

创新是工会永葆生机活力的力量源泉,也是助推工会事业发展的强大动力。我国发展正处在新的历史起点,工会工作面临着许多新情况新挑战,迫切需要工会以改革创新精神不断加强自身建设。江西工会要大兴调查研究之风,着力聚焦工会改革创新的研究,深化对新时代工人阶级和工会基本理论问题的研究,准确把握经济关系、劳动关系、职工队伍的新变化新趋势,积极探索新时代工会工作的特点和规律,推进工会理论创新,以推动工会在制度和实践上有所突破、有所创新、有所提高。要紧跟时代脉搏和社会发展步伐,提高加强自身建设的自觉性和主动性,以增强政治性、先进性、群众性为主线,以解放思想为先导,以改革创新为动力,切实解决工会思想、作风、能力、素质等方面存在的问题,把工会组织打造得更有创造力、凝聚力和战斗力。要坚持问题导向和需求导向,加强工会领导班子和干部队伍建设,在建机制、强功能、增实效上下真功夫,让职工群众真正感受到工会是"职工之家",工会干部是最可信赖的"娘家人",推动改革向基层延伸、向纵深拓展。

展望新征程,任重而道远。新的时代,历史赋予了江西工运事业新的发展机遇。适应新形势、新任务、新要求,江西工人阶级和工会组织要高举习近平新时代中国特色社会主义思想伟大旗帜,大力弘扬红色基因,传承百年工运优秀传统,不忘初心、牢记使命,以主人翁的精神和奋斗者的姿态展现新作为,为全面建设社会主义现代化国家"江西篇章"作出新的更大贡献,创造江西工运事业和工会工作新的历史伟业。

江西工人运动简史大事记

1921 年

1921年2月,南昌理发工人为钞票改为铜圆举行联合罢工。

1921年4月,万载县龙山36个纸槽150多名工人联合罢工,全省上万名纸业工人纷纷声援,最后罢工取得胜利。

1921年5月1日,南昌工人和学生共约2000人联合集会,首次庆祝"五一"国际劳动节,袁玉冰作了《劳工神圣纪念日》的报告。

1921年8月,南浔铁路工人和南昌沿江码头工人联合举行罢工,拒绝为天昌碾米公司装运米谷,致使该公司倒闭。

1921年秋,毛泽东来到安源实地考察,确定李立三常驻安源领导开展工人运动。

1921年12月,毛泽东偕同李立三、张理全等人来安源考察,指示李立三等要在安源(铁)路和(煤)矿两局工人中成立俱乐部,开展工人运动。

1922 年

1922年1月,李立三在安源创办了第一所安源路矿工人补习学校——工人夜校。

1922年2月,全国产业工人最早的党支部——中共安源支部建立,党员6人,李立三任书记,隶属湖南支部领导。

1922年春,"南昌工会"成立,选举胡占魁担任会长。

1922年3月,安源路矿工人俱乐部筹备委员会成立。

1922年5月1日,安源路矿工人在中共安源支部的领导下举行第一次盛大集会和游行,纪念国际劳动节,宣告安源路矿工人俱乐部成立。

1922年5月1日,"纪念五一暨追悼黄爱、庞人铨两烈士"大会在南昌召开,参会人员200余人。

1922年5月1日,第一次全国劳动大会在广州召开,南昌工人代表胡占魁参会。

1922年7月,安源路矿工人俱乐部创办了第一个股份合作制工人消费合作社。

1922年9月14日,安源路矿工人举行大罢工。

1922年9月18日上午,安源路矿三方代表在路局机务处签订承认俱乐部有代表工人之权、增加工资、改良待遇等为主要内容的正式条约13条,13000余工人齐集大操场举行大会并游行,隆重庆祝罢工胜利。

1923 年

1923年7月开始,中共安源地委在俱乐部中开展中国共产党早期廉政建设历史上的反腐倡廉工作。

1923年7月,安源工人俱乐部最高代表会第30次会议议决设立裁判委员会,这是中国共产党领导下早期的司法体制雏形。

1923年9月,刘少奇主持制定《安源路矿工人俱乐部总章》与《安源路矿工人俱乐部办事细则》。

1923年10月,南昌码头、制帽、刨烟和纸马四个行业的工人举行同盟罢工。

1924 年

1924年4月,南昌成立第一个工会组织——南昌铅印工人工会。

1924年5月30日,九江爆发日清码头工人反日罢工事件,由九江地区党团组织领导,最终获得胜利。

1925 年

1925年4月28日,南昌工人与各界群众10万余人,在百花洲沈文肃公祠举行孙中山追悼大会。

1925年5月1日,第二次全国劳动大会在广州举行,安源路矿工人俱乐部选派朱少连参加汉冶萍总工会代表团出席大会。

1925年6月5日,南昌工人与各界群众3万余人冒雨在公共体育场集会,抗议帝国主义者制造"五卅"惨案的暴行,声援上海工人。

1925年6月7日,九江各界群众1万余人举行示威游行,声援上海工人。

1925年6月16日,安源路矿工人俱乐部各干事和其他工人代表、学生共3000余人游行示威,声援"五卅"运动。

1925年9月,安源工人俱乐部被日本帝国主义指使汉冶萍公司买办资本家勾结湘赣两省军阀用武力解散,称为"九月惨案"。

1926年

1926年9月上旬,北伐军进入萍乡,原来被查封的安源路矿工人俱乐部恢复活动,并且正式成立安源总工会,拥有会员15000余人。

1926年10月上旬,吉安首届工人代表大会召开,选举产生吉安总工会首届执行委员会,梁一清当选委员长。

1926年10月,吉安总工会领导全市工人,为"反对虐待童工徒工,改善童工待遇"举行游行示威,开展总罢工。

1926年11月3日,赣州工人第一次代表大会召开,成立赣州总工会,陈赞贤被选为工会委员长。

1926年11月7日,赣州总工会领导全市钱业店员300多人,举行以"保障职业,增加工资,改善待遇,实行8小时工作制"为条件的罢工。

1926年11月11日,南昌工人及各界群众2万余人,在公共体育场隆重庆祝北伐军攻克南昌的胜利。

1926年12月,国民党中央党部宋庆龄、苏联顾问鲍罗廷和张太雷等途经赣州考察,赣州工人运动获得"一广州二赣州"的称誉。

1926年12月16日,南昌市民举行空前的反英反奉集会,全市工、农、商、学各界300多个团体7万多群众参加。

1926年12月25日,南浔铁路工人和铁路搬运工人组织全线大罢工,最终取得胜利。

1926年12月,南昌市铅印业工人举行全体总罢工,取得胜利。

1926年12月底,九江总工会正式成立,共产党员彭江当选为工会委员长。

1927年

1927年1月1日,南昌市第一次工人代表大会召开,正式成立南昌市总工会。

1927年1月17日,江西全省总工会筹备处在南昌成立,筹备处下辖42个县总工会或筹备处,会员16万人。

1927年1月14日,南昌召开10万人参加的群众大会声援汉口、九江工人的斗争,出版《反英日报》。

1927年2月23日,江西省第一次工人代表大会在南昌召开,正式宣布成立江西省总工会。

1927年3月6日晚,倪弼奉蒋介石的旨意杀害工人领袖陈赞贤,制造了震惊全国的"三六惨案"。

1927年3月15日,江西《民国日报》全体工人实行总罢工。

1927年3月18日,南昌数万工人、农民和青年学生为陈赞贤烈士举行追悼大会和示威游行。

1927年4月2日,南昌爆发著名的"四二"起义,并取得胜利。

1927年5月1日,南昌数百个民众团体举行"五一"劳动节纪念示威大会。

1927年5月8日,南昌市总工会召集各界群众在顺化门大校场举行讨蒋大会,谴责国民党蒋介石发动反革命政变的罪行。

1927年10月,毛泽东上井冈后,将袁文才的枪械修理所改造为"工农革命军第一师修械所"。

1930年

1930年5月,信江特区总工会成立。

1930年9月,赣西南苏区第一次工人代表大会召开,正式成立赣西南总工会。

1930年10月,赣西南总工会改为江西省赤色总工会,成为苏维埃区域建立的第一个省级工会。

1930年底,中华全国总工会派蔡树藩、陈佑生从上海进入中央苏区,筹建全国总工会苏区执行局。

1931 年

1931年2月,全总苏区执行局在江西吉安富田正式成立。全总苏区执行局的办事机构,与江西省赤色总工会合署。

1931年5月,赣东北特区总工会成立,后改为赣东北省总工会。

1931年9月,中共湘赣边苏区临时省委颁布《赤色工会暂行组织法》。

1931年10月,湘鄂赣省赤色总工会正式成立,后改为湘鄂赣省赤色职工联合会。

1931年11月7日,中华苏维埃第一次代表大会在瑞金召开,宣告中华苏维埃共和国临时中央政府成立,通过《中华苏维埃共和国劳动法》,瑞金成为全国苏维埃运动的大本营。

1932 年

1932年2月7日,由全总苏区执行局主持召开闽赣两省工人代表大会,通过《组织问题决议案》,选举产生江西和福建两省的职工联合会执行委员会和雇农工会执行委员会。

1932年4月,湘赣省职工联合会正式成立。

1932年11月,赣东北省总工会改为闽浙赣省总工会。

1933 年

1933年初,中华全国总工会搬迁到瑞金,更名为中华全国总工会苏区中央执行局,刘少奇为委员长。

1933年4月1日,中国农业工人第一次全国代表大会在瑞金召开,选举产生中国农业工人工会中央执行委员会,并通过《关于苏区查田运动的决议》。

1933年5月1日,中国店员手艺工人代表大会在瑞金召开,选举产生中国店员手艺工人工会中央执行委员会。

1933年7月1日,中国纸业工人第一次全国代表大会在瑞金召开,选举产生中国纸业工人临时中央执行委员会,罗梓才任委员长。

1933年8月1日,中国工农红军警卫师(工人师)在瑞金正式宣誓成立,全师1.26万人,担负着保卫红色首都的任务,积极肃清苏区内反革命残余势力。

1933年9月1日,中国苦力运输工人第一次全国代表大会在瑞金县清水乡枣子排村召开,选举产生中国苦力运输工人工会临时中央执行委员会。

1933年9月20日,湘鄂赣省正式成立工农团。

1933年9月23日,湘鄂赣省赤色职工联合会女工部召开各县女工部长联席会,制定女工革命竞赛条例。

1934年

1934年3月起,苏区工厂企业组织与运用"三人团"(厂长、工会委员长、党的书记)管理工厂企业。

1934年7月1日,中国国家企业第一次工人代表大会在瑞金召开,选举产生中国国家企业工人工会临时中央执行委员会。

1938年

1938年3月,南昌市成立第一支"工人抗战夜呼队",共有成员100名,扩大抗日宣传。

1938年6月,"赣江河流木船工人救国委员会"在南昌石头街成立。

1938年9月1日,赣江河流木船工人救国委员会印发"赣江河流木船工人救国会简章",号召共赴国难、抗日救国。

1938年11月,中共赣江河流总支在万安、赣县两地成立"滩师工会",建立万安滩师工会中共支部。

1945年

1945年1月,日寇侵占遂川县,遂川广大工人、农民与日军展开斗争。

1945年7月,上饶机务段的全体乘务员和车站行车人员共800余人,在上饶车站举行了3小时的停车斗争。

1946年

1946年2月18日至3月8日,南昌电信局全体职工举行了一次影响全国、坚持半月之久的罢工斗争,并取得胜利。

1946年3月,南昌市铅印业400多工人,为反对饥饿和迫害在体育场召集大会,举行示威游行,最终取得胜利。

1947年

1947年2月17日,九江兴中纱厂全体工人举行了为期9天的罢工,取得胜利。

1947年9月15日,大余县西华山钨矿工人举行总罢工,最终矿方答应工人提出的条件。

1948年

1948年8月,南昌水电厂工人300多人举行为期3天的罢工,最终获得胜利。

1948年11月,赣州市于都县银坑、马安烟丝厂600多名工人进行罢工,坚持4个月后获得胜利。

1949年

1949年5月,景德镇职工联合会筹委会成立。

1949年6月,九江市总工会筹委会成立。

1949年7月,南昌市职工总会筹委会成立。

1949年7月5日,江西省总工会筹备委员会成立,推选郭光洲为主任。

1949年7月8日,萍乡煤矿1000余工人罢工,最后取得胜利。

1949年9月5日,中共江西省委职工运动委员会成立,省委书记陈正人兼任书记。

1949年10月,省总工会筹委会召开全省首次工会工作会议。

1950年

1950年6月22日至7月1日,召开江西省首届工人代表大会,正式恢复江西省总工会。

1954 年

1954 年 1 月,省工会联合会举行"工人学习总路线广播动员大会"。

1955 年

1955 年 2 月 15 日至 24 日,在南昌召开江西省工会第二次代表大会。

1956 年

1956 年 8 月,中共江西省委专题召开全省职工生活福利工作会议。

1957 年

1957 年 2 月 10 日,省工会联合会召开全省公私合营企业工会工作会议,传达贯彻全国公私合营企业工会基层干部大会精神。

1958 年

1958 年 1 月 15 日,江西省工会联合会召开"全省职工掀起生产高潮广播大会",宣读《关于支持蔡友清、毛德芝、石桂英等先进生产者倡议,迅速组织新的生产高潮》的决定。

1958 年 5 月 1 日,省工会联合会在三二〇厂召开有各地、市、产业和部分大厂矿工会干部参加的技术革新现场会,总结交流开展技术革新的经验。

1958 年 6 月 25 日至 7 月 11 日,在南昌召开江西省工会第三次代表大会。

1973 年

1973 年 8 月 1 日至 5 日,江西省工会第五次代表大会在南昌召开,正式选举产生江西省总工会第五届委员会。

1976 年

1976 年 10 月 21 日,省总工会和南昌市总工会联合召开"省、市工人愤怒声讨'四人帮'反革命罪行大会"。

1978 年

1978 年 11 月,江西省总工会召开传达中国工会九大精神的广播大会,其规模之大、影响之广是江西工会历史上的首次。

1979 年

1979 年 3 月,省总工会召开全省地市工会主任会议,集中研究如何把工会工作的着重点转到社会主义现代化建设上来,并就此部署工作。

1980 年

1980 年 5 月,全省集中进行一次安全生产教育,同时抽调 21 万多人组成 3563 个检查团(组),对各工矿企业进行安全大检查。

1983 年

1983 年 8 月 28 日至 9 月 1 日,江西省工会第六次代表大会在南昌召开,深入贯彻党的十二大精神和中共中央书记处"3·14"指示,讨论和部署开创社会主义现代化建设新局面中的工会工作。

1986 年

1986 年 9 月,省总工会制发《关于〈全民所有制工业企业职工代表大会条例〉贯彻实施的意见》,提出开展企业民主管理达标活动。

1988 年

1988 年 9 月 5 日至 9 日,江西省工会第八次代表大会在南昌召开,深入贯彻党的十三大精神,讨论和部署工会在深化改革中如何更好地发挥作用和如何进行好工会的自身改革等工作。

1990 年

1990 年 1 月,江西省"双增双节"劳动竞赛委员会成立。

1991 年

1991 年 9 月,"江西省合理化建议委员会"成立。

1993 年

1993 年 8 月 24 日至 27 日,江西省工会第九次代表大会在南昌召开。

1994 年

1994 年 6 月,江西省总工会制发《关于贯彻全总"送温暖工程"的实施意见》。

1994 年 8 月 15 日,省人大八届十次常委会通过《江西省实施〈中华人民共和国工会法〉办法》。

1994 年 12 月,省总召开全省工会干部教育工作会议,成立"江西省工会职工中等专业学校"。

1995 年

1995 年 9 月 4 日,省总工会与省劳动厅联合下发《关于对当前试行集体协商和集体合同制度意见》。

1996 年

1996 年 1 月 31 日,中共江西省委组织部下发《江西省各级工会机关参照〈国家公务员暂行条例〉管理实施办法》。

1996 年 7 月,应中国职工对外交流中心邀请,香港新界社团代表团来赣参观访问。

1996 年 9 月 27 日,省总工会在南昌举行"爱心工程"捐助仪式。

1996 年 10 月,省总工会接待了澳门工会代表团和南斯拉夫自治工会联合代表团来访。

1997 年

1997 年 2 月 20 日,纪念江西省总工会成立 70 周年大会在南昌召开。

1997年3月4日,省职工保险互助会在南昌召开第一届理事会,会议审议通过《江西省职工保险互助会章程》等规章制度。

1997年10月23日,中共江西省委组织部、江西省总工会联合制发《关于工会协管下一级工会领导干部有关问题的通知》。

1997年12月15日,江西省总工会、中共江西省委组织部、江西省经贸委联合下发《关于职工代表大会民主评议企业领导干部的意见》。

1997年12月22日,中共江西省委办公厅、江西省人民政府办公厅联合转发了省总工会《关于全心全意依靠职工群众搞好企业的若干意见》。

1998 年

1998年8月18日至20日,江西省工会第十次代表大会在南昌召开。

1998年12月21日,省人大常委会颁布新修订的《江西省实施〈中华人民共和国工会法〉办法》。

1999 年

1999年2月14日,省总工会与省财政厅联合下发《关于加强工会经费拨交与管理的通知》。

1999年11月19日,江西省工会法律援助中心挂牌成立。

1999年12月29日,省政府与省总工会召开第一次联席座谈会议。

2000 年

2000年2月23日,江西省人民政府办公厅与江西省总工会联合发出《关于实行政府与工会联席座谈会议制度的通知》。

2000年3月12日,江西省人民政府办公厅与江西省总工会联合发出《关于加强工会组织建设的通知》。

2000年4月27日,庆祝"五一"国际劳动节暨表彰大会在南昌召开,并与省劳动厅首次评选表彰了江西省十大能工巧匠。

2001 年

2001年4月13日,省财政厅与省总工会联合发出《关于省级行政事业单位实行财政统发工资后拨交工会经费有关问题的通知》。

2001年5月18日,省委组织部、省经贸委和省总工会联合下发《江西省关于建立健全职工董事、职工监事制度的若干暂行规定》。

2002 年

2002年3月18日,省总工会、省财政厅联合下发《关于财政统发工资单位工会经费由财政直接统一划拨的通知》。

2002年8月12日,江西省建立省级协调劳动关系三方会议制度。

2003 年

2003年8月13日,江西省工会第十一次代表大会在南昌召开。

2003年11月25日,《江西省劳模管理办法》正式出台,使劳模管理工作法制化、规范化。

2005 年

2005年8月19日,江西省委下发《关于进一步加强和改进新时期工会工作的意见》。

2005年8月23日,省委召开第一次全省工会工作会议。

2006 年

2006年3月20日,省总工会与省地税局联合下发《关于由地方税务机关代征工会经费和工会筹备金的通知》。

2006年9月18日,全省工会推进外资企业工会组建工作现场会暨工会新闻宣传工作会议在上饶召开。

2006年9月29日,举办全省百名劳模话创业讲坛。

2007 年

2007年10月9日,江西省国有资产监督管理委员会、省经济贸易委员会、省总工会联合下发《建立健全职工董事、职工监事制度的若干规定》。

2007年12月4日,表彰全省维护职工合法权益杰出律师暨江西省工会法律援助志愿团成立大会在南昌召开。

2008 年

2008 年 5 月 28 日,江西省工会第十二次代表大会在南昌召开。

2008 年 11 月 28 日,"心手相连、帮扶济困、共克时艰活动"正式启动。

2008 年 12 月 5 日,江西省委召开学习贯彻中国工会十五大暨纪念改革开放 30 周年座谈会。

2009 年

2009 年 2 月 23 日,省总工会与省人力资源和社会保障厅、省国资委联合下发通知,在全省开展"技能大培训、岗位大练兵、劳动大竞赛"活动。

2009 年 7 月 15 日,省总工会下发《江西省总工会应对金融危机,服务职工十大措施实施意见》。

2009 年 9 月,省总工会出台《关于加强工会工作者队伍建设的指导意见》。

2010 年

2010 年 4 月 28 日,新中国 60 年来江西 60 位最具影响力的劳动模范表彰大会在南昌召开。

2010 年 12 月 19 日,省委制定《关于进一步加强和改进新时期工会工作的意见》。

2011 年

2011 年 6 月 3 日,模范劳动关系和谐企业与工业园区表彰大会在南昌召开。

2012 年

2012 年 5 月 26 日,江西省第四届全民健身运动会暨省第三届工人运动会在南昌开幕。

2012 年 8 月 22 日,纪念安源路矿工人运动 90 周年暨 2012 年金秋助学资金发放仪式在萍乡举行。

2012年8月31日,全省七个系统国企改革工作总结表彰大会在南昌召开。

2013 年

2013年4月28日,江西省庆"五一"暨为建设富裕和谐秀美江西建功立业推进大会在南昌召开。

2013年6月27日至28日,江西省工会第十三次代表大会在南昌召开。

2014 年

2014年4月30日,庆"五一"暨为全面深化改革建功立业推进大会在南昌举行。

2014年6月19日,劳模创新工作室创建工作推进会在上饶召开。

2014年9月20日至24日,首届职工网球大赛在南昌举办。

2015 年

2015年4月21日至22日,省总工会在南昌举办全省职工核心价值观工间操大赛。

2015年6月,省总工会下发《江西省工会法律援助律师进工业园区工作制度》。

2015年10月27日至28日,省总工会在上饶、鹰潭、南昌、九江召开全省工会加强基层组织建设暨农民工入会和服务工作现场会。

2015年11月6日至10日,第二届职工网球大赛在南昌举行。

2016 年

2016年3月7日,"三八"国际劳动妇女节106周年暨女农民工创新创业事迹报告会在南昌举行。

2016年7月26日至8月2日,省总工会组织医疗卫生系统劳模专家医疗队赴新疆开展医疗指导和义诊。

2016年9月20日至21日,省职工创新论坛在南昌举行,论坛主题为"弘扬工匠精神,争当创新先锋"。

2016年9月20日,省总工会在南昌举行江西省第五届全民健身运动会暨全省职工羽毛球比赛。

2017 年

2017 年 2 月 17 日,省总工会十三届七次委员(扩大)会议在南昌召开,对全省 20 家先进园区工会和 100 家非公有制企业工会进行表彰。

2017 年 6 月,江西省总工会在德兴市召开全省劳动和技能竞赛现场推进会。

2017 年 7 月 5 日,全国总工会法律工作部劳动争议处理处调研组来到江西调研工会"三师一室"规范化建设情况,高度认可了"江西经验"。

2018 年

2018 年 1 月 4 日,省人力资源和社会保障厅、总工会、工商业联合会、企业联合会/企业家协会印发《"和谐劳动·幸福江西"三年行动计划(2018—2020 年)》。

2018 年 5 月,江西省总工会全面启动"一提升两强化"(即提升基层工会建设水平、强化工人文化宫建设、强化网上工会建设)专项行动。

2018 年 6 月 26 日,江西省工会网上平台正式上线开通,标志着江西"互联网+工会"建设迈入了一个新阶段。

2018 年 6 月 27 日,江西省工会第十四次代表大会在南昌召开。

2018 年 12 月 26 日,全省工会支持职工创新创业暨首批"赣工贷"发放启动仪式在南昌举行。

2019 年

2019 年 2 月,首次提出办好"十件实事",不断健全工会服务职工工作体系。

2019 年 3 月 25 日,全省推进新时代产业工人队伍建设改革协调小组会议召开。

2019 年 8 月,省政府与省总工会第 15 次联席会明确,当地政府要以项目补贴、购买服务、以奖代补等方式,对工人文化宫提供公共文化服务给予支持。

2019 年 8 月 5 日,省总工会开展"劳模进机关"活动。

2019年10月,省总工会、建行江西省分行制定印发《关于进一步推进全省工会会员服务卡的实施方案》的通知。

2019年12月17日,省总工会与南昌市总在筑享平台联合举行江西省女创客群体集中加入工会仪式。

2020年

2020年2月,省总工会下发关于加强疫情严防严控、支持企业复工复产的通知。

2020年4月23日,江西省政府新闻办、省总工会联合举行"服务你我他工会在行动"——2020年江西工会服务职工"十件实事"新闻发布会。

2020年4月30日,由省总工会、建行江西省分行联合举办的江西省职工"抗击疫情、助力内需"活动启动仪式在南昌举行。

2020年6月17日,由中国职工文化体育协会和江西省总工会共同主办的"中国梦·劳动美"第七届全国职工摄影展暨江西采风活动启动仪式在新余市举行。

2020年8月10日,省人大法制委、省人大社会委、常委会法工委、省总工会联合召开贯彻实施《江西省企业工会工作条例》新闻发布会。

2020年11月5日,全省工会加强和改进新时代产业工人队伍思想政治工作暨意识形态和新闻宣传工作会议在南昌召开。

2020年12月1日,全国"宪法周""宪法进企业"主题日活动启动仪式在江西省南昌市小蓝经济开发区职工之家举行。

2020年12月28日,江西省劳动模范协会成立暨第一次会员代表大会在南昌召开。

后 记

2022年9月20日,习近平总书记于《在复兴之路上坚定前行——〈复兴文库〉序言》一文中强调指出:"历史是最好的教科书,一切向前走,都不能忘记走过的路;走得再远、走到再光辉的未来,也不能忘记走过的过去。当前,世界百年未有之大变局加速演进,中华民族伟大复兴进入关键时期,我们更需要以史为鉴、察往知来。"为深刻了解江西工人运动波澜壮阔的历史进程,热情讴歌近代以来尤其是中国共产党成立以来,江西工人运动在党的领导下所取得的突出成就和重大贡献,更自觉地从历史中汲取精神营养、把握发展规律、弘扬红色基因,常态化长效化开展好党史学习教育,更好地实现"学史明理、学史增信、学史崇德、学史力行"的目标,从而进一步推动新时代江西工会工作高质量发展,江西省总工会和中共江西省委党校联合编撰了《江西工人运动简史》一书。

江西省总工会和中共江西省委党校高度重视本书的编撰工作。江西省总工会党组书记、常务副主席邹绍辉担任编委会主任,对书稿提出了许多建设性意见,同时为本书的编撰和出版提供了有力支持和保障。中共江西省委党校常务副校长曾志刚对本书的编撰出版也提供了不少的指导性意见,在此表示衷心的感谢!

在编写出版过程中,王根泉同志主要负责组织协调、对接联络、统稿、编辑、校正以及印刷出版等多项工作;冯志峰同志主要负责书稿的统筹编撰和各章节写作任务的分配工作;陈丽娟同志负责图片收集整理、文字校对和宣传发行工作;谈慧娟同志协助书稿校对和组织调度工作。

本书的编写出版工作,亦得到了江西省委党史研究室的大力支持,原主任俞银先、副主任刘津和征研一处处长卫平光等领导和专家对书稿提出了诸多宝贵的建议。

参加各章编写的人员有:孙晋、郭禹宁(第一章、第三章和结语部分内容)、李旭阳 龚彦艳(第二章)、易磊(第四章、第七章)、付高生(第五章、第六章)、万华颖(第八章、第九章和结语部分内容)。罗家为、廖光微、郑熠、程涛、冯钰平等同志进行了资料的搜集整理、书稿的后期修改和具体校对工作。

由于我们的水平有限,挂一漏万、错误之处难以避免,恳请各位专家学者和广大读者批评指正。

编者

2023 年 6 月 28 日